种业中国

ZHONGYE
ZHONGGUO

郭锐 李军 著

陕西新华出版传媒集团
陕西科学技术出版社
Shaanxi Science And Technology Press

图书在版编目（CIP）数据

种业中国 / 郭锐，李军著 .—西安：陕西科学技术出版社，2021.12
ISBN 978-7-5369-8277-2

Ⅰ．①种…　Ⅱ．①郭…　②李…　Ⅲ．①种子—农业产业—产业发展—研究—中国　Ⅳ．①F326.1

中国版本图书馆 CIP 数据核字（2021）第 227792 号

种业中国

郭锐　李军　著

总 策 划　张　炜
出 版 人　崔　斌
策划编辑　李　栋
责任编辑　赵文欣　郭　勇
责任校对　赵爱玲
封面设计　一　鸣
监　　制　张一骏

出 版 者　陕西新华出版传媒集团　陕西科学技术出版社
西安市曲江新区登高路 1388 号陕西新华出版传媒产业大厦 B 座
电话（029）81205187　传真（029）81205155　邮编 710061
http://www.snstp.com
发 行 者　陕西新华出版传媒集团　陕西科学技术出版社
电话（029）81205180 81205192
印　　刷　陕西金和印务有限公司
规　　格　720mm×1020mm　16 开本
印　　张　24.25
字　　数　213 千字
版　　次　2021 年 12 月第 1 版
印　　次　2021 年 12 月第 1 次印刷
书　　号　ISBN 978-7-5369-8277-2
定　　价　98.00 元

序一

可贵的坚守

再入深秋，又逢硕果。

这次，是我自 2016 年 11 月至今的短短五年间，第三次为郭锐教授等两位优秀科普作者的专著提笔作序。

第一次，是以《可贵的探索》为题，为《航天育种简史》作序。当时，我虽然感觉到这部科普专著很有价值，但确实没有想到它会连续获得那么多奖项，包括“2016 中国好书”“2017 年陕西省优秀科普作品”“2017 年全国优秀科普作品”，其中，“中国好书”是陕西获此殊荣的唯一一部作品。

第二次，是以《可贵的提升》为题，于 2019 年 11 月为《中国雄心——航天科技·绿色中国》作序。这部专著，充分展示了中华民族征服太空、回馈地球、造福人类的雄心壮志，以及中国航天科技助推三北防护林工程建设所取得的辉煌成就、生态中国建设的骄人成绩。就在前不久，这部专著也被评为“2020 年陕西省优秀科普作品”了。

现在，是第三次了。两位优秀科普作者历时两年打造完成的《种业中国》，再次让我刮目相看。

我心中生发的，是一种难以言表的感动。

诚然，《种业中国》依然保持了《航天育种简史》和《中国雄心》那样以大跨度、大纵深、大宽度、大角度、大前瞻等为标志的显著特点，依然是凭借宇宙级别的视角、从地球生命诞生特别是种子植物出现讲起，详细回顾了人类对种子的认识与实践、新中国艰难解决粮食问题的历程，翔实阐述了中国种业的初创与探索、党和国家对种业发展的全力支持、中国种业几十年来取得的骄人成绩、近些年来中国遭遇的“粮食战争”和“种子战争”、中国种业当前存在的问题和面临的挑战、进入新时代后党中央对打好种业翻身仗的战略性决策部署、全国各地响应党中央号召推进种业创新发展而催生的欣欣向荣的大好局面，读之令人深思，催人奋进。

让我感动的还有作者的那份执着与坚守。他们克服大量困难、着力打造以“生态中国”为主题的科普专著三部曲，充分展现着作为航天育种专家、科普作家的使命感和责任感。

五年了。五年来，已经不再年轻的他们在平时各自工作都极其繁忙的情况下，依然穷尽所有业余时间，深入调研、全面学习，反复商讨、艰苦成书。我对他们都很熟悉，一个是航天育种领域的科学家，一个是机关单位工作人员，确实都很忙，非常忙。能够凑到一起研究科普写作的机会和时间，实际是非常有限的。

但他们做到了。这，就是坚守。

他们坚守的，是自己的信念。什么信念？就是发自内心、不求回报地努力为中国的科普事业多做一点贡献，努力地把自己多年积累的知识传播给更多的人，以求让中国社会多一些懂得科学、热爱科学、支持科学的人，进而从整体上为提升全民族科学素养做出自己力所能及的贡献。

当然，最让人感动的，是通过作者的文字所折射的中国种业领域全体从业人员的坚守。不论是领导者、管理者，还是科学家、工程师，直到长年累月蹲在田间地头观望一株秧苗成长过程的基层种业工作者，都是这样，无一例外。

这都是坚守。没有这样的坚守，我们国家就不可能在建国初期极其困难的情况下，一次次熬过形势复杂的粮食危机，也不可能在后来某些西方势力强力打压的情况下始终捍卫着自己国家和民族的种业安全，更不可能像本书所写的那样在新时代到来后迅速催生出现百花齐放、全面振兴、整体迈进的种业大发展新局面。

此刻，我觉得应当引用一下本书结尾的几段话：

“为有牺牲多壮志，敢教日月换新天。

写到这里，我们不能不想起伟大的‘世界杂交水稻之父’，中国工程院院士袁隆平先生。虽然袁老已经永远地离开了我们，但是袁老的精神犹在、事业犹在、成果犹在、贡献犹在。作为本书的压轴内容，作为中国种业告慰袁老在天之灵的最新成果，我们把 2021 年与袁老有关的两则消息，万分郑重地记录在此吧。

第一则，是 2021 年 8 月，从重庆市大足区拾万镇长虹村传来消息，袁老的‘禾下乘凉梦’，真的实现了！您不会不记得袁老这个梦吧？袁老曾经深情地说：‘我梦见水稻长得有高粱那么高，穗子像扫把那么长，颗粒像花生那么大，而我则和助手，坐在稻穗下面乘凉……’现实中，这种远超常人认知能力的水稻叫‘巨型稻’，不仅有粗壮挺拔的稻秆，平均高度为 1.8 米、最高可达 2.25 米、比一般水稻高出近 1 倍，而且还耐淹涝、耐盐碱。‘巨型稻’所在稻田，可以蓄更深的水，能够为鱼、虾、蟹等类动物遮阴避凉提供最佳栖息场所，有利于开展‘稻鱼共生’项目。袁老在世时，曾对这种水稻给予高度关注和深度支持。2021 年 5 月，‘巨型稻’在长虹村插下了 15 亩秧苗；9 月 24 日，‘巨型稻’开镰收割，每株含稻穗最少也有 360 粒，比普通水稻多出 110 粒左右，平均亩产 800 千克！

第二则，是 2021 年 10 月 17 日，从湖南省衡阳市衡南县清竹村传来消息，由袁隆平院士专家团队研发的杂交水稻双季亩产继去年突破 1500 千克大关后，再次刷新纪录。当日，湖南杂交水稻研究中心在衡南县开展 2021 年南方稻区双季亩产 1500 千克攻关测产验收，结果显示，晚稻平均亩产为 936.1 千克，加上今年早稻测产平均亩产 667.8 千克，杂交水稻双季亩产为 1603.9

千克！同一生态区连续2年双季亩产超过1500千克，这意味着袁老生前提出的杂交水稻产量攻关目标也实现了！

46亿年前，宇宙中出现了地球；38.5亿年前，地球上出现了生命。后来，又慢慢出现了裸子植物、被子植物。再后来，地球上出现了中华民族这个自身文明一旦启动就永远不会中断的伟大民族，而且无论遭遇什么磨难、经受什么打击，这个文明始终都不曾中断。

这就是强大。我们承认落后，因此我们善于反思检讨；我们知道不足，因此我们善于革新提升。

我们不会服输。我们从来不曾举国投降。

事关国家安危、民族兴亡的种业，更是如此。”

好一个“我们不会服输”，好一个“我们从来不曾举国投降”！

这就是坚守，这就是全体种业领域从业人员的坚守，这就是我们中华民族持续5000多年的坚守。

当然，能够通过自己的“小坚守”来反映和展现中国种业从业人员乃至全民族的“大坚守”，也反过来再次证明《种业中国》两位作者辛勤付出和孕育成果的显著价值。

事实证明，他们两位，确实是拥有科普作家的深厚情怀，确实是具备相关领域的深厚底蕴，确实是掌握扎实文字功底的专业人才。

越是如此，就越是希望他们能够继续坚守，努力为国家、为社会、为大众，奉献更多富有思想性、饱含知识性的科普盛宴。

我们共同期待。

中国载人航天工程副总设计师

国际宇航科学院院士

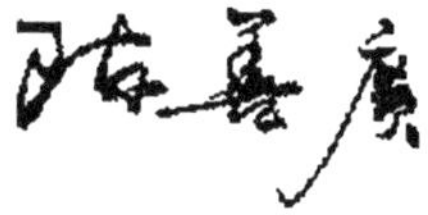

2021 年 11 月 1 日

序二

助力国家种业振兴的科普大作

粮食安全，乃是当今治国理政的头等大事；确保国家粮食和主要副食品安全，是保持经济持续健康发展和社会稳定大局的重中之重。

不论哪个国家，如果维护不了粮食安全，就会出现重大危机。而有的国家，却因为牢牢掌握着粮食武器，就能够按照自己的意图，对其他国家发动粮食战争，试图控制别国的经济命脉。

2600 多年前，中国正处于春秋时期。身处并不富饶、盐碱居多之地的齐桓公，之所以能够成就一番霸业，一条重要经验就是他以宽厚胸怀重用了曾想将他一箭射死的管仲，让管仲放手运用粮食武器，对其他周边国家发动粮食战争。先是鲁国、梁国，后是衡山国、楚国，还有莱国、代国……这些国家的粮食生产能力，全都被齐国以战略欺骗手段逐步摧毁。土地都被用来搞副业生产挣外汇，农民都变成了小手工业者或纯粹猎户，要吃粮就向齐国购买，就连作为“农业之本、粮食之源”的种子都几乎没有人去选育和保留了。最终，当粮食资源被齐国完全掌握并突然断供时，这些国家就只能是要么举国投降，要么俯首称臣。

20多个世纪后的今天，人类文明已经演进到了知识化、信息化时代。但是，粮食战争的阴影却从来没有真正消失过。相反，掌握现代科技的国际种业巨头、超级粮商，却依然在攫取无限利益的动机驱使下，不断运用以转基因育种技术为核心武器的粮食战略，四处点火，攻城略地。阿根廷、巴西、印度……一个接一个地被来自美国孟山都公司的转基因大豆、棉花等种子打败了。

我们也曾经输过。在以孟山都为代表的国际种业巨头、超级粮商对我们发起的大豆战争中，我们因为缺乏经验、技术落后等原因，被打得措手不及、大败亏输。

教训不可谓不深刻。而这样的威胁和这样的危险，依然存在，而且将会长期存在，不断加剧。如果不给予足够的重视、不抓住宝贵的时间、不采取强力的措施、不进行长远的布局，我们还会再输，可能还会输得更惨，甚至无法翻身。

粮食产业发展关键中的关键，就是种子，种子是农业的“芯片”。正像袁隆平院士曾经语重心长地告诫我们的那样：“关键时刻，一粒小小的种子，能够绊倒一个强大的国家。”也正因为如此，党的十八大以来，以习近平同志为核心的党中央始终对粮食安全、种业发展给予了前所未有的关注、重视和支持。

习近平总书记于 2018 年调研南繁育种基地时进一步强调，“十几亿人口要吃饭，这是我国最大的国情。良种在促进粮食增产方面具有十分关键的作用。要下决心把我国种业搞上去，抓紧培育具有自主知识产权的优良品种，从源头上保障国家粮食安全”。种业已经成为我国农业发展最具活力的创新要素，是保障国家粮食安全的核心所在，也是“藏粮于技”的重中之重。

2021 年 7 月 9 日，中央全面深化改革委员会第二十次会议审议通过了《种业振兴行动方案》，充分体现了以习近平同志为核心的党中央对我国种业发展的高度重视；彰显了中央推进我国种业振兴的坚定决心，为我国种业可持续发展指明了方向。

这是继 1962 年出台《关于加强种子工作的决定》之后，中央再次对种业发展做出全局性、战略性的重要部署，充分彰显了中央推动种业振兴、推进种业发展的坚定决心，为我国种业高质量发展指明了方向、擘画了蓝图，是我国种业发展史上具有里程碑意义的一件大事。

事实上，近些年来，党和国家为振兴种业所采取的方略、所给予的支持，远不止于此；一台台振兴种业的大戏，也随之正在华夏大地上隆重上演、蓬勃不衰。

作为一名长期从事现代农业经济理论和农业高新技术创新

等领域专业研究的科技工作者，我为此而备感欣慰、深受鼓舞。同时，我也盼望能有更多的人，关注粮食安全，知道种子的核心价值，关心种业发展。2021 年中央一号文件明确提出，要“打好种业翻身仗”。而要想真正打好这一仗，加快实现种业振兴、长久推动种业发展、全面维护种业安全，就必须要有更广泛、更坚实的社会基础、群众基础和认知基础，从而来一场真正的“人民战争”。

最适合完成这项任务的，就是科普教育。对种业来讲，就是要通过科普教育，用通俗易懂的语言，把植物种子起源、演变的相关知识，把华夏民族探索种子奥秘、选育优良种子、推动农业生产的历史，把中华人民共和国成立以来种子事业从小到大、由弱到强的历程，把国际种业巨头和超级粮商向我们发动粮食战争、种子战争的恶行，把我们党的十八大以来以全新视野、战略思维、空前力度重视种业、振兴种业的部署，把全国各地响应中央号召、落实中央决策的成效，全都讲给大众学习，以此普及科学、讲解历史、阐述意义，进而开脑启智、统一思想、凝聚力量。

如能做到这一点，则必善莫大焉、功莫大焉。

《种业中国》这部优秀的科普专著，做到了。翻开书稿，种种令人欣喜的感觉扑面而来；我相信，今后凡是读到这部专著的人，也都会生发这样的感觉。从中，我们能够看到生物科学的丰富知识，看到人类种植的发展历史，看到历代祖先的辛勤探索，看到国际形势的严峻复杂，看到种业担负的使命大任，可谓“一书在手，应有尽有”。

对种业工作者来讲，《种业中国》就是一部回顾创业和发展历程、记录重大事件和重要节点的“历史档案”。

对各级政府相关部门来讲，《种业中国》就是一册学习领会党和国家决策部署、高质高效抓好本地种业建设的“文件汇编”。

对各类学校来讲，《种业中国》就是一本对学生开展生物学、植物学、气候学、人类学和党的历史、中国传统、种业历程等相关领域知识教育的“辅助教材”。

对所有中华儿女来讲，《种业中国》就是一场更加坚信中国共产党对种业的坚强领导、主动助力种业振兴发展、激发强烈爱国热情的“战地动员”。

面对《种业中国》，我们还能够看到郭锐教授等两位科普作家所具有的使命感、责任感，看到他们丰富的科技素养、开阔的学术视野、严谨的创作态度、过硬的文字能力、旺盛的写作热情。这部《种业中国》，连同他们作为“黄金搭档”、分别于五年前和两年前先期完成，并且赢得广泛好评、获得奖项无数的科普专著《航天育种简史》和《中国雄心——航天科技·绿色中国》，组成了“‘生态中国’科普三部曲”。面对社会节奏不断加快、人心容易浮躁的大环境，他们在自身日常工作都非常繁忙的情况下，能够以如此的专心态度和专业素养，持续数年，连缀时间碎片，携手埋头耕耘，锤炼出了这样富有价值意义的“科普三部曲”，实属难得，值得钦佩。

“一粒种子，可以改变一个世界；一项技术，能够创造一个奇迹。”由此，我们不妨再引申出另外一句：“一部好书，将会助力一项事业成功。”

以此为序，愿与诸君共勉共赏。

中国农科院农业经济与发展研究所教授 薛和平
博士生导师
2021 年 11 月 6 日

目录

第一章 基因方舟

——植物种子的前世与今生

地球，是浩瀚宇宙中目前已知唯一拥有生命的岩质行星。

诚然，宇宙中可见星系有数千亿个之多，每个星系又由数千亿颗恒星组成。而恒星当中，又有很多会像太阳一样拥有像地球这样适合生命生存的岩质行星。所以，没有人可以说，宇宙中只有地球拥有生命。但是，我们知道地球上有我们，就足够了。

遗憾的是，地球如此精彩，却主要不是因为有了我们，而是因为有了植物，早在人类出现之前，地球上早都被绿色植物覆盖亿万年了。假如有一天，人类和其他动物从地球上彻底消失、永不再来，那么地球将会显得更加生机盎然，因为植物将完全统治地球，甚至会将人类留下的各种遗迹完全抹除。

而能够承担让植物传宗接代、四处扩张之重任的，首屈一指的便是堪称“基因方舟”的植物种子。

最初的霸主

地球上出现生命，的确是宇宙中的一个奇迹。138 亿年前，宇宙诞生；48 亿～47 亿年前，太阳诞生；大约 46 亿年前，地球从新生的太阳周围盘旋的尘埃中凝聚而生，与同时期诞生的水星、金星、火星、木星、土星、天王星、海王星一起，成为围绕太阳旋转的行星。

直到距今约 39 亿年前，地球长大的过程，也就是遭受太阳周围大大小小的其他星体或物质碎块“密集轰炸”的过程基本结束，地球逐渐冷却下来，拥有了固态的地壳，从“天体时代”进入了“地质时代”。液态水随之大量出现，基本形成了早期的海洋。不过，那时的地球环境显然不允许有高等级生命出现，因为空气中不但几乎没有氧气，相反还充满了具有强烈腐蚀性的毒气。

但是，就在短短 5000 余万年之后，也就是距今 38.5 亿年的时候，随着地壳、大气、海洋等基本稳定下来，海洋中忽然出现了最原始、最简单、小得不能再小的生物。尽管那都只能算是生命的最初形态，但毕竟是生命。

地球，就此掀开了划时代的一页。

那时的简单生物都是“原核生物”，主要是原始而低等的菌类和藻类，所以那个时代也可以称为“菌藻时代”。而其中作为后来植物先祖的，就是藻类，准确地说就是蓝藻。可别小看这些蓝藻，因为它们统治地球长达30亿年左右，而且它们通过持之以恒的努力，竟然改变了地球的环境，为后期“真核生物”的出现，更为地球植物和其他生命的诞生和繁荣奠定了坚实的基础。

蓝藻不是细菌，是藻类植物，所以说它是植物而不是动物的先祖。但与细菌一样，蓝藻也是单细胞原核生物，它没有真正的细胞核，只不过在细胞中央含有必要的核物质，通常呈颗粒状或网状，染色质和色素均匀地分布在细胞质当中。这种核物质并没有核膜和核仁，但具有核的功能，所以称之为“原核”或“拟核”。它和同样具有原核的细菌一起，共同组成了“原核生物界”，也就是地球上最早的“生物界”。直到距今约15亿年前，才开始出现了红藻、绿藻，但这两种藻类已经都是拥有细胞核的“真核生物”，与只有核物质的“原核生物”蓝藻大不相同。

大多数蓝藻的细胞壁外面有胶质衣，因此又叫粘藻。所有的蓝藻都含有一种特殊的蓝色色素，蓝藻因此而得名。但是蓝藻也不全是蓝色的，不同的蓝藻含有一些不同的色素，有的含有叶绿素，有的含有蓝藻叶黄素，有的含有胡萝卜素，有的含有蓝藻藻蓝素，也有的含有蓝藻藻红素。红海就是由于水中含有大量藻红素的蓝藻，使海水呈现出红色。注意，蓝藻现在依然存在。有时某个水域因为遭受污染或水温变化，水面上会暴发大面积的蓝藻污染，虽然看上去都是一片绿色，但它们却是蓝藻而不是绿藻。

目前，已知蓝藻约2000种，中国已有记录的约900种。蓝藻的分布十分广泛，遍及世界各地，其中淡水产的约占75%，其余的为海产。有些蓝藻可生活在60～85℃的温泉中，有些种类的蓝藻能够与菌、苔藓、蕨类和裸子植物共生。更有甚者，还可以穿入钙质岩石或介壳中，如穿钙藻类；或者能够进入土壤深层中，如土壤蓝藻。

为什么说38.5亿年前出现在地球水域中的蓝藻，是一种生命呢？因为它不但能够“养活自己”，还能够“传宗接代”。所谓“养活自己”，是说它能够“吃饭”，它所吃的“食物”就是阳光。也就是说，蓝藻是地球上首批实现光合作用、制造所需养分、完成新陈代谢的生物，所以说蓝藻是现代植物的最初祖先。

我们都知道，现代植物及一些在蓝藻之后出现的其他藻类能够实现光合作用，是由于它们拥有包括叶绿素在内的叶绿体。而蓝藻的结构过于简单，没有叶绿体，那它的新陈代谢是如何完成的呢？原来，蓝藻的细胞质中有很多光合膜（类囊体），各种光合素都附着在上面，光合作用过程就在这里进行。光合作用的产物主要是蓝藻淀粉、蓝藻颗粒体等，贮藏在蓝藻的细胞壁上。

您瞧，小小的蓝藻，已经能够吃进食物、贮藏能量、养活自己了。那么问题就来了：它不能光吃不排啊！那排出的是什么呢？是对后期生物来说至关重要的氧气！

不要忘了，蓝藻作为最早的霸主，统治地球的时间不是几十年、几千年，而是长达几十亿年。在这漫长的过程中，无数的蓝藻不停地向大气中排放氧气，最终将地球大气层的成分从基本无氧状态，慢慢改造成了富含氧气的优良状态。

蓝藻们自己不会想到，它们只是吃饭、排放，就改造了地球大气层的成分；而随着这种改造规模的逐步扩大，也就是随着氧气浓度的不断增加，另一种变化也在悄悄发生，那就是更多种类、更加先进的藻类慢慢出现了。进而，仅仅作为单细胞原始植物的藻类的统治地位慢慢被终结，因为新的多细胞植物后来居上，占据了地球生物界的制高点。

于是，地球生物的“菌藻时代”，正式结束。生物发展进化的历程，掀开了全新的一页，进入了“蕨植时代”。

蕨类的贡献

距今约 15 亿年前出现的红藻、绿藻，已经是真正拥有细胞核的真核生物。而有了真核也就是真正的细胞核，单细胞生物也就具备了进化成为多细胞生物的可能性。再到后来，多细胞藻类的生长结构逐渐变得更加复杂，再加上地壳的剧烈变动，一些原本的海洋成为永久陆地，很多“不甘消亡”的多细胞藻类逐步适应了环境的变化，进化成了地衣植物，其中有很多又进一步变成了苔藓植物，而苔藓植物中的佼佼者仍在进化，直至出现能够摆脱潮湿环境、可以在真正的陆地上生活的裸蕨植物。最终，先由裸蕨植物时代、后由蕨类植物时代所代表的“蕨植时代”，正式到来。

裸蕨植物是一种体形矮小、结构简单的植物，因为连叶子都没有，所以叫“裸蕨”。裸蕨植物曾在距今 3.9 亿 ~ 3.7 亿年前的早、中泥盆纪时期盛极一时，遍布全球，是当时陆生植物的优势种类。直到距今 3.6 亿年的晚泥盆纪，随着更加先进、成熟稳定的蕨类植物的出现，裸蕨植物才趋于灭绝。裸蕨植物的株体并没有进化出真正的根、茎、叶，仅仅拥有在地面上生长的、极其细弱的二叉分枝的茎轴，还有在地下生长的拟根茎。但是，裸蕨植物却出现了维管组织，也就是专门用于输送水分和营养物质、同时对株体起到一定支持作用的组织；在茎轴基部和拟根茎的下面，还长有假根；茎轴的表皮上，拥有能够调节水分蒸发的角质层和气孔；虽然还没有进化到制造和传播种子的程度，但却能够长出与种子功能差不多的、能够直接或间接发育成为新的株体的孢子。孢子囊通常长在株体的顶端，囊壁厚而坚韧、不易损伤和干瘪，为孢子的安全传播提供保护。这些功能，已经与后期的陆生植物非常相近了。

当然，裸蕨植物的这些结构和功能，与现代高等植物相比，确实非常简单和原始，经不起陆地上风雨沙尘的剧烈折腾。但是，裸蕨植物正是靠着这些简单的组织和器官，实现了占领陆地的目标，解决了在陆地生长环境中面临的一些基本问题，同时又为能量利用效率更高、对抗恶劣条件效果更好的高等陆生植物的出现，进行了初步的探索，奠定了坚实的基础。

裸蕨植物虽然结构简单，但却是后期蕨类植物及其他现代陆生植物的祖先，是原始藻类向陆地进军并进化而成的、具有承前启后重要地位的第一类陆生植物。所有的陆生高等植物，除了苔藓植物以外，都是直接或间接起源于裸蕨植物，没有哪一种陆生维管植物是能够绕过裸蕨植物而直接发源于水生藻类的。因此，裸蕨植物在植物界的系统发育中，上承生活在水中的藻类，下启陆生的蕨类和前裸子植物，是植物界系统演化中的主干。所以，裸蕨植物的出现，是植物发展史上的又一次巨大飞跃。

但是，裸蕨植物毕竟属于过于原始和简单的孢子植物，连叶子和真正的根都没有，光合作用效率之低、吸收水分能力之差都可想而知。当陆地气候干燥甚至干旱程度加剧时，裸蕨植物难以适应，开始走向衰亡。尤其是当更加先进的蕨类植物出现并在陆地上迅速扩张时，裸蕨植物很快就丧失了领地而灭绝，地球植物界的“裸蕨植物时代”宣告终结，进入了“蕨类植物时代”。

蕨类植物源于裸蕨植物，但已经不“裸”了，有了真正的根和叶，个头也高大得多，成为真正掌握陆地“控制权”的全新一代“居民”，而且一直到现在都没有灭绝，分布范围非常广泛，除了海水、淡水深水底层、寸草不生的沙漠和长期冰封的陆地之外，蕨类植物几乎无处不在。从海滨到高山，从湿地、湖泊，到平原、山丘，到处都有蕨类植物的踪迹。它们有的在地表匍匐或

蕨类——鹿角蕨（摄影　杜喜春）

直立生长，有的长在石头缝隙或石壁上，有的附生在树干上或缠绕攀附在树干上，也有少数种类生长在海边、池塘、水田或湿地草丛中。它们绝大多数是草本植物，极少数种类如桫椤[①]，能长到几米至十几米高。

桫椤（摄影　杜喜春）

---

① 桫椤在地球上出现的时间是 3 亿年前，比恐龙还早 2 亿年，后来又成为食草类恐龙的主要食物之一。到 6500 万年前，恐龙灭绝了，而桫椤却依然顽强地生存着。在其主要生长的中国、尼泊尔、印度、缅甸等国家和地区，被人们当作“国宝”来保护。

据统计，目前地球上生存的蕨类约有 12000 种，分布于世界各地，但绝大多数分布在热带亚热带地区。中国约有 2600 种，多分布在西南地区和长江流域以南，比较常见的有铁线蕨、卷柏、贯众、肾蕨、满江红、鳞木和桫椤等，而且有很多可供食用、药用或工业用。其中，云南地区的蕨类植物达到约 1400 种，是中国蕨类植物最丰富的省份。中国宝岛台湾虽然面积不大，蕨类植物也有 630 余种之多，是世界蕨类物种密度最高的地区之一。

蕨类植物旧称“羊齿植物”，是介于苔藓植物和种子植物之间的一个大类群，是最原始的维管植物之一，有了高等植物的很多特征，但在高等植物中地位又非常低。它们有较为成熟的根、茎和叶，但没有花，当然也就不能产出种子，所以它依然是孢子植物而不是种子植物。它们就和其前身裸蕨植物一样，赖以繁殖的依然是孢子，且孢子体普遍较为发达。由于仍属原始植物，适应环境的能力比不上现代高等植物，所以所有的蕨类植物都需要静止的水，新生者只能存活在相对肥沃的地方，在整年干燥或四季变化极大的地点，很难看到它们的踪迹。

在孢子植物中，蕨类植物是进化水平最高的。大多数蕨类植物为多年生草本，仅少数为一年生。它的根通常是不定根，即不是直接或间接由胚根形成的，没有固定生长部位，不按正常时序发生的根。虽然没有主根，但不定根毕竟也是根，形成须根状，有扩大水分吸收面积和增强固着或支持株体的功能。它的茎，大多数为根状茎，匍匐或横向生长；有少数蕨类植物能够长出地上茎，直立成乔木状，如桫椤。茎上通常被有鳞片或毛茸，鳞片膜质有各种形状，常有或粗或细的筛孔；毛茸有单细胞毛、腺毛、节状毛、星状毛等。

蕨类植物与裸蕨植物最大的区别是，除了蕨类植物个头普遍更大之外，就是蕨类植物都有叶子，完成光合作用的能力显然要强大得多。它们的叶子多从根状茎上长出，有簇生、近生或远生之别，幼时大多数呈蜷曲状，仍然是原始的性状，分为小型叶和大型叶两种。小型叶没有叶隙和叶柄，仅具 1 条不分枝的叶脉，如石松科、卷柏科、木贼科等植物的叶；大型叶有叶柄，有或无叶隙，有多分枝的叶脉，是进化类型的叶。其中，大型叶又分为单叶和复叶两类。从功能上讲，蕨类植物的叶可分成孢子叶和营养叶两种。孢子叶是指能产生孢子囊和孢子的叶，又叫能育叶；营养叶仅能进行光合作用，不能产生孢子囊和孢子，又叫不育叶。有些蕨类植物的孢子叶和营养叶不分，既能进行光合作用，制造有机物，又能产生孢子囊和孢子。总而言之，如果一种植物同时拥有卷曲幼叶、孢子囊群、鳞片这 3 种特征，那它就是蕨类植物。

蕨类植物对人类的贡献很大。一是可以当作食物。蕨类植物可供食用的种类较多，如在幼嫩时可当菜蔬的蕨菜、毛蕨、菜蕨、紫萁、西南风尾蕨、水蕨等，不但鲜时可以做菜，亦可加工成干菜长期储存；许多蕨类植物的地下根状茎，含有大量淀粉，可以酿酒或供食用。在我国的云南、广东、广西、台湾等亚热带地区的山林中，长有多种高大的树蕨如桫椤树，其圆柱状的树干内含有一种胶质物，可供食用。二是可以用作绿肥和饲料。如满江红是一种生长在水田或池塘中的水生蕨类植物，它能够通过与蓝藻的共生作用，从空气中吸取和积累大量的氮，成为良好的绿肥和家畜家禽的饲料。三是用作绿化和观赏植物。有不少种类的蕨类植物，由于具有独特、美观、雅致的外形，而且无性繁殖力强，可作盆景，用于美化庭园和住宅。四是用来编织器物。如桫椤树的树干磨光后会呈现出美丽的花纹，可做装饰品；其干部的厚壁组织像钢丝一样细长而坚牢，能够用来编织各形篮筐和斗笠等器物；有些藤本种类，也可制作各种编织品。

当地球自然环境发生重大变化时，蕨类植物占据全球的繁盛时期被终结，极大量的蕨类植物因为无法适应，从地球上消失了。它们去哪里了？去地下了，变成了人类如今生产生活重要能源之一的煤炭！

蕨类植物的灭绝过程是很长的，从石炭纪持续到二叠纪。就在这个长达亿万年的时间段内，这些蕨类植物的遗体大量堆积，被掩埋在湖泊沼泽里，经过炭化变质，久而久之，形成了大范围的巨厚煤层。现在所知，地球历史上有过 3 次主要的造煤时期。石炭纪、二叠纪时期为第一次造煤时期，其他 2 次是在侏罗纪和古近纪。在石炭纪、二叠纪造煤时期，地球上几乎各处都有煤生成，整个欧洲、非洲北部、北美洲北部和亚洲西部的煤矿，差不多都是这个时期形成的。而中国的河北、山东、安徽等地的煤矿，也是石炭纪、二叠纪蕨类植物造煤时期的产物。其中，石炭纪开始于距今 3.5 亿年，延续了约 6500 万年。由于这一时期形成的地层中含有丰富的煤炭，因而得名“石炭纪”。据统计，属于这一时期形成的煤炭储量约占全世界总储量的 50% 以上。而紧随其后出现的二叠纪，作为古生代的最后一个纪，开始于距今约 2.99 亿年，延续至 2.5 亿年，共经历了 4500 万年。这个二叠纪，也是一个重要的成煤期。

也就是说，几亿年前在地球上繁盛发展、后来又消失于地下的蕨类植物们，不但在地球生物史，特别是植物进化史上起到了承前启后的关键作用，而且也为人类文明的发展做出了不可磨灭的巨大贡献。如果没有足够多的煤炭，人类很难在 18 世纪引爆工业革命！

那么，如此大量的蕨类植物为什么会在石炭纪、二叠纪灭绝呢？因为这段时间正是地球的地壳运动非常活跃的时期，远古地理的面貌发生了极大的变化，陆地面积持续扩大，海洋范围相对缩小，气候分异现象也十分明显，带动了动、植物地理分区的形成。于是，那些刚好处于环境恶劣区域、进化能力又相对较差的蕨类植物，便大量地灭绝了，只有刚好处于长期温暖潮湿环境中的少量蕨类植物都保持着原始的性状活了下来，直到现在。但是，所谓的环境恶劣只是相对的，处于那些地方的蕨类植物并不是都是甘愿灭绝，有一部分走上了适应新的环境、改善自身结构、变得更加强大的全新进化之路。

可以说，石炭纪、二叠纪是大量蕨类植物的灭绝期，同时又是地球植物世界大发展的繁盛期。只不过，繁盛的已经不再是落后的蕨类植物，而是更高级别的、由裸子植物和被子植物组成的种子植物了。

地球植物世界，就此进入了又一个全新的时代，即“种子植物时代”。

种子的诞生

将蕨类植物打入“另册”、夺取其统治地位的，是种子植物。换句话说，经过亿万年的演化，植物终于能够制造种子了。

种子植物分布于世界各地，是植物界最高等的类群。所有的种子植物都有两个基本特征，一是体内拥有由韧皮部和木质部组成的、用以输送水分和养料并支撑株体的维管组织；二是能够产生种子并用种子进行繁殖。

种子植物分为裸子植物和被子植物两大类别。如何区别它们呢？我们举一个简单的例子做对比，大家马上就明白了。比如松树的种子松子，就是裸子；而桃树的种子桃子，就是被子。也就是说，松树是裸子植物，桃树是被子植物。其他的当然就是以此

无果皮包被种子的植物为裸子植物

有果皮包被种子的植物为被子植物

裸子植物和被子植物

类推了。种子植物的发展演变历史很漫长，其中裸子植物出现较早，被子植物出现较晚，不过两大阶段的划分并不是特别鲜明，而且裸子植物到现在还在顽强地生存着。与蕨类植物赖以扩张规模的孢子相比，种子植物所赖以传宗接代的种子显然具有无法比拟的优越性能。

种子，是裸子植物和被子植物特有的繁殖体，是由胚珠经过传粉受精形成的。种子一般由种皮、胚和胚乳 3 部分组成，也有少数植物成熟的种子只有种皮和胚两部分。其中，种皮是种子的“铠甲”，起着保护种子的作用；胚是种子最重要的部分，新一代植物体的根、茎、叶等器官都是从种子的胚长大发育起来的；而胚乳，则是种子集中养料的地方。当然，不同植物的胚乳中所含养分也各不相同。

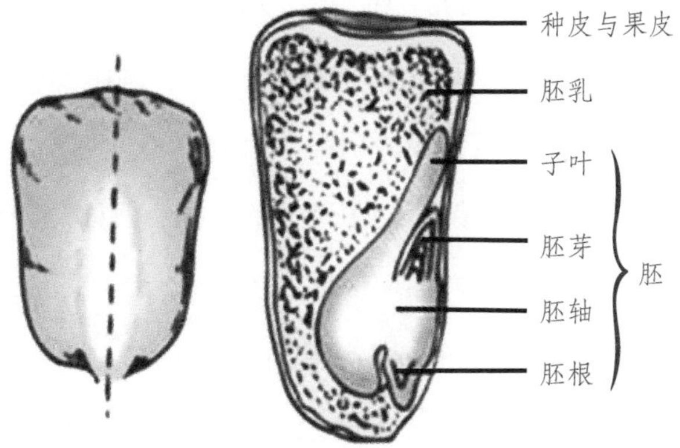

种子结构图

种子的形成，使幼小的孢子体胚珠得到母体的保护，并像哺乳动物的胎儿那样得到充足的养料。种子还普遍拥有其他各种适于传播或抵抗不良条件的高等完备结构，为植物的种族延续创造了良好的条件。简单地说，就是种子“外披铠甲、内有营养”，能够在脱离母体很长时间、处于各种复杂环境下，照样保持生机活力，只要条件成熟就立即萌发。也正因为如此，种子植物才得以在地球植物的系统发育过程中取代蕨类植物占据优势地位。由于种子携带了所有的基因，又拥有保护这个基因不受损伤的诸多手段，能够保证再次萌发后生长出与其父辈完全相同的性状，所以我们把种子称为“基因方舟”毫不为过。

与种子植物的丰富类别相一致，种子的形状、大小、色泽、表面纹理等，也同样千差万别、丰富多彩。比如，椰子的种子很大，能达到几千克；油菜、芝麻的种子则比较小，而烟草、马齿苋、兰科植物的种子非常小，有些寄生植物的种子就更小了。从形状上讲，蚕豆、菜豆为肾脏形，豌豆、龙眼为圆球形，花生为椭圆形，瓜类的种子则多为扁圆形。种子的颜色以褐色和黑色较多，有的表面光滑发亮，有的表面暗淡粗糙。有的种子具有翅、冠毛、刺、芒和毛等附属物，这些都有助于种子的传播，比如蒲公英的种子，它就像是自带降落伞一样，可以随风飘落、飞出很远。

种子大小的差异悬殊，各有其生物学上的意义。例如椰子的种子很大，每株结实数量非常有限，但由于种子极易萌发，种子内又富含液体胚乳，营养充足，这样就可得到“重点保证”。而那些体积极小的种子，则是以多取胜，虽然只有少量能够萌发，仍可产生大量后代。许多一年生杂草植物，就是以这种方式进行大量繁殖的。

第一个学会生产种子的种子植物是裸子植物。顾名思义，裸子植物的种子都是外露的，所以比较容易辨认。就在石炭纪的中、晚期和二叠纪的早期[①]，那些只能用孢子进行有性繁殖的蕨类植物因为不能适应自然环境的变化而趋于衰落和灭绝，而裸子植物却因为能够通过种子进行有性繁殖，积极适应了当时自然环境的剧烈变化，开始兴旺发达、迅速扩张，成为地球上植物界的主角。

从裸子植物最初产生到现在的 21 世纪，地质气候经过多次重大变化，裸子植物种系也随之多次演变更替，老的种类相继灭绝，新的种类陆续演化出来，种类演替繁衍至今。其中，最古老的裸子植物即“前裸子植物”，属于由蕨类过渡到裸子植物的植物类型，尽管在某些方面比蕨类植物有所进化，但尚未具备裸子植物的全部基本特征，早已灭绝。现代的裸子植物中，有不少种类是从 6500 万 ~ 250 万年前的新生代第三纪出现的，之后又经历了第四纪冰川时期并保留下来，繁衍至今。

作为原始的种子植物，裸子植物全部都是多年生木本植物，大多为单轴分枝的高大乔木，叶子多为线形、针形或鳞形。目前常见的裸子植物，有银杏、松树、柏树、红豆杉和罗汉松等 10 余种植物，都具有很好的观赏价值，可种植在家中进行装饰，其

---

① 裸子植物出现和发展的历史非常悠久。最初的裸子植物出现在 3.95 亿 ~ 3.45 亿年前的古生代泥盆纪，历经了古生代的石炭纪、二叠纪，中生代的三叠纪、侏罗纪、白垩纪，新生代的第三纪、第四纪。

中一些植物的果实还可食用，具有很高的营养价值。裸子植物分布于世界各地，尤以北半球更为广泛，从低海拔至高海拔、从低纬度至高纬度几乎都有分布。裸子植物的科、属、种数虽远比同样作为种子植物的被子植物要少，但它们的覆盖面积却大致相等。在高纬度及高海拔气候温凉至寒冷的地区，几乎都是由某些裸子植物形成的单纯林或混交林。

但是，就和蕨类植物的归宿一样，裸子植物最终也没能保住在地球植物界的统治地位。因为同样能够生产种子，更为先进的另一种种子植物出现了，那就是被子植物。被子植物与裸子植物最明显的区别就是，其种子外面有果皮包裹。除此之外，还有一个显著的特征，那就是花。被子植物也叫“显花植物”，因为它们拥有真正的花。这些美丽的花，是它们制造种子、繁殖后代的重要器官，也是它们区别于裸子植物及其他植物的显著特征，因为裸子植物及其他植物，都是不开花的。

那么，被子植物是何时出现的呢？由于年代过于久远，缺乏足够的化石证据支撑，尚未得出让所有人都信服的结论。但根据目前所有的化石证据，多数学者认为，被子植物起源于白垩纪或晚侏罗纪。从花粉粒和叶化石证据中可以看出，应当是出现于 1.35 亿 ~ 1.2 亿年前的早白垩纪。在较早期的白垩纪沉积中，被子植物化石记录的数量与蕨类和裸子植物的化石相比还较少。直到距今 9000 万 ~ 8000 万年前的白垩纪末期，被子植物才在地球上的大部分地区占据了统治地位。

当然，对被子植物的起源时间进行深挖细掘，那是植物学家的事。对于普通人来说，只要知道被子植物是现代植物中占绝对优势的植物类群就可以了。目前，已知被子植物有300～400科、20万～30万种，这在数量上远远超过所有其他植物类群种数之和。关键是，人类的生产生活所依赖的种子，绝大多数都来源于被子植物。如果没有遍布地球的如此丰富多样的被子植物，就没有人类的成功繁衍和顺利生存。1亿多年来，被子植物的种子基本没有什么本质的变化，而且只要地球环境不出现"天翻地覆"级别的变化，它们依然不会有太大变化，因为环境是相对稳定的、条件是相对优越的，短期内不存在逼迫植物们再次发生变革式的重大进化。对人类来说，只需把现有被子植物的种子研究好、利用好、发展好，就足够了。

被子植物在人类生产生活中的用途极其广泛，人类与被子植物已经不可分离。人类的大部分食物，都来源于被子植物，如谷类、豆类、薯类、瓜果和蔬菜等；在此基础上，被子植物还为人类的建筑、造纸、纺织、油料、纤维、食糖、香料、医药、树脂、鞣酸、麻醉剂、饮料，等等，源源不断地提供原料；还有，城市公园、街道上的无数鲜花，为人类提供了多么美好的感受，那都是作为被子植物的花卉在做贡献！

人类，已经离不开被子植物，这种密切关系是由于人类的主导才形成的。回顾蓝藻到裸蕨、裸蕨到蕨类、蕨类到裸子植物、裸子植物到被子植物的进化过程，主要是大自然的选择；而被子植物之所以能够与人类形成如此相互依存的共生关系，却主要是由于人类为满足自身生存和发展的需要，而进行的重点选择和定向培育。

在很大程度上，或者说在某些方面，人类已经开始超越虽然巨大无比但极为缓慢的自然力量，影响甚至操纵很多被子植物的进化与分布了。

第二章 亘古追求

——人类对种子的认知与实践

目前地球上的30多万种植物中，种子植物占了2/3左右。种子植物不但数量最多，而且与人类的关系最为密切，因为它们对人类来说太重要了。人们吃的粮食、蔬菜、水果，以及酒、醋、酱油、豆制品等，绝大多数来自种子植物；人们吃的肉、蛋、奶，虽然是由动物提供的，但这些动物也是靠种子植物来养活的。还有人们穿衣盖被用的棉、麻、丝、毛，也是直接或间接地来自种子植物。人们建造坚固的房屋、制作美观实用的家具，以及制造车、船、桥梁等，过去主要依赖植物提供的木材，现在虽然有了水泥、钢铁和塑料，木材用得少了，但其中某些部件还是离不开木材。人们就医看病，离不开棉絮、纱布和绷带，而这些也都是种子植物棉花的产品；还有许多种子植物，其本身就是药材。

种子植物如此密切地为人类提供全方位的服务，甚至达到养活人类、让人类过得越来越好的程度，却并不都是大自然的本意，而是人类亘古以来持续努力，对种子植物进行选择和改造的结果。

尤其是农作物的种子。

采集文化

○ 早期人类的朴素探索

人类作为地球的全新主宰，不但属于高级动物，而且还是“杂食类高级动物”。地球上的其他动物，还有植物，只要能吃的我们都吃。

但在距今大约 1 万年以前，什么都原始、什么都落后的早期人类，由于缺工具、缺办法，并不是想吃什么就能吃得着。

那时人类的生活方式，其实与野生动物种群差不多。平时所吃的食物，主要是大自然中自由生长的野生植物，包括植物的种子、果肉、叶子、花朵、根茎……能吃的就都吃掉，绝不浪费。每个健康的原始人，每天都要花大量时间去野外树林中、草地上、灌木间，四处寻觅、努力采集。这几乎是世界各地所有原始人类最主要的营养获取方式。

当然，原始人也不是不想吃肉，但相对于采集植物来说，狩猎这件事难度太大、效率太低。再加上那个时候野外凶猛之兽非常多，原始人狩猎时常常有生命危险，弄不好就把自己给搭进去。至于捕捉数量较多的小型野生动物和昆虫之类，倒是不在话下，但这种捕捉其实并不省力，所获总量也总是不够多，经常分配不过来。

更何况，那时候原始人没有冰箱，也不懂得做腊肉熏肉，他们没有办法长时间储藏好不容易打猎得来的大量肉食。所以，每当原始人捕获大型野生动物时，只能是全族上阵、赶紧吃光。否则，吃不完的肉很快就腐坏了。岂不可惜？相比之下，还是随时到林间草地上去采集植物食品要可靠、轻松得多，一顿吃不完还可以储藏起来。赶巧了，一大家子人爬到一棵果树上，可以吃半天都不用下地。运气更好一点，还能碰上蜂蜜、鸟蛋之类，改善一下伙食。总之，原始人一连好多天吃不到肉是正常现象，更多的是靠采集所得来维持生活。平均而论，通过采集得来的食物，约占原始人食物总量的 2/3 以上。其他的才是通过渔猎得来的肉食。

不过，这也不是绝对的。当人类拓展的范围足够大时，极个别地区的原始人由于所在地区没有多少种子植物，反倒是野生动物比较多，他们就会发展出发达的狩猎文化，甚至能在一个历史时期内把某种野生动物吃到完全灭绝。结果呢，那里的原始人又没饭吃了，只能再次迁移；假如新到达的地域没有足够多的野生动物，他们又得恢复到以采集为生。

采集文化之所以会被称为一种文化，是由于它包含很多由采集衍生出来的其他相关内容，包括穴居文化、巢居文化等。原始人的采集对象，我们已经明确，主要就是野生植物。而采集的地点，则主要是某个族群平时所居之地及其能够控制的更大一块区域之内。过去很多人总以为原始人没什么固定居所，每天都是边采集边迁移。事实上并不完全是这样的，大多数原始人的族群都会拥有一块面积不等的采集领地。就如同大猩猩或狮子等的族群性质一样，有一块食物充足、水源稳定、天敌不多、情况熟悉的领地，谁还会整天忙着往陌生的地方乱跑呢？合适而安全的睡觉地方，并不是随时都能找到的。

说到水源，人类逐水而居的习性就是从原始人开始的。一连几天采集不到足够的食物，还能忍一忍；但如果一连几天喝不到水，那就非常危险了。所以，即使是原始人，也都是沿河、湖逐水而居的，越是有水的地方，就越是有原始人族群聚集。更何况，凡是有水的地方，植物必定也是种类多、覆盖广、总量大，随之必然又会水里有活鱼、岸边有动物，渔猎的难度也相应降低了。

既然原始人也有贪图安稳的习性，不喜欢整天东奔西跑，又能够通过追逐水源之地找到合适的采集及渔猎区域，那就一定会想办法住下来。当然，那时原始人既不会盖别墅又不会起高楼，解决族群居住和食物储藏之所最早的办法就是巢居和穴居。

咱们先说巢居。

为什么有“巢居”这个说法呢？那是因为原始人最初还没有完全丢掉“在树上生活最安全也最省事”的习惯，也还没有掌握其他办法，于是就像大猩猩那样，用树枝、树叶、藤蔓、杂草、树皮之类，在高大的树木上搭窝，就像个巨大的鸟巢，这就是巢居了。事实上，在他们尚未完全变成“人”的过程中，一直都是这么巢居着的。

在中国，据考古学者考证，长江流域及其以南地区，是原始人类巢居的主要分布地带。《韩非子·五蠹》里就曾这样描述过："上古之世，人民少而禽兽众，人民不胜禽兽虫蛇，有圣人作，构木为巢，以避众害，而民悦之，使王天下，号曰有巢氏。"当时的事实足以表明，巢居有利于确保安全和健康，能够比较有效地防止来自地面的大型猛兽的袭击，所以巢居一度成为原始人类采集文化繁盛时代的一种标志。

与此同时，穴居这种方式也是存在的。很多原始人受缺乏足够的大树等条件所限，是住在天然洞穴里的。只要在洞内生上一堆火，洞口再派个人拿着削尖的长木棍值班放哨，那感觉也是很不错的。

穴居，曾经是我国中原地区原始先民最主要的一种居住方式，尤其是在黄河中上游的黄土高原地区。随着考古研究的深入，在长江流域、珠江流域、西南和东北有黄土地带的地区，都发现了原始人的穴居遗迹，这表明穴居是中国范围内的重要居住方式之一。西安半坡遗址早期的穴居遗迹显示，那时的原始人已经学会将采集到的各种草筋掺杂到泥土中，用以提高泥土的凝结力和抗拉、抗裂性能，其原理就如同现代的钢筋混凝土，可以使建筑物的整体强度得到显著改善。

再到后来，原始人的四肢特别是双腿越来越适应在地面上活动，爬树的能力有所降低，上树"建房"、爬树"回家"、下树"干活"，都越来越不容易。而天然的洞穴又并非到处都有，无法满足日益增长的族群人口的需要。

于是，有些原始人就慢慢学着在合适的地面上挖个深坑，上面用树木、树叶、野草、兽皮等搭个棚子盖起来，再用黏土之类的东西把棚子抹严实。这就是真正的、比较“现代化”的穴居之所了。再到后来，又有一些足够聪明又不缺壮汉的原始人族群，学会了用大石块垒成圆圈或其他形状，石块外面用黄泥抹严，上面再加盖棚顶。那样似乎居住体验感更好，而且还不用费力挖大坑。

这时，这部分实际上已经学会盖“房子”的原始人，逐渐脱离穴居时代，过上更加安居乐业的生活了。正如《孟子·滕文公章句下》里所讲的：“下者为巢，上者为营窟。”意思是说，落后的原始人还在树上搭巢，先进的原始人已经开始盖房子了。所有现代的建筑师，是不是都应当膜拜一下他们呢？

总之，就在这一点点提高技能、积累经验的过程中，越来越多的原始人开始脱离巢居和穴居方式，过上了相对稳定的定居生活。

那么，那个始终困扰人类的重大问题，就是“吃什么”的问题是怎么解决的呢？要知道，定居就意味着食物来源必须非常稳定，能够源源不断。要想达到这个程度，原始人就必须学会脱离单纯而被动的采集文化，向主动种植特定植物、稳定收获食物（也就是粮食）的方向大步迈进。更何况，那时的人类已经学会了养殖动物，而动物通常不但吃草，还要经常吃点粮食、水果之类，这更加大了人类种植的工作量。

没什么先进耕作工具的原始人，究竟是怎么种地的呢？

种植渔猎

○ 各地祖先的艰苦努力

由野生草籽演变而来的粮食，是随着人类农耕的逐渐兴起、于距今大约 1 万年前出现的。

在长期采集的劳动和观察中，人们发现，被无意丢弃在地上的可以吃的草籽和吃剩的果核，在一定的条件下，居然能够重新萌发、生根、长大、开花，最后结出新的一代草籽或果实；只要重复这个过程，就会得到更多的特定植物的种子、果核。于是，远比其他动物要聪明得多的人类，开始有意识地收集这些植物的种子、果核，在合适的季节、气候和土壤条件下进行种植，并精心照顾它们。只要一切顺利，就会再次收获很多很多的种子和果实。

就在这长期边采集边渔猎的过程中，人类关于植物和动物的知识越来越丰富，也越来越专业，逐步达到了可以系统驯化植物和动物的程度。原始的农业即种植业，以及始终与之相伴的畜牧业，就这么从采集和渔猎中发展起来了。中国古史中记载的“神农氏”，正是原始种植业和畜牧业发生时的传奇人物。

传说中，神农氏之前还有一位包牺氏，说“包牺氏之王天下也……作结绳而为网罟，以佃以渔”。这里讲的“罟”（音“鼓”），就是渔网，或者说用渔网打鱼；而这里的“佃”，并不是佃农的佃（音“店”），而是音“田”，与“畋”（音亦为“田”）同义，是“打猎”的意思。这句话说明，当时中国大地上的人类正处于以采集为主、渔猎为辅的时期。当然，想吃肉就得跟着包牺氏学渔猎。

这位“王天下”的包牺氏是何许人也？怎么这么厉害？说起他的另外一个名字，你一定会觉得非常熟悉，那就是号称“三皇之首、百王之先”的伏羲氏。伏羲氏，是华夏民族人文始祖、“三皇”之一，是中国最早的有文献记载的“创世神”。他的出现，代表着中华民族繁衍发展中的一个重要阶段；他的光辉事迹还有好多，包括创立八卦、创制初始文字、发明陶埙之类简单乐器等。

伏羲氏的阶段过去之后，取而代之的是什么呢？是农业。农业的代表人物或者说领军人物是谁呢？就是神农氏。

古书记载“包牺氏没，神农氏作”，意思是包牺氏的时代过去后，神农氏的时代到来了；还说神农氏“因天之时，分地之利，制耒耜，教民农作”。“耒耜”是指古代一种耕地用的农具，准确地说就是最原始的犁，有时也用来泛指所有农具。按照这个记载，神农氏就是中国农业的始祖。其实，神农氏就是作为华夏人文始祖之一的炎帝，他对中华文明的贡献非常之大、非常之多。不过在这里，我们只讲他在农业等方面的作为。

为什么会出现从包牺氏到神农氏的过渡呢？因为那时的人类开始定居生活后，人数越来越多，食物短缺的矛盾越来越突出。

于是，能够帮助众人“尝百草”、进而带领大家制作农具、大力耕种的神农氏出现了。成书于汉代的《白虎通》中这样记载：“古之人民皆食禽兽肉。至于神农，人民众多，禽兽不足，于是神农因天之时，分地之利，制耒耜，教民农作，神而化之，使民宜之，故谓之神农也。”

那个时候，以神农氏为首的人们首先要解决的问题，就是对野生植物的选择和驯化。在长期的采集生活中，各地的人们都对各种野生植物的利用价值和栽培方法进行了广泛的试验，逐渐选育出适合人类需要的栽培植物，也就是后来“农作物”的祖先。古书中描写的神农氏从“尝百草”到“播五谷”和“种粟”，就是这一过程的生动反映；而所谓“神农尝百草，一日遇七十毒”，则反映了这个过程不但极其艰难，而且还充满风险。我们完全可以说，神农氏尝百草、遇毒害的经历，其实就是中华民族一代代农业先驱在创立农业过程中的艰辛经历的浓缩。

与单纯的采集活动相比，在同样的季节、气候等条件下，农业显然有着不可替代的优越性，能够更稳妥可靠地提供更多的粮食。多数情况下，采集工作是不需要太多工具的，因为草籽都是俯身即得，块茎都是挖出即可；树上的果子，爬上去摘就行，爬不上去的就拿个长棍敲下来。但农业就不同了，必须得有适当的工具，砍除树木、深翻土地，都需要专门的工具。这些工具的“发明人”也是神农氏。他不但忙于冒着中毒的风险去“尝百草”，而且还忙着创制各种“斤斧耒耜”，目的就是“以垦草莽”，即开荒种地。同时，伟大的神农氏还要解决把粮食加工成熟食的问题。他探索成功并教给大家的办法，就是“释米加烧石上而食之”。由此可见，所谓“神农氏”的传说，是中国农业从起源到成熟的整个历史时期的反映。

当然，神话毕竟是神话，传说也只是传说。真正有决定权的，还是考古发现。越来越多的考古学证据表明，中国是世界农业的起源中心之一。目前，已经发现了数量众多的中国新石器时代农业遗址，分布在从岭南到漠北、从东海之滨到青藏高原的广阔大地上，尤以黄河流域和长江流域最为密集。

黄河流域迄今最早的农业遗址，属于主要分布在河南中部的裴李岗文化和分布在河北中南部的磁山文化，距今有七八千年之久。那时候，住在那里的居民，已经把种植业当作最重要的生活资料来源。出土的农具也是配套成龙，从砍伐林木、清理场地和加工木器用的石斧，松土或翻土用的石铲，收割用的石镰，到加工谷物用的石磨盘、石磨棒，一应俱全，制作精致。主要作物，是俗称谷子的粟，如在河北武安磁山遗址中发现了大量窖藏的粟。而采猎业，当时也依然是比较重要的生产方式，人们使用弓箭、鱼镖、网罟等工具进行渔猎，并采集朴树籽、胡桃等作为食物的重要补充。养畜业也有一定发展，饲养的禽畜有猪、狗和鸡，可能还有黄牛。但从重要性和规模上讲，这种采集渔猎的生产方式比不上种植业。也就是说，这些地方已经形成了以种植业为主、采猎业为辅的综合经济模式。而这种方式的形成，标志着人们过上了相对定居的生活。

与裴李岗文化、磁山文化年代相当、经济面貌相似的，还有分布在陇东和关中的大地湾文化（或称老官台文化）和分布在陕南汉水上游的李家村文化等。在甘肃秦安大地湾遗址，还发现了迄今最早的、距今7000余年的栽培黍遗存。人们把上述诸文化统称为“前仰韶文化”，黄河流域的农业文化就是在它的基础上发展起来的。

继之而来的，就是著名的仰韶文化，距今7000～5000年。在以关中、豫西、晋南一带为中心，东至河南东部和河北、南达汉江中下游、北到河套地区、西及渭河上游和洮河流域的大片区域内，都发现了仰韶文化遗址。仰韶文化的农业生产水平有了显著的提高，突出标志之一是出现了面积达几万、十几万以至上百万平方米的大型村落遗址。主要作物仍为粟、黍，亦种大麻，晚期有了水稻，此外还发现了蔬菜种子的遗存。农业工具除石斧、

半坡遗址出土的陶罐，罐里装有已经炭化的粟

石铲、石锄外，木耒和骨铲等获得较广泛的应用，收获主要用石刀、陶刀，在谷物加工方面，石磨盘逐步被杵臼所代替。养畜业比过去更为发达，主要牲畜仍是猪和狗，同时饲养少量的山羊、绵羊和黄牛，出现了牲畜栏圈和夜宿场。除此之外，采猎活动仍然比较频繁。

仰韶文化之后是距今 5000 ~ 4000 年的龙山文化，它分布于西起陕西、东到海滨、北达辽东半岛、南到江苏北部的广大地区。由于原始共同体的分化和走向瓦解，龙山文化村落的规模比仰韶文化缩小，但农业生产工具有明显的改进。石铲更为扁薄宽大，趋于规范化，便于安柄使用的有肩石铲和穿孔石铲普遍出现，双齿木耒也被广泛使用。半月形石刀、石镰、蚌镰等收获农具的品种更全、数量更多。作物种类与仰韶文化大体相同，但粟、黍在经济生活中的地位更加重要。用 ^{13}C 测定原始人的食谱表明，粟、黍类在食物中的比重，仰韶文化时期为 50%，龙山文化时期为 70%。适于储藏粮食的口小底大的袋形窖穴显著增多，有些遗址还出土了仓廪的遗迹。畜牧业有突出的发展，家畜仍以猪为主，新增加了牛，马也可能已被驯化。后世所说的“六畜”即马、牛、羊、猪、狗、鸡，那时都已大体具备。与此同时，采猎虽然仍是人们获取生活资料的手段之一，但在经济生活中的重要性已明显下降。在黄河上游的甘肃、青海、宁夏等省、自治区，在中原地区农业文化的影响下，出现了马家窑文化和齐家文化。它们是仰韶文化和龙山文化的地方性变体，时代较晚，经济面貌基本相同，经营以粟、黍为主的旱地农业。马家窑文化的居民已经开始养羊；到了齐家文化，虽然仍以养猪为主，但已形成适于放牧的羊群，畜牧业比同时期的中原地区更为发达。

在山东和江苏北部，与前仰韶文化、仰韶文化、龙山文化大概相当或稍晚，有自成体系的北辛文化、大汶口文化、山东龙山文化。那里的居民也过着定居农业生活，种粟、养畜并从事采猎。大汶口文化中期以后，原始农业发展迅速，跃居全国首位。农业工具以磨制精致、扁而薄的石铲，鹿角制成的鹤嘴锄和骨铲最有特色。家畜除猪、狗、羊、鸡外，还有北方罕见的水牛。人去世时普遍用猪头随葬。山东龙山文化较之大汶口文化，农业又有所发展，并表现出与中原龙山文化的许多共同性，反映了黄河流域各地区原始农业文化的融合。

长江下游的新石器时代遗址，与中原仰韶文化约略相当的是河姆渡文化和马家浜文化。当时已有颇为发达的稻作农业。属于该时期的栽培稻遗存多有发现，尤以距今 7000 年左右的浙江余姚河姆渡遗址和桐乡罗家角遗址，出土的稻谷时代最早和最为丰富。那里的稻谷是以粳稻为主的籼粳混合物；与稻谷同出的有用鹿骨和水牛肩胛骨加工成的骨耜，构成该文化的一大特色，估计是将这种农具绑上木柄后用于挖沟或翻土的。那个时候的人们已懂得饲养猪、狗和水牛，而且渔猎也很发达，什么都没耽误。他们已经能够划船到较远的水面去捕鱼；采集物中，除了地面上的各种能吃的植物，还有生长在水上的菱角等水生植物。

公元前 3300 ~ 前 2200 年长江下游的良渚文化，已经把原始水田农业发展到了一个新的阶段，出现了数量不少的用于水田耕作的石犁和用于开沟的斜把破土器。水稻仍是主要的农作物，但作物种类有所增加。家畜仍是猪、狗和水牛，养蚕栽桑成为新兴的生产项目。采猎，在社会经济中的比重随着农牧经济的发展而下降，但依然还有。

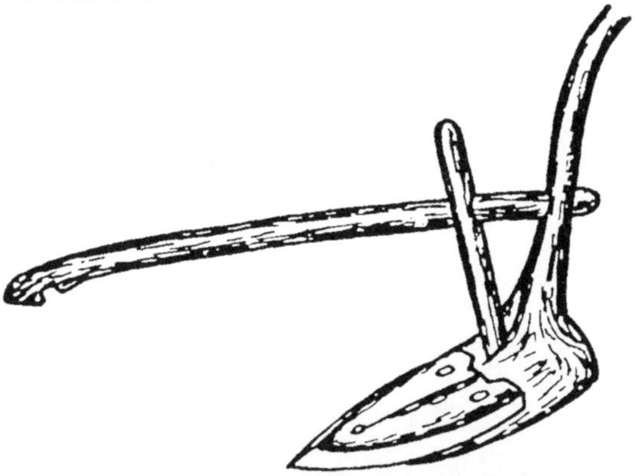

良渚文化组合石犁出土现场及安装方法示意图

长江中游的稻作文化的开端因近年来不断被发现的早期稻作遗存所证明。比如，在距今 9000 年的湖南澧县彭头山遗址中，发现了保存在陶片和红烧土中的炭化稻谷；与彭头山文化时代相近、经济面貌相似的湖北城背溪文化中也发现了早期稻作遗存。同属长江水系的陕南汉中盆地的李家村和何家湾遗址，也有距今七八千年的稻作遗存出土。湖南道县玉蟾岩遗址出土了距今 1 万年左右的栽培稻遗存。在长江中游的湖北、湖南和四川中部等地，分布着大溪文化和屈家岭文化，时代相当于中原的仰韶文化晚期和龙山文化早期。这里的居民也以种稻为主，稻种则多为粳稻。出土的石质农具比较多，显示出不同于长江下游的特色。当地居民也从事畜牧和采猎。

正是由于这一系列的新发现，长江中游原始农业的发生和发展，才能够日益引起人们的关注。在这些区域内的新石器时代早期遗址，大多发现在洞穴之中，并往往叠压在新石器时代晚期的文化层上，距今 1 万年上下。这些遗址，一般都有大量采猎工具和采猎遗物，表明采集和渔猎无疑是当地居民的重要生计，而农作物种子和后世所习见的大型翻土农具迄今未见出土。但这些遗址多有原始陶片的发现，说明与农业定居生活紧密联系的制陶业已经出现。在这些遗址中，还出土了一些在农业初始阶段可以使用的基本工具，比如安装在点种棒（即木耒的雏形）上的“重石”、可用于清理农作场地的磨光的石斧、可用于挖土点种的骨蚌器等。有些遗址，如广西桂林甑皮岩遗址，还出土了迄今世界上最早的家猪的遗骨。所有这些都表明，这里的原始农业无疑已经发生。近年来在江西省万年仙人洞和吊桶环遗址，也出土了 1 万年前的栽培稻遗存，更加证明了这一地区农业历史的悠久。

中国南方地区农业虽然发生得很早，但后来的发展却很不平衡，出现了不同的经济类型。沿江沿海多贝丘遗址，这里的种植业虽已发生，但在相当长的时期内，依然保留着以捕捞采集为主要生产部门的经济特点。河流两岸的台地或岗地遗址，则发展了以种植业为主的综合经济，经济面貌与长江中下游有不少相似之处。不迟于新石器时代晚期，稻谷已成为这一地区主要的粮食作物，部分遗址表明当地的原始农业已经达到很高水平。

北方地区，包括东北、内蒙古、新疆等地，是中国后来牧区的主要分布地。但在新石器时代，这些地方的遗址分别呈现出以种植业、渔猎业和畜牧业为主的经济面貌。其中，以种植业为主经济类型的遗址最多，尤以东北大平原的中南部分布最为密集。比较有代表性的有辽河上游的前红山文化、红山文化和富河文化，一直延伸到内蒙古赤峰，那里发现的兴隆洼遗址距今已有近 8000 年历史。河套地区的新石器时代遗址，经济面貌与中原仰韶文化、龙山文化十分相似。在距今 7000 年左右的沈阳新乐文化中，出土了栽培黍的遗存。以渔猎为主的经济类型，以距今 6000 年的黑龙江密山新开流遗址最为典型。大兴安岭东侧的松嫩平原和西侧的呼伦贝尔草原，也有分布散漫的以渔猎为主的原始遗存。蒙新高原的典型沙漠草原区，零星分布着一些以细石器为主要文化内涵的遗存，很可能也是原始人游猎的遗迹。在这一地区的新石器时代遗址中，只有个别的遗址能确定为以畜牧业为主经济类型的遗址。

那么，问题来了。在遍布中华大地的成千上万的原始农业聚集地中，原始人类采用的是什么样的农耕技术呢？

答案就是刀耕火种。

刀耕火种

○ 原始农业的基本方式

刀耕火种，是原始农业最基本的耕作技术，甚至在近代一些地区仍然有所保留。在中国的长江流域地区，直到唐宋之前的很长一段时间里，始终保留着这种耕作方式，称为“畲田”。畲本意是指火耕方式，是一种焚烧田地草木的耕作方法，后来也作为现代中国一个少数民族即畲族的名称，而这个民族过去的生活方式主要就是游耕。

宋人范成大在《劳畲耕·并序》中写道：“畲田，峡中刀耕火种之地也。春初斫山。众木尽蹶。至当种时，伺有雨候，则前一夕火之，藉其灰以粪，日雨作。乘热土下种，即苗盛倍收。无雨反是。山多硗确。地力薄则一再斫烧。始可艺。春种麦、豆作饼饵以度夏。秋则粟熟矣。”同为宋代学者的薛梦符在《杜诗分类集注》卷七中，对于畲田有这样的解释：“荆楚多畲田，先纵火熂炉，候经雨下种，历三岁，土脉竭，不可复树艺，但生草木，复熂旁山。畲田，烧榛种田也。尔雅一岁曰菑，二岁曰新，三岁曰畲。易曰不菑畲。皆音余。余田凡三岁，不可复种，盖取余之意也。熂音饩，燹火烧草也。炉音户，火烧山界也。”

中国古代传说中，还有“烈山氏之子曰柱，为稷，自夏以上祀之”的记载，其中“烈山”就是放火烧山，“柱”实际上是挖洞点种、后来发展为耒的尖头木棒。这正是原始农业中两个相互连接的主要作业工序，不过被传说人格化了。

刀耕火种是那个时代人们在从事种植业时所采用的主要方式，其实就是在初春时期，先将山间树木砍倒，然后在春雨来临之前放火将其烧光，把树草灰烬当作肥料，之后乘土热下种，以后再不用进行任何田间管理，剩下的就是单等收获了。

刀耕火种的工具，普遍都比较简陋。从考古出土的一些实物来看，原始农业使用的工具主要有石刀、石斧之类，这些都是用来砍伐树木的。人们在进行刀耕火种的时候，首先面临的就是土地的选择。在中国南方，从事刀耕火种的少数民族所选择的基本都是林地，草地的开发是后来的事情。据独龙族、怒族和佤族的老人追述，他们的祖先在使用石斧、竹刀进行耕种时，对大规模的原始森林无能为力，当时选择土地一般都不是草地，而是选择在森林的边沿、隙地或林木比较稀疏的林地进行砍种。这种说法在云南省金平苗族瑶族傣族自治县新安寨村的苦聪人（被划归为拉祜族）中得到证实。苦聪人在几十年前才刚刚由采集经济向农业经济过渡，铁器虽已传进，但数量极少，仍以木质工具为主。他们就是选择在森林边缘或树林比较稀疏的地方耕种的。

为什么人们不选择草地而选择林地进行耕种呢？这是因为拔除草地上植被的地上部分虽然比较容易，但没有翻土工具的原始农人，却难以清除野草那纵横交错的地下根茎，而且草地不能提供足够的灰烬当作肥料。再者，凡是能够长出大片大片野草、却不能长出树木甚至灌木的地方，多数都是“营养不良”或“供水不足”之地，有些地方还经常狂风大作、飞沙走石，这对作物的生长是极其不利的。而在斧斤还没有大量使用的洪荒时代，即使是林间隙地或边缘地带，也有较厚的腐殖黑土，人们又可以很轻松地把灌木和小树砍倒，甚至可以把周围的枯枝败叶扒过来，晒干焚烧后再作肥料。于是，人们慢慢决定了选择林地边缘而不是一望无际的草地作为耕地来开发使用。

选择什么样的林地作为耕地最为适宜呢？根据中国南方少数民族刀耕火种的经验，选择的标准主要是依据林木的长势和种类，而不是土壤的质地。他们对于土壤的知识相当贫乏，却能十分细致地区分各种不同的林地，并且懂得因地制宜地利用它们。像这样区分不同的林地和树种，选择种植什么样的作物，是从事刀耕火种的民族择地的主要依据，而且这种经验一直保留在传统农业之中。《师旷占术》中说：“杏多实，不虫者，来年秋禾善。五木者，五谷之先。欲知五谷，但视五木。择其木盛者，来年多种之，万不失一也。”《杂阴阳书》中，则将“五谷”和“五木”一一对应起来：“禾生于枣或杨，黍生于榆，大豆生于槐，小豆生于李，麻生于杨或荆，大麦生于杏，小麦生于桃，稻生于柳或杨。”

此外，那时的人们还较早地注意到地形的因素，懂得选择较平缓的，两面稍高、中间稍低、略呈槽形的，或光照较长的地段，但很少注意土壤本身的因素。而上述地段一般也是水肥比较集中、林木比较丰茂的地方。他们选择地时也看“黑土层”的厚度，但他们眼中的黑土地无法与现今中国东北地区的黑土地相提并论。那时的黑土地，其实只是树林里枯草败叶腐烂后堆积起来的疏松而发黑的土层。

由于刀耕火种一般不进行后续的专门施肥，也不进行翻松土层等中耕操作，所以对土地品质消耗很大。一般情况下，一片土地种植两三年之后土肥就会枯竭，就要另觅新地重新砍烧种植。这种状况，被农史学家称为“游耕”。彼时，出于维持长期稳定居住生活的需要，人们逐步学会了对居所周围几片土地轮流倒换种植，进而又演化出了早期的水利技术，这已经是在逐步脱离刀耕火种的原始阶段，向成熟农业迈进了。

而贯穿并支撑这种漫长的探索与迈进全过程的，就是人类对优良作物种子坚持不懈的精心选育。

良种选育

○ 文明发展的核心动力

良种选育，听上去很现代，而且目前来看它本身就是各地农业科学家，特别是育种专家需要运用大量科学技术去从事的工作。事实上，良种选育的工作却是从早期人类开始观察植物、收集草籽的时候开始了。

早期人类这样做，原因很简单，就是针对自然界植物繁殖过程中的严重不确定性。如果没有人类干预，植物种子主要是靠风、动物、水等外部载体来传播。还有些植物，是依靠自身能量把种子弹射出去的。

比如，蒲公英的种子外面长有很多细长细长的纤毛，成熟后被风一吹，就像自带降落伞一样飘到别的地方，落地发芽。这就是靠风传播。再比如被包在莲蓬中长大的莲子，成熟后随着莲蓬的衰败、干裂而脱出，落到水面上，被传送到别的地方去“建立新的根据地”。这就是靠水传播。还有像葡萄、山楂、桑葚、石榴之类被子植物的种子，都是包裹在甜美可口的果肉中的，人、猴子、鸟儿吃下之后，无意中就帮着植物把种子带到别的地方去了。这就是靠动物传播。当然，也有像苍耳那样的植物，果实上长满带有倒钩的毛刺，当人、山羊、野兔等动物走过时，会立即挂在动物身上，跟着到处走，直到因为某种原因脱落在地，从而轻轻松松来一场不用花钱、说走就走的旅行。这也是靠动物传播。还有不少植物，比如带荚的豆类，能够在成熟时，通过豆荚因干裂而突然张开，把里面的豆子果实像炸弹的弹片一样抛到远处。这就是纯粹依靠自身力量的弹射传播。

你看，植物种子的传播方式很多吧！似乎早期人类在旁边等着收获就行了。

其实不然。自然界中很多植物种子的传播效率是很低的，有的未必能够落到具备发芽生长条件的“好地盘”上，有的会在通过动物消化系统的过程中被破坏掉，危险系数很高。就是那些能够安全落地、落地后又能顺利出芽的种子，也常常是只能落在其“父辈”身边，然后很多“兄弟姐妹”挤在一起，对阳光、水分、养分的竞争都会变得十分激烈，最终大家谁都长不好。那些一望无际的大森林可不是一年两年能长成的，每天都得吃好几顿饭才行的人类，等着果实成熟是等不起的。至于谷子、麦子、稻子之类的粮食作物，不可能在自然条件下一长就是一大片，更别提丰收了。

所以，人类开始干预被自己看中的那些植物的繁衍，让它们按照人类的想法去生产更多的种子和果实。这种大面积、成规模的干预，最初就是刀耕火种；而刀耕火种所依赖的，就是一季接一季、一代接一代、一年接一年的良种选育。

没有足够多、足够好的种子，一切都谈不上。而有了种子，特别是有了能够可靠保存、可靠生长、可靠丰收的种子，才有了农业的产生与发展，才有了人类的长期稳定居住和随之出现的繁衍发展。原始的农业，以及现代人类社会的基石农村，就这么在世界各地不约而同地慢慢出现，并且越来越成熟和稳定了。

但是，新的严峻问题随之出现，那就是人类在吃饱喝足之后，繁衍能力也随之大增，各个部落的人群都开始迅猛增长。粮食，又开始不够吃了，而且似乎总是不够吃。毕竟除了人数在增加，另外还有风灾、水灾、雪灾经常跑来捣乱。有时候，一大片庄稼就要收割了，咚！天上打几个雷，在地上引发大火，就全给烧掉了。要不就来场连绵不绝的大雨，把庄稼全部都泡死在地里，粮食发霉吃不成了。

所以，早期的人类虽然学会种植，能够定居了，依然还是经常觉得粮食不够吃，有时甚至是忙活几个月，最后却完全没得吃。当然，直到现在，人类也还是觉得粮食不够吃、不够用，因为除了吃，还要酿酒，还要喂猪，还要榨油……所以，才有了一批接一批的良种选育专家，当然也包括早期人类中的“原生态育种专家”。

毫无疑问，他们都是细心的、有责任心的人。实践中，他们很容易就发现，某种植物群体中，总会偶尔出现极少量堪称“天生丽质”的“佼佼者”。比如一片小麦。快要成熟了，哎，下了一场大雨，刮了一场大风，把小麦全都给吹倒了。得，白忙活了，啥都吃不着了。但是呢，成片倒伏的小麦中，却有那么几株因为个头不高，又很粗壮，所以没有倒下，也没有死去，而是继续傲然挺立，直到成熟。可是，仅凭这几株，加起来才几十个麦穗儿，做碗麦饭都不够啊！

那时的育种专家，一见这样超级优秀的麦穗，当然不会让人把它们摘走吃掉，而是一定会把它们收集、保存起来。只要不是太笨，他们都会想到这样一个问题：“如果等到来年把它们再次种到地里，那结出来的新麦粒儿，会不会也是这么强大呢？”

第二年，他们把这些作为种子精心保存下来的麦粒儿，都种到地里去了。然后，在所有乡里乡亲的关注下，收获的季节到了。哎呀，奇迹发生了，试验成功了，新长出的麦子果然特别结实，不怕风吹雨打，而且收获的麦粒饱满鲜亮！全村因此皆大欢喜。此后的数年中，他们不再惧怕下大雨、刮大风摧残地里的小麦了。

早期人类中的“育种专家”所做的这些工作，都是遵循着一定的规律的。第一是“选”，就是把自然界不知何故突然出现的、变得特别优秀的植物植株挑出来，把种子保存下来，而不是把它们蒸了、煮了吃掉；第二步就是“育”，即把选好的种子，在下个适宜季节到来时种下去，然后精心培育，看能否长出来同样优秀的植株和果实。这两个步骤合并起来，就是“选育”。这项工作，其实全世界的现代农业科学家依然在做，只不过采取的方法、技术有所不同。论内在的核心关键因素，其实与早期人类中“育种专家”所做的工作是一样的。

这个“核心关键因素”，早期的人类不知道，但现在的人类都清楚，那就是基因的遗传和变异。基因的特征之一就是能够完整复制自己，把生命性状原样抄袭给下一代，这就是基因的遗传。但基因还有一个特征，就是当内外因都满足某个条件时，会发生突然的变化，这就是基因的变异。

注意，基因变异并不只是朝人类认为的“好”的方向变化，更多情况下是朝“坏”的方向变化。比如早期人类所种的小麦中，其实有很多是性状很差，特别容易倒伏、特别容易生病的，只不过早期“育种专家”不选它们罢了。上万年来，人类中的一代代“育种专家”，一直都在努力进行这样的探索，那就是把自然条件下突然出现基因变异，而且是把好的、变异的种子选出来、培育好，然后一年年播种、收获、再播种，让这种好的变异固定下来、传播开来。虽然他们不知其所以“然”，即不可能懂得基因和基因技术，但能够知其“然”，并保护好这个“然”，也就是植物及其种子、果实的良好性状，也就足够了。

植物种子的各种变异，虽然并不常见，但中国古代的“育种专家”们早都开始有所发现、研究和认识了。北魏的贾思勰在《齐民要术·种谷》中明确地说：“凡谷，成熟有早晚，苗秆有高下，收实有多少，性质有强弱，米味有美恶，粒实有息耗。”明朝有位官员叫夏之臣，他在《评亳州牡丹》一书中也提道：“具种类异者，其种子忽变者也。”虽然那个时代的夏官员还不知道基因这回事，但这已是对“忽变”这种基因突变现象的初步分析，而且在此之前就已经有不少人开始在这样的朴素认识指导下对植物进行初步选育了。

比如，宋代的刘蒙在《菊谱》中描写了35个菊花品种以后，又这样评论了一番："余尝怪古人之于菊，虽赋咏嗟叹尝见于文词，而未尝说其花怪异如吾谱中所记者，疑古之品未若今日之富也。今遂有三十五种。又尝闻于莳花者云，花之形色变易如牡丹之类，岁取其变以为新。今此菊亦疑所变也。今之所谱，虽自谓甚富，然搜访有所未至，与花之变异层出，则有待于好事者焉。"这段话的意思是说，通过不断的仔细观察，找出并选取发生有益异变的品种，进行重点培育，就能形成新的、更多的、更好看的品种。文中的"好事者"，当然就是有心于此的早期"花卉育种专家"；而"岁取其变以为新"，就是选育、形成丰富多彩的新品种。

明代袁宏道在《张园看牡丹记》中这样描写一位名叫张元善的"花卉育种专家"："每见人间花实，即采而归，种之二年，芽始茁，十五年始花，久则变而为异种。"不但写出了选育工作的具体过程，还说出了选育工作耗时之漫长。

古代的人们，无法从基因这个现代科学层面上去认识植物种子变异的根本原因，不清楚种子们为何会一方面能够一代接一代地保持基本的特征，不会"种瓜得豆"或"种牡丹得辣椒"，另一方面却可能会突然发生一些"早晚、高下、多少、强弱、美恶"之类的"忽变"。但难能可贵的是，那时的人们已经开始通过改变植物生长的环境条件，包括对土壤、温度、肥料等的变动，努力促成和加剧这种变异的发生。如宋代王观在《扬州芍药谱》中说："今洛阳之牡丹，维扬之芍药，受天地之气以生。而大小深浅，一随人力之工拙而移其天地所生之性，故异容异色间出于人间。""花之颜色、之深浅，与叶蕊之繁盛，皆出于培壅剥削之力。"这里面讲的"人力之工拙"和"培壅剥削"，就是在改变植物生长的环境条件；"移其天地所生之性"，就是在转变植物的天生特性。

值得一提的是，中国人做这样的工作，起步非常早，光是有明确文字记载的年代之早也是世界第一。距今3000多年西周时期的《诗经·大雅·生民》篇中就有"茀厥丰草，种之黄茂。实方实苞，实种实褎。实发实秀，实坚实好。实颖实栗"这样的描写。翻译成白话，就是说要选用光亮好看、肥大饱满的种子；这样的种子播到地里后，才能长出苗壮整齐、均匀强壮的禾苗，结出硕大的穗子、饱满的籽粒。这已经可以算是良种选育工作的"总要求"了。

到魏晋南北朝时期，我国的育种专家们已经培育出了种类繁多、规模庞大的"种子库"，西晋郭义恭的《广志》和北魏贾思勰的《齐民要术·种谷》中，对此都有精确记载，包括粟谷、黍稷、粱秫、大豆、大麦、小麦、水稻、胡麻、芋头、瓜、枣、桃、李等在内的10多个类别，每个类别又包括许多个品种。如仅是《齐民要术·种谷》中记载的粟的优良品种就达86个之多，而且各有各的特点，其中又有朱谷、高居黄、刘猪獬、道愍黄、聒谷黄、雀懊黄、续命黄、百日粮、辱稻粮、奴子黄、焦金黄等 14 个“早熟、耐旱、免虫”的品种，也就是不但成熟快、耐干旱，而且还能抗虫害。这要放在今天，也是相当不错的品种了。

《齐民要术》中，还强调了禾谷类作物种子要年年选种的重要意义和具体方法，就是要选取所有纯色的上好穗子，悬挂起来，等开春后单独种植并加强管理维护，收获时要提前打场、单收单藏，作为第二年的大田种子。这种方法，类似于现在所施行的种子田，其原理与后来形成的“混合选种法”相一致。德国育种专家仁博首次运用这种方法改良黑麦和小麦是在 1867 年。如果当时在农田里对着几个品种埋头探索的仁博先生得知，位于遥远东方的中国人，早在 1300 多年前就已经把这活儿做得技术成龙配套、品种成千上万，他恐怕会瞬间哭晕在大田里的。

除了多株同选、大田同育的“混合选种法”，还有因操作简单而民间采用更早、运用时间更长的“单株选种法”，又叫“一穗传”。就是选取一个具有优良性状的作物单株或单穗，一代接一代地连续繁殖，直到形成一个足够进入实用播种阶段的新品种。到了清朝，康熙皇帝还亲自“督办”，指挥育种专家用这种办法选育出了著名的早熟“御稻”，并曾作为双季稻的早稻品种在江浙推广。事实上，清代对这项工作还是非常重视的，仅官修大型农书《授时通考》中收录的部分省、市、县的水稻品种就超过了 3000 个！而且康熙皇帝的选种实践甚至被达尔文所称道。达尔文在《动物和植物在家养下的变异》一文中写道：“中国皇帝的上谕劝告人们选择显著大型的种子，甚至皇帝还亲手进行选择。”

可以说，回顾人类历史长河，无论是中国还是外国，也无论是古代还是近代，各级各类“育种专家”的艰苦探索从未停止，贡献也非常之大。目前世界各地种植的各种作物的种子，几乎都不是直接从自然界采摘的，而是普遍经过艰苦而漫长的选育之后，逐步定型推广的。没有这些工作，人类就吃不饱。考虑到有些植物比如棉花、荆麻之类是用来制衣制被的，如果没有这些工作，人类还穿不暖。再考虑到有些植物，如玫瑰、牡丹之类是用来观看欣赏、表达感情的，如果没有这些工作，人类还过不好。总之，没有一代代优秀的育种专家，没有他们的艰苦探索，没有他们的良种成果，就没有人类文明的今天。

更何况，随着人类文明的四处传播与交流，各个地区的优良种子，特别是那些适应能力强、综合性状好的，也随之跨越高山大海、沙漠戈壁，来到陌生的土地上，被陌生的人们所接纳，并成功落地生根。有些甚至超越当地的“原生作物”，反客为主，成为主流。

就我们中国来说，其实目前人们所吃的粮食、蔬菜、水果、调料、部分经济作物等，多数都是几千年来陆陆续续从其他国家和地区引进的。因为对上古时期的东亚地区而言，最重要的作物有 3 种，即黍、粟、稻。

其中，黍亦称稷，就是现代人所说的糜子、黄米，比小米稍大，煮熟后有黏性。距今 9000 ~ 7000 年，位于黄河中游两岸的河南、河北人开始种植黍，随后的数百年时间里，又扩散到山东、甘肃等地。

而粟，就是小米。在内蒙古赤峰的一处新石器时代早期村落遗址中，有研究人员发现了 1400 余粒炭化小米，距今已有 7600 余年。内蒙古的敖汉旗，已被世界认可为小米的起源地。粟由狗尾草驯化而来，它和黍有个共同点，就是产量不高，1 亩[①]地才产 50 千克左右。

同一时期的南方就比较幸福了，因为那里可以种植水稻。考古人员曾在河姆渡遗址发现了 120 吨人工栽培的炭化谷物，这些粮食主要由籼米和粳稻组成，距今已有 7000 年的历史，证明江浙一带早在那时就开始吃米饭了。而水稻最早的栽培历史，可追溯到 18000 ~ 14000 年前的湖南。不过，水稻虽然历史悠久，但到了魏晋时期仍旧是产量不足，并不是所有人都能吃上白米饭。直到南朝后期，水稻种植面积增加，普通人才能吃得上。

当然，中国早期先民所种、所吃的作物远不止黍、粟、稻这几种，实际上还有不少，但都随着外来品种逐渐增多，而且在种植难度、产量、口感等方面都有相当的差距，被慢慢淘汰掉了。像小麦、玉米、土豆、红薯、花生、蚕豆、番茄、辣椒、胡椒、

---

① 因我国农村一直沿用“亩”作为面积单位，为了方便阅读，本书中的“亩”均未换算。1 亩约等于 666.7 平方米，之后再出现“亩”的地方不再单独注释（编者注）。

香菜、胡萝卜、葡萄、西瓜、南瓜、黄瓜、茄子、大蒜、菠菜、菠萝、石榴、腰果、洋葱、棉花、烟草……这些都是“舶来品”，只不过有的极早，西周时期就有记载了；有的比较晚，到清朝才引进。

当然，中国的好品种也曾传播到海外。如我国特产的大豆，约在1790年传到了欧洲，当时在欧洲仅仅是被作为观赏的植物种在花园中。1873年，中国大豆在奥地利维也纳的万国博览会上被展出，曾轰动一时。1908年，有2000吨中国大豆被运到了英国。此后直到20世纪30年代，大豆才在欧美各国开始大面积种植。因此，英、法、德、俄文的大豆名字的发音都接近“菽”，即大豆的古称。在中国，大豆早在战国时代就开始取代产量太低的黍，成为粮食的代名词之一。到了隋唐，仍有百姓以大豆作为主食，这也是家境贫寒的一种标志。由中国传播到全世界、至今仍在广泛种植的，还有水稻。水稻被中国先民种植成功后不久，就传播到了东亚近邻一些国家；在3000多年前的殷周之交，我国水稻向北传入朝鲜，向南传入越南。2000多年前的汉代，中国粳稻东传日本，随后又传到菲律宾。在5世纪，水稻经伊朗传到西亚，然后经非洲传到欧洲，新大陆被发现后再由非洲传到美洲以至全世界。不过，也有一种名为“占城稻”的水稻品种，反倒是后来从南亚地区传入中国的。

今天，大自然中能够提供给人类的优质种子，以及能够通过传统手段优选改良的种子，都已经成体系并稳定下来了。随着工业时代、信息时代的相继到来，各类种子的改良早已进入高科技时代，所采用的是生物、基因等各种先进的科技手段。但无论怎么说，在人类文明长达上万年的萌芽、发展和交流中，种子的作用永远都是不容抹杀的。如果说种子就是人类文明传承与发展的核心动力，一点都不为过。

对像中国这样人口众多、可耕地面积相对不足的传统农业大国来说，粮食的问题、种子的问题，历来都是事关国家兴亡的重大战略问题，任何时候都不能忽视，忽视了就会吃大亏、酿大祸；反之，国泰民安、兴旺发达。

那么，当历史的车轮推进到 20 世纪 40 年代末，诞生于战火硝烟之中、屹立在世界东方的中华人民共和国，面临着的又是怎样的粮食问题呢？

第三章 全民饭碗

——新中国是这样解决粮食问题的

中华人民共和国成立前夕的1949年7月，当时的美国国务卿艾奇逊，曾有过一个“预言”。他说：“人民的吃饭问题是每个中国政府必然碰到的第一个问题。一直到现在，没有一个政府使这个问题得到了解决。”究其含义，就是说国民党没有解决中国人民的吃饭问题，共产党领导的新中国也解决不了。然而，中华人民共和国成立70多年来的实践证明，艾奇逊等人的预言彻底落空了。

困境

艾奇逊当时说出那个话，一是有他的客观理由，他确实看到了即将诞生的新中国面临的是什么样的困难，而且他也不可能想象得到中国共产党全心全意为人民服务的决心有多大；二是有他的政治动机，正如毛泽东同志曾尖锐指出的："艾奇逊在这里寄予了很大的希望"，"这就是所谓中国共产党解决不了自己的经济问题，中国将永远是天下大乱，只有靠美国的面粉，即是说变为美国的殖民地，才有出路"。

诚然，中华人民共和国成立初期，摆在中国共产党和人民政府面前的，是解放战争胜利之后各个领域都百废待举的艰巨任务。而其中形势尤为严峻的，就是粮食问题。

最大的难题，就是当时的粮食产需矛盾十分尖锐。由于国民党政府的腐朽统治及长期战争带来的破坏，又赶上严重的自然灾害，1949 年全国粮食总产量很低，仅为 11273.84 万吨，比历史上产量最高的 1936 ~ 1937 年的 14223 万吨下降了近 21%，平均每人每年仅 238 千克原粮。如果除去牲畜饲料、榨油、种子、酿酒及为换取经济建设必需的设备而出口的粮食，平均每人仅 213 千克原粮。令人担忧的是，整个社会对粮食的需求却在加速增长。全国有越来越多的地方被解放并开始建设地方政权，同时又对原国民党军政人员采取“包下来”的政策，结果到 1949 年年底，吃公家饭的“军政公教人员已经超过了 700 万”。此外，严重的自然灾害导致约 4000 万人受灾，其中在华东、华北等灾害集中地区的重灾民就有 700 多万人。连年战争，又使许多人流离失所、成为难民；原来一些以进口粮食为重要粮食来源的沿海城市，由于帝国主义的封锁，许多人陷入无粮可吃的境地。而当时政府掌握的粮食非常有限，广大新解放区因为战争刚刚结束，只有一部分地区开始征收公粮。凡此种种，都使得粮食供应出现较大缺口，供需矛盾十分尖锐。中央人民政府内务部在关于救灾工作的报告中甚至直接指出：“1950 年在全国部分地区，将要发生严重的春荒。”

第二大难题，就是粮食市场秩序混乱。那时，市场上的粮食经营企业性质多样，国有企业占比较小、经营网点和人员很少，手中掌握的和能够在市场上收购到的粮食比较有限，而且当时各地粮食工作尚未实现统一管理，市场份额被私营粮食企业大量占有。在国家财政经济出现困难，粮食等物资供应紧张的情况下，一些不法资本家乘机囤积居奇、哄抬物价，扰乱市场秩序。从 1949 年 4 月到 1950 年 2 月，全国先后发生 4 次大的物价波动，几乎都与粮食市场上的投机行为猖獗有关。每次物价上涨风，都是从大城市开始，然后波及各地，带头波动的都是粮食和纱布。如北京市 1950 年 3 月的粮食批发价格总指数比 1949 年 2 月上升70多倍，上海市1950年2月27日大米的市场成交价比1949年5月30日上涨了60多倍。1956年9月，李先念同志在回顾当时的情况时说："解放初期，我国经过12年的战争和长期的通货膨胀，人民日夜不安于货币贬值和物价波动的痛苦……资本主义工商业当时在全国范围内还占着很大的比重，他们习惯于投机倒把，而国家从经济上支配市场的力量还很薄弱。这就是当时我们所面临的情况。"

第三大难题，就是恢复生产、保证供给困难重重。尽快恢复和发展粮食生产、全力保障各领域粮食供给，是当时解决问题的根本办法。但是，面临的困难非常之大。其一是农村生产力大幅下降。劳动力大量减少，1949年的华北地区劳动力比1936年减少约1/3；耕畜锐减，1949年华北、山东、东北3个地区的耕畜比抗日战争爆发前平均减少36%；农具损坏严重，如太岳区的犁镜①、大锄、小锄、镰刀、耙按正常耕作需要分别缺少40%、45%、40%、40%、57%；水利工程损毁，"在国民党反动统治20多年来，只破坏不建设"；"各大河流，不但治本问题没有解决，即修防工程亦十分薄弱"，以致"洪水泛滥"；耕地大量减少，许多农村的许多耕地无人耕种，撂荒闲置。其二是农业生产积极性不高。由于中华人民共和国成立伊始战争还在进行，广大新解放区尚未土改、地权尚未确定，同时社会秩序尚不稳定，

① 犁镜，犁上的零件，是用铸铁或钢制成的一块弯板，安在犁铧上方，并向一侧倾斜，表面光滑，作用是把犁起的土翻在一边。

匪特恶霸势力不时制造破坏，帝国主义除了对我国进行封锁外，还造谣夸大我国面临的粮食困难，加上长期战乱带给人们心理上的创伤一时难以抚平，因此人心尚不安定，人们的生产积极性并不高，出现了“地主无兴趣，农民不下肥”的现象。其三是运输调剂能力不足。旧中国交通运输业落后，加上战争破坏，情况更糟。运输不便，给城乡和各地之间的正常粮食贸易、政府对粮食的合理调剂都造成了很大困难，这对稳定粮食市场、保证粮食供应来说显然十分不利。

可以说，异常严峻的粮食形势，给刚刚执政的中国共产党和新生的人民政府设置了似乎难以逾越的艰难险阻。

突破

再大的难关，也难不倒全心全意为人民服务的中国共产党和新生的人民政府。针对粮食生产和供应不足的严峻现实，国家认真分析、果断决策，紧紧抓住粮食从生产到流通的各个环节，制定并实施了一系列重大举措。

举措之一

集中力量打击市场投机行为，平抑粮价，稳定市场。因为从当时的情况看，粮食作为重要战略物资，成为投机商投机的主要对象之一，粮价波动最为剧烈，于是稳定粮价便成为平抑物价的重中之重。在此过程中，最管用的办法是掌握足够的粮食，然后在合适的时机抛售，两个环节缺一不可。掌握足够的粮食是前提，因为手中无粮，根本不可能与投机商在市场上斗争；选择合适的时机抛售是关键，因为如果时机选择不合理，则可能白搭进粮食而于事无补。

先是筹集粮食。根据中央统一部署，各地除了做好公粮征收外，还积极收购市场上的商品粮。解放较早的东北地区，在1949 年 10 月初就开始了粮食收购。由于准备了充足的购粮资金，并以较高的价格收购，农民售粮积极性高涨，10 月收购到的粮食量超过原计划的 50%；其他解放区也都通过收购或委托私商代购等方式，掌握了一定数量的粮食。当时国家掌握的可以作为商品调用的粮食，达到了 25 亿千克。按照中央要求，各解放区的公粮很快便在各主要城市及交通干线完成了集中。

接下来是选择时机。1949 年 11 月中旬，粮价在经过几个月的持续上涨后出现企稳的迹象，中财委认为“稳住物价已有可能”，并且进一步估计“各地紧缩通货及沪汉纱布涨足之后，在 11 月 25 日前即可全国稳住。这种可能性是存在的。但为稳当起见，各地仍照 11 月 13 日电全力准备物资，勿稍松弛”。11 月 20 日，中财委要求各地在税收、信贷、资金管理等方面采取措施，同时贸易公司自 11 月 20 日起逐步提高牌价，到 24 日与黑市价格齐平，然后到 25 日一起抛售。与此同时，“投机商人认定物价还将上涨，不惜高利拆借巨款，继续吃进”。到这时，集中抛售的时机已趋于成熟。11 月 25 日，各地按照指示统一行动，一方面敞开抛售粮食，使暴涨的粮价迅速下跌；另一方面收紧银根，征收税款。结果，投机商囤积的粮食大幅贬值，又难以筹到周转资金，损失惨重，破产者众多；而国有粮食企业则扩大了市场份额，提高了市场影响力，逐渐在粮食市场上占据领导地位。此后，虽然 1950 年春节前后又出现过一次粮价波动，但由于投机商人与国有粮食企业之间力量的消长，政府又及时采取了应对措施，粮价没有出现剧烈波动。

举措之二

多头并举，努力恢复和发展粮食生产。粮食紧张，根本上是因为粮食产量供不应求。因此，恢复和发展粮食生产，才是解决粮食问题的根本办法。1950 年 2 月 27 日，农业部发布《关于 1950 年农业生产方针及粮棉增产计划的指示》，明确将 1950 年农业生产的中心定为“增产粮食和棉花”，并提出要使粮食产量在当时已有的生产水平上增产 50 亿千克。同日，中共中央和政务院分别发出关于保证实施这一《指示》的通知和指令，要求各级人民政府按照当地具体情况，切实地进行农业生产的布置、督促和检查，以保证实现 1950 年的农业生产任务。

首先，在广大农村主要是新解放区的农村，组织和发动群众开展剿匪反霸运动。为了消灭影响农村稳定的特务、土匪、恶霸地主、国民党散兵游勇等反动残余，党和政府决定，一方面，从人民解放军各野战军抽调大批人员，结合地方干部，组成农村工作队，采取军事清剿与政治争取相结合、镇压与宽大相结合的正确方针，开展剿匪反霸斗争；另一方面，发动群众组织农民协会，建立农民自卫武装，维持农村秩序。到 1950 年 10 月，“西北地区、西南地区、中南及华东两地腹心地区的匪患已基本肃清”，农村社会秩序趋向稳定，为粮食生产创造了比较安定的环境。

其次，大规模开展农田水利建设。1949 年 11 月 20 日，周恩来同志主持召开各解放区水利问题谈话会，明确指出水利工作是恢复与发展农工业生产的主要关键之一，像黄泛区、洞庭湖等问题，政府一定注意研究解决。1950 年 3 月 20 日，周恩来又与水利部部长傅作义联名下文，对水利春修工作做出部署，推动各地水利春修工作迅速展开。1950 年，全国水利春修工程完成土方 3.65 亿立方米，“如果把这些土方，筑成高与厚各 1 米的堤，连接起来，那么这条堤可以环绕地球 9.1 周”。这些工程在 1950 年春旱和夏汛中起到了很好的调节作用，为粮食生产提供了保障。

再次，抓好播种、收割等关键环节。1950 年 3 月 10 日，政务院下发《关于春耕生产的指示》，要求各地政府在春耕期间，“应以组织群众春耕生产为第一要务”“努力做好新中国成立后的第一个春耕工作”。4 月 28 日，毛泽东亲自致电有关领导询问各地春耕状况，并郑重提醒：“目前春耕状况如何，所属各省、区党委是否已集中主要注意力从事春耕生产的组织和领导，农民缺乏种子肥料及食粮的问题是否可以得到解决，今年是否有争取一个丰收年成的希望，此事关系极为重大，务望注意。”夏收来临之际，中央向各中央局、分局转发了华北局《关于夏收夏种的指示》，要求各地“同样发布这样一个指示，在种麦地区组织夏收夏种”。为了做好相关工作，政府在资金、粮种、农具、防治虫害等方面均给农民提供支持，奖励农民通过勤劳耕作、改良技术、开荒等方式实现增产。1950 年春夏之间，中共中央和政府有关部门也相继颁布和发出了一系列相关指示、规定，有力地推动了粮食生产的安全发展。

最后，设法减少军队对公粮的消耗。一方面，要求军队直接参加生产。1949 年 12 月 5 日，毛泽东签发《军委关于一九五〇年军队参加生产建设工作的指示》，指出：人民解放军“除继续作战和服勤务者而外，应当担负一部分生产任务，使我人民解放军不仅是一支国防军，而且是一支生产军”，“军队首长可和当地人民政府商量并在农民自愿原则下，参加劳力、资金、肥料、农具，与农民伙种，使之增加产量，公平分配成果”。同日，中央向各中央局、各军区等发出通知，要求参照军委指示，“就自己管辖范围内使一切可能参加生产建设工作的部队和机关积极地、适当地实施起来”进行生产。以新疆军区为例，到 1950 年 8 月，新疆军区各部队“共垦荒八十五万亩……现麦子已上场，苞谷、棉花等也接近成熟……今年农产品收获五十万石粮食（即 50000 吨）确有把握”。另一方面，根据战争进展情况，适时开展军队复员工作。1950 年 4 月 21 日，毛泽东亲自起草给各军区的《中央关于军队复员工作的指示》，要求各军区根据各自情况尽快制定并实施复员计划，以便节省财政支出、减轻人民粮食负担。5 月 19 日，中央军队成立整编复员委员会，统一处理复员人数、时间、回家生产补助费、地方安置等项问题。

举措之三

灵活制定土改和公粮征收政策，确保公粮征收计划按时完成。革命战争时期，公粮是人民政权的主要收入来源。中华人民共和国成立之初的1950年，“公粮收入仍占第一位，占全部收入的41.4%”。因此，“只有征起了公粮，才能供应军政人员的食粮和保证大城市的粮食供应”。但是，当时公粮征收却面临复杂形势。人们对包括公粮征收在内的税收问题认识并不统一，甚至存在错误观点，比如“既然全国已经解放，不用打仗了，国家不应该再向农民收粮”。特别是在尚未进行土改的广大新解放区，情况更是十分复杂，有些农民已不再向地主交租、地主也不敢要租，交粮任务更重的地主反倒有时无粮可交；一些地方分配任务过重，地方政府随意附加，再加上反动分子煽动，以致发生了某些事变。

形势不容拖延。1950年1月4日，中共中央向华东局等发出电报，就土改时间和土改前的土地关系提出指导性意见，并且从政策指导层面重视并解决各地在征粮中存在的任务过重、方法简单等问题。1950年2月28日，中央又发布指示，对新解放区的土改工作做了明确细致的规定：所有新解放区在1950年秋收以前，一律不实行分配土地的改革。1950年秋以后，由各省人民政府根据情况决定是否开始实行分配土地的改革。在分配以前，应一律实行减租；地主依法实行减租后向农民收租，仍然是合法的，农民仍应向地主交租，而地主之土地仍归地主所有，但地主不得将自己所有的土地出卖及以典当、抵押、赠送等方式分散土地。这项以土改前实行减租减息政策为主的指示，为农村的稳定和春耕工作的顺利开展提供了保障。之后，政务院又陆续发出《关于新解放区夏征公粮的决定》等一系列重要文件，兼顾了农村各阶层的利益，使各阶层的负担减轻了，而且比例更趋合理，对新解放区土改前社会秩序的稳定、农业生产的恢复与发展起了重要作用。

举措之四

加强粮食统一管理和调度。在粮食困难时期，在全国范围内统一并加强粮食的管理和调度，集中力量优先解决粮食最为困难地区的燃眉之急，可以使有限的粮食储量发挥更大的效用。

1949 年 12 月，中央财政部召开第一次全国粮食会议，决定将有余粮的东北、内蒙古、中南、四川的粮食，调拨给华东等缺粮地区，特别是这些地区的大中城市；在其他地区之间和各地区内部，也进行一些调剂。1950 年 3 月 1 日，中国粮食公司正式成立，下辖华北、华东等 6 个区公司，同时各地分、支公司相继成立，具体负责粮食贸易、收购、调拨等。3 月 3 日，政务院发布决定，明确要求："全国各地所收公粮，除地方附加粮外，全部归中央人民政府财政部统一调度使用，各省、市、县、区人民政府，非依粮局支付命令，不得支取公粮。"20 天后，政务院又发布了一个新的决定，对公粮管理做了细化规定。各大行政区、省及省以下的专署、县等，随即相继成立了各级粮食局和中央公粮库。之后，一场空前规模的粮食大调运在全国各地展开了。

然而，粮食调运并非一帆风顺。一些地方要求减运粮食出境，有的甚至引发骚动事件。1950 年 2 月 5 日，中央发出《关于合理调运粮食的电报》，要求各地“极大注意”调粮过程中出现的问题，“切实保证本地人民需要之食粮，再将多余粮食运出口”，“为了使公粮调运能够合理，并为了向群众做充分的解释，使群众了解全盘粮食情况，号召群众支援人民解放军及城市人口的食粮而自愿赞助粮食合理的出口，必须普遍召开省、县和区、乡的人民代表会议及农民代表会议，以便对粮食出口及公粮平价售卖问题做出决定。而不可由少数人做出决定”。为防止一些农村在公粮调运出境后，万一出现缺粮情况，也采取了一些机动灵活的保障措施，缓解了运粮出境地区人们的忧虑，保证了粮食调运顺利进行。对有些地方干部在粮食调运工作中的渎职行为，中央均给予了严肃处理。

有段时间，反革命残余分子的蓄意破坏也给粮食调运造成很大麻烦。他们造谣惑众、阻止运粮，甚至偷袭运粮队、残杀干部。在西南、中南等地破坏最严重，为此，各地抽调部分军队或组织村民武装，保卫粮食调运。中南军政委员会和中南军区专门下达决定，要求各省军区、地方部队要密切配合调粮机关押运、护仓，把武装保粮当成一项战斗任务去执行。西南军区则派出护粮武装，实行分段押运，从而保证了调粮任务的完成。

在此基础上，中央还下大力解决交通运输问题，为粮食调运提供保障。正如陈云同志所说：“运输是全国经济的杠杆。”“今天城市中的粮、盐、煤的供应，实质上是运输问题。”因此，中央积极做好运输路线修复工作，特别是抢修津浦、京汉、粤汉、陇海、同蒲、京绥等铁路干线，以及淮河大桥、湘江大桥、珠江大桥等。自1949年至1950年5月，共修复铁路8718千米，占全国通车铁路的40.39%，全国原有铁道已基本完全恢复。此外，相关部门和地方政府还积极组织一切可用的船只、畜力车、独轮车等运输工具参与运粮，对保证粮食的全国统一调运发挥了重要作用。

举措之五

组织开展大规模的社会救济、抗灾救灾和节约互助运动。长期战争破坏和严重的自然灾害，导致出现了大量无家可归、无饭可吃的灾民。对他们进行救济，是摆在人民政府面前的一项十分迫切的任务。

1949年12月19日，周恩来发出指示，要求各级人民政府把生产救灾作为工作中心，“必须克服单纯靠救济的恩赐观点与怕麻烦、推出了事的不负责观点”，积极开展生产自救和节约互助运动。1950年1月6日，中央人民政府内务部发出补充指示：“各级人民政府要对救灾负起高度的责任，不许饿死一个人！”1950年2月27日，中央救灾委员会成立大会召开，政务院副总理董必武任委员会主任，他在会上指出：“关键就在于我们生产救灾工作的好坏，工作做得好，重灾即可变为轻灾，灾荒可以渡过，否则轻灾也会变为重灾。”为此，中央救灾委员会提出了“生产自救、节约度荒、群众互助、以工代赈，并辅之以必要的救济”

的方针。同时，各地纷纷按照中央的指示和要求，积极开展生产救灾工作。

所谓生产救灾，就是政府救济与农民生产自救相结合。“为了帮助灾民进行生产自救，解决他们生产自救中的某些困难，各地人民政府应给予灾民或合作社一部分贷款，并拨出一部分救济粮扶助灾民生产自救。”“救济灾民，重点是组织灾民生产自救。政府的救济粮食是用在协助灾民进行各种生产上面，而不是只管发放不管生产的单纯救济办法。”各地纷纷采取措施，激发生产自救热情并寻求因地制宜的具体生产办法，恰当地分配贷粮及救济粮，使政府救济能发挥更大的力量。到 1950 年 5 月，“全国灾情基本上已停止发展，重灾区灾情亦渐趋稳定，严重的春荒已度过了一大半”。在城市，针对失业者的救济工作也在全力开展。1950 年 4 月 19 日，中央发出关于救济失业工人问题的电报，明确指出：“中央已决定救济失业工人……中央人民政府拟即颁布法令在各城市劳动局中组织失业工人救济处与劳动介绍所，并规定统一办法，由政府及资本家与在业工人出钱对失业工人做必要的救济。”5 月 20 日，中央劳动部要求各市劳动局设置劳动介绍所，办理失业工人的登记及职业介绍事宜。6 月 17 日，政务院发布指示和办法，对城市工人救济具体工作做了细致规定。各地据此设立失业工人救济委员会，广泛救济失业工人。

为了渡过灾荒，党和政府还积极组织和开展了节约互助运动。1949 年 11 月 29 日，中央人民政府号召中央各机关继续开展原华北人民政府的“一两米”运动，并规定自1949年11月至1950年2月底，每人每月节约小米1千克，救助灾民。1950年3月17日，全国总工会、全国妇联、新民主主义青年团中央等13家单位参照华北军区的做法，联合号召开展全国性的“每人每日节约一两米”运动。1950年3月24日，政务院下发决定，要求切实改变粮食加工办法，降低碾米精度、减少浪费程度，节约可能节约的粮食。1950年4月，中财委、中央财政部先后发布通知，要求各地做好公粮保管工作，减少和防止破坏粮食情况的发生，对损坏、浪费粮食者给予严肃追究。此外，党和政府还号召并鼓励灾区群众自由借贷，互助有无，共渡难关。

这一系列大智慧、大力度措施的实施，终于取得明显效果。至1950年秋，原粮产量达12010.7万吨，比1949年多750万吨，约恢复到抗战前粮食最高产量的85%，基本扭转了抗日战争以来农业生产下降的总体趋势；靠国家掌握的有限的粮食资源，比较成功地救济了大量灾民，保证了基本的民食需求。通过1年努力，当初异常严峻的粮食形势逐步得到有效缓解，中国共产党的执政能力得到初步彰显，由此稳定和凝聚了民心，为国民经济的迅速恢复奠定了基础，为全国的解放和政权的巩固提供了保障。这是了不起的成就！

1950年春，陈云曾很有信心地指出：“那些幸灾乐祸，幻想我们发生粮食危机的人们，是注定要失望的。”事实也确实证明，帝国主义的谣言不攻自破，艾奇逊之流的“希望”彻底落空。此时，所有的人都会很自然地将新中国政府与国民党政府进行对比，爱民之心、救民之策相差何其之大！从此，人们的疑虑和担心打消了，人心趋向安定，政权得到巩固。

前后形势的鲜明变化表明，让人民吃上饭，是新中国成立初期战争尚未完全结束的困难情况下，实现社会稳定的最基础的前提。粮食问题的重要性，即在于此。

从那以后，中国的粮食产量走上了快速提高的健康轨道。但是后来出现的“大跃进”和人民公社化导致粮食产量又大幅度下降，有些地方重新出现了严重的“吃不饱饭”问题，教训十分深刻。1962 年 9 月，错误做法开始得到纠正，《农村人民公社工作条例修正草案》出台，明确指出人民公社的基本核算单位是生产队。正是从这一年开始，粮食产量又恢复上涨，并于 1966 年首次迈上 2000 亿千克台阶，达到 2140.1 亿千克，超过 1958 年的产量。之后，我国粮食产量持续上涨，分别在 1973 年和 1978 年迈上 2500 亿千克、3000 亿千克台阶，达到 2649.35 亿千克和 3047.65 亿千克。如果从 1949 年新中国成立算起，直到 1978 年农村迎来改革之风，我国粮食年产量从 1131.85 亿千克增长到 3047.65 亿千克，翻了好几番！

振兴

1978 年 12 月，中国共产党十一届三中全会在北京召开。全会确立了解放思想、实事求是的指导思想，做出把党和国家的工作重点转移到社会主义现代化建设上来和实行改革开放的重大战略决策，形成了以邓小平为核心的党中央第二代领导集体。伟大的中国，从此走上了改革开放、建设有中国特色社会主义的正确道路。而中国的农业，特别是粮食生产，也从此获得了加速发展的强劲东风。

从那时起直到 2012 年 11 月党的十八大胜利召开，党的中央领导集体在各个不同的历史时期，始终把解决好人民吃饭问题，作为中国经济发展、社会稳定的根本性问题，成功地解决了这一世纪难题，不仅做到了温饱有余，而且总体上实现了小康，为发展中国家自力更生解决粮食问题做出了榜样，也为世界粮食安全做出了重大贡献。在此期间，党中央重点是正确地坚持了以下 4 个方面的指导思想。

第一，始终从关系国民经济发展、社会稳定和国家自主的政治战略高度，把粮食问题放在一切工作的首位。

正如毛泽东同志所强调的那样：“农业关系国计民生极大。

要注意，不抓粮食很危险。不抓粮食，总有一天要天下大乱。”改革开放以来，党中央对粮食问题重要性的认识日益深化，把粮食问题从关系“人民生存保障”提高到“一切发展”首要条件的战略地位，不断加强对粮食工作的领导。以邓小平为核心的中央领导集体，无论是研究问题，还是制定规划、做出决策，总是首先考虑农业、农村和农民问题，总是把发展粮食生产放在党的工作和国家发展战略的首位。邓小平同志指出：“不管天下发生什么事，只要人民吃饱肚子，一切就好办了。”“农业是根本，不要忘掉。”

1979 年 1 月 1 日，中央《关于加快农业发展若干问题的决定（草案）》试行，此后又相继制定了一系列符合农村情况的方针政策。农村改革迅速推开，亿万农民冲破了“左”倾错误思想的束缚，创造了以家庭联产承包为主的多种农业生产责任制，生产积极性空前高涨，使农村经济和粮食生产起了根本性变化。从 1978 到 1984 年，粮食产量从 3047.5 亿千克达到 4073 亿千克，6 年间粮食产量平均每年递增 5.1%，初步解决了吃饭问题。

从党的十三届四中全会开始，党中央又进一步从政治上、战略上认识到粮食问题的特殊重要性，认为粮食“始终是战略性商品，直接关系到人民和国家的安危”。中国人吃饭“不能靠任何别的国家来解决，一是靠人家靠不住，谁也解决不了这个问题；二是即使能解决，也会受制于人”。1989 年 11 月召开的十三届五中全会，再次强调：“实现农业的稳定发展，是经济稳定、政治稳定和社会稳定的基础，是关系国家安危的问题。”1993年11月,中央出台《关于当前农业和农村经济发展的若干政策措施》,加快粮食购销体制改革，过去统购统销的体制退出历史舞台，适应市场经济要求的体制开始形成。

进入21世纪，党中央围绕稳粮、增收、强基础、重民生，将农业和农村工作从长时期的“基础地位”提高到经济工作的“首要位置”，进一步突出了农业农村工作的极端重要性，“如果吃饭没有保障，一切发展都无从谈起”。进而，又先后提出了粮食是国民经济中“重中之重”的基本要求，明确了“统筹城乡”的基本方略，确定了“以工促农、以城带乡”的基本方法，制定了“多予少取放活”和“工业反哺农业、城市支持农村”的基本方针，并且从2004～2012年每年出台1个中央一号文件，分别对促进农民增收、提高农业综合生产能力、推进社会主义新农村建设、发展现代农业和加强农村基础建设、农业稳定发展与农民持续增收等方面提出了指导性意见，采取了一系列更直接、更有力、更有效的支惠农政策和措施，促进了粮食产量不断增长，保持农民收入较快增长。

实践证明，改革开放以来，尽管国家实施大量改革举措、进行经济结构战略性调整、实施西部大开发，也遭受过严重通货膨胀、特大洪涝灾害侵袭、亚洲金融危机等冲击，但并未引起什么社会波动。说到底，正是缘于党中央始终把发展粮食生产放在党的工作和国家的发展战略的首位。

第二，始终坚持立足国内保障粮食自给的基本方针不动摇，充分利用国内国际两种资源、两个市场，把保障粮食安全作为党领导粮食工作的重要内容。

我国是一个拥有 14 亿人口的大国，每年粮食消费量占世界粮食消费总量的1/5，全靠进口粮食来解决我国人民的吃饭问题，不仅国际市场难以承受，也会给低收入国家的购粮带来不利影响。因此，解决我国粮食问题，必须立足于自力更生。

在改革开放之初，我们党就立足国内保障粮食自给。邓小平同志一直强调要立足国内解决中国的粮食问题，他告诫说："要避免过几年又出现大量进口粮食的局面，如果那样，将影响我们经济发展的速度。"1983 年 1 月，中共中央关于《当前农村经济政策的若干问题》进一步指出："我国人口多、耕地少，吃饭始终是第一位的大事。粮食是我国人民的主食，又是食品工业、饲料工业的重要原料，从全局着眼，解决粮食问题必须建立在自力更生的基础上。"

1989 年 9 月，在庆祝中华人民共和国成立 40 周年大会上，中央领导人指出："农业特别是粮食生产的稳定增长是整个国民经济发展的基础。11 亿人的吃饭问题，只有依靠我们自己采取正确方针，进行持久努力，不能依靠任何别人代替我们解决。任何时候都不能忘记这个最基本的国情。"后来又反复强调："如果农业和粮食生产出了问题，任何国家也帮不了我们。靠吃进口粮过日子，必然受制于人。"

从党的十三届四中全会开始，党中央在正确分析和把握国情、粮情的基础上，改革粮食流通体制，建立国家专项粮食储备制度、粮食风险基金制度，“米袋子”省长负责制，从而建立了粮食安全体系，防范了粮食风险，维护了粮食安全。2005年10月，党中央在“十一五”规划中强调要稳定发展粮食生产，实施优质粮食产业工程，建设大型商品粮基地，确保国家粮食安全。此后每年的中央一号文件，都在强调确保国家粮食安全是保持国民经济较快发展和社会稳定的重要基础，必须坚持走中国特色农业现代化道路，坚持立足国内实现粮食基本自给的方针，逐步构建供给稳定、调控有力、运转高效的粮食安全保障体系。

与此同时，随着国际国内形势的发展变化，党中央也十分重视充分开发利用两种资源、两个市场，保障粮食安全。在进行农业和农村经济结构调整时，党始终坚持把解决粮食问题建立在自力更生的基础上。但是，鉴于我国人口众多，土地资源稀缺，而国外有些国家人口稀少，土地辽阔，水资源丰富，农业生态环境优越，农业技术先进，使我国的粮食安全有条件不再完全立足于国内，而是可以在一定程度上依靠国际市场。为此，党中央采取“走出去”的办法，以充分开发利用国际资源为必要补充，与世界农业的交流与合作日益广泛，即“借地种粮种油”和“借鸡下蛋”，丰富了我国粮食安全之源，拓展了确保粮食安全的空间，利用国际粮食市场分担了我国粮食安全风险。

第三，始终尊重农民的首创精神，把建立和完善家庭联产承包责任制、科技兴农兴粮、改革和创新体制机制作为党领导粮食工作的核心内容。

十一届三中全会后，党中央对原先的集体经济、生产关系进行了改革调整，普遍推行家庭联产承包责任制。1978 年 12 月，安徽凤阳小岗村农民冒着极大风险，率先分别实行包干到户和包产到户，成为中国农民推动农村改革的典型代表。针对包产到户时姓“社”还是姓“资”的问题，邓小平同志在 1980 年 4 月、5 月接连讲话，明确提出农村经济落后，政策要放宽，“有的可以

1978 年 11 月 24 日晚，安徽省凤阳县小岗村 18 户农民在大包干协议上按下鲜红的手印

包产到组、有的可以包给个人。这个不用怕，这不会影响我们制度的社会主义性质”。

随后，党中央决定将自发状态的包产到户加以总结提高，以推动全国农村改革和发展。1980 年 9 月，中央 75 号文件明确指出：“包产到户是依存于社会主义经济，而不会脱离社会主义轨道的。”这是第一次在中央文件中承认农民“包产到户”的合理性和合法性。1982 年 9 月，党的十二大又强调必须把以包干到户为主要形式的农业生产责任制长期坚持下去，不能轻率变动。

1993 年 1 月，中共中央、国务院下发《关于当前农业和农村经济发展的若干措施》，明确指出：“以家庭联产承包为主的责任制和统分结合的双层经营体制，是中国农村经济的一项基本经济制度，要长期稳定，并不断完善。”2002 年 8 月，中央还制定颁布了《农村土地承包法》，为稳定和完善双层经营体制，赋予农民更加充分而有保障的土地承包经营权提供了法律保障。由此，我国农村生产力获得了极大解放和发展，一直困扰中国人的吃饭问题得到了进一步的解决。

科技兴农、科技兴粮，是我国农业发展的根本出路。邓小平同志在分析农业问题时，提出了科学技术是第一生产力的名言，强调农业最终要靠科学解决问题，并指出：“将来农业问题的出路，最终要由生物工程来解决，要靠尖端技术。”党中央在继承邓小平科技兴农思想的基础上，大力推进科技兴农战略，提出了农业的根本出路在科技教育，调整和优化农业和农村经济结构要依靠科技进步，把农业发展转到依靠科技进步的轨道上来等思想，有力地促进农业生产力的发展。“中国的农业问题、粮食问题，要靠中国人自己解决。这要求我们的农业科技必须有一个大的发展，必须要进行一次新的农业科技革命。”“从长远来讲，从根本上讲，解决农业问题还是要靠科学技术；要开辟我国农业发展的广阔前景，关键还在于农业的科技进步。”

1978年以来，我国农业科学技术研究体系逐步得到恢复和发展，建立了较为完善的农业科学技术研究体系、农业技术推广体系以及高等、中等农业教育体系。陆续实施了“863”计划、“948”计划、“攀登”计划、“星火”计划、“丰收”计划、重大成果推广计划等，解决了农业生产中的许多重大理论与技术问题，在生物技术、高新技术、基础研究等方面取得了重大进展。在此基础上，党中央始终加大粮食工作体制机制的创新力度，先后就统购统销、耕地保护、补助补贴、生产投入、激励奖励、转移支付等问题，做出了一系列的新规定，对稳定粮食生产、维护粮食安全提供了不竭动力。

第四，始终把调动农民积极性、促进粮食增产农民增收、提高人民生活水平作为党领导粮食工作的立足点和归宿。

改革开放以来，党中央始终坚持把调动农民积极性作为制定粮食工作政策的出发点，不断调动农民种粮的积极性，增加农民的收入，提高人民生活水平。邓小平同志指出：“中国有80% 的人口住在农村，中国稳定不稳定首先要看这 80% 稳定不稳定。城市搞得再漂亮，没有农村这一稳定的基础是不行的。所以，我们首先在农村实行搞活经济和开放政策，调动了全国80% 的人口的积极性。”“农民没有积极性，国家就发展不起来。”“党的十一届三中全会以后决定进行农村改革，给农民自主权，给基层自主权，这样一下子就把农民的积极性调动起来了，把基层的积极性调动起来了，面貌就改变了。”“我们农村改革之所以见效，就是因为给农民更多的自主权，调动了农民的积极性。”

正是基于这些认识，党中央始终把农业和粮食政策的制定和调整是否符合发展生产力的需要、能否增加农民的收入和调动农民的积极性作为判断标准，坚持“多予、少取、放活”的方针，采取了一系列调动农民种粮积极性的重大举措，建立和完善国家对农业和农民的支持保护体系，并不断加大对农业的投入和支持保护力度，逐年增加对农民的各种补贴，特别是减轻农民负担直至免除农业税等，促进农业发展、农民增收。

总的来看，改革开放使我国农村发生了历史性、振兴式的变化，广大农民基本解决了温饱问题，开始走上致富的道路，这在全世界都是一个罕见的辉煌成就。以 2012 年为例，全年全国粮食总产量达到 58957 万吨，比上年增加 1836 万吨，增长 3.2%，而且是连续 9 年增产！

但是，我们必须知道，我们也不能忘记，就在这连年增产的喜人过程中，有一个群体一直在辛勤耕耘、默默奉献，那就是新中国的农业科技专家，特别是育种科技专家队伍；有一个行业一直在悄然成长，那就是始终在解决中国粮食问题中发挥关键作用、提供强劲支撑的中国种业。

如果没有这支队伍，没有这个产业，所有的一切都将变得难以想象。

第四章 筚路蓝缕

——中国种业的初创与探索

对中国这样的农业大国、用种大国来说，中国种业可谓功不可没。

就像其他至关重要的战略性、基础性行业一样，中国种业也是伴随着新中国的诞生，在着力解决粮食短缺严重问题、推动粮食增产、确保粮食安全的艰苦历程中，在继承发展中华民族传统育种经验知识的基础上，由小到大、由弱到强，逐步发展壮大起来的。

当然，由于中国长期以来都是以小农经济为主的传统农业大国，基础薄弱、技术落后，因而从新中国成立伊始，直到2011年国家颁布《关于加快推进现代农作物种业发展的意见》的60余年间，中国种业走过的路，完全是跌宕起伏、充满艰辛。

无奈的选择

○ 从种粮混用到“四自一辅”

我国是一个当之无愧的农业大国，农业、农民、农村历来为党和国家所高度重视。而粮食的安全，则决定着千家万户的幸福生活，甚至关乎国家的安全稳定和持久发展。

种子，乃粮食之母，农业之本，古今中外莫不如此，无论农业发展到什么程度，这一点都不会改变。1954 年 9 月，周恩来同志在第一届全国人民代表大会第一次会议上所做的《政府工作报告》中，首次提出了建设“现代化的农业”的概念。毛泽东同志更是深知科学技术对发展现代农业的重要性，极力提倡选种、改进耕作方式，并提出了“农业八字宪法”，即“土、肥、水、种、密、保、管、工”，对启发和引导实现科学种田起到了积极的推动作用。其中强调的“种”，特指选育及选用优良品种，因为这是确保农业稳定增产的关键内因要素。20 世纪 80 年代初，邓小平同志又强调“农业靠科学种田，要抓种子、优良品种”，同时指出“农业问题最终要由生物工程来解决”。

但是，作为传统农业大国的中国，自古以来几乎都是“一家一户”式的小农经济，生产用种主要依靠农民自己留种。1949 年中华人民共和国成立后，所面临的依然是这样一种落后局面，处于较快发展中的农业生产与良种供应不足的矛盾日益突出。由于全国的农业生产水平都比较低下，农业技术也比较落后，有的耕作手段沿用几千年都没什么变化，更没有什么值得推广的具有科技含量的育种技术，所采用的种子主要都是“农家品种”。而育种方式，又是最传统、最原始的“家家种田、户户留种”，等于是“种粮不分，以粮代种”，简称“种粮混用”。国家虽然陆续采取了很多措施，也成立了一些种子科研单位和国有农场、良种场、育种场，开始进行良种选育和推广，但根本无法满足全国每年对各种农作物种子高达1500万吨以上的需求量。

那么，当时国家陆续采取了哪些措施？这些措施又是什么时间逐步实施的呢？

可以说，基本是与中华人民共和国的成立和发展同步进行的。

在宣布新中国成立2个月之后的1949年12月，新成立的农业部就召开了第一次全国农业会议，号召发展农业生产，而且把推广优良品种作为实现农业增产的重要措施之一。1950年3月，农业部发布《五年良种普及计划（草案）》，组织农民开始群众性的选种留种活动，要求有计划地发掘优良品种，就地繁殖、迅速推广。

1950年8月，农业部又召开全国种子会议，讨论开展群众性的选种活动，推动建立良种繁育体系。对各地的农作物优良品种，主要由农业部门预约繁殖、预约收购，省、区之间适当调配，农民可以“以粮换种”，或者以种子顶交公粮。此后，从中央到地方的各级农业部门都成立了种子机构，实行行政、技术“两位一体”的种子指导与推广体制，负责评选良种、组织种子示范推广。

为进一步满足推进粮食增产的紧迫需要，农业部又于1954年12月召开全国种子工作会议，要求加速农作物良种的评选和推广，逐步建立完善良种繁育制度，加强地、县示范繁殖农场和农业合作社种子田的建设：“加强并健全各级农场，省农场负全省品种改良之责，在决选种（即品种决选）产生后即按统一计划分配给专、县农场繁殖。因此，每省必须有一个健全的省农场。各专、县农场所种作物必须保证比群众的长得好，而真正起到示范作用。”

同年，农业部还在《良种繁殖推广暂行办法》中明确规定：“良种的繁殖推广，应以农场为核心组织良种繁殖区，由上而下地进行。省农场的主要任务为繁殖决选种和复壮的种子，供给专区农场繁殖之用，专区农场在尚未得到省农场的良种前，可通过比较试验选择优良的县初选种，经系列后供给县农场繁殖之用，县农场应在评选良种工作完成后及时进行繁殖县初选种，并以区为单位，重点组织农业生产合作社和互助组建立良种繁殖区进行繁殖，再推广到农家留种地（种子田），最后普及到农家大田。待专区农场繁殖的种子下来后，县农场即应以繁殖此项良种为主要任务，逐步更换良种繁殖区和留种地的品种。在产棉区须以县农场为基点组织良种繁殖区进行繁殖。”

这一年，全国共评选出农作物优良品种2000多个。

到1956年，农业部又设立了种子管理局，实行行政、技术、经营“三位一体”的管理体制，全面加强对种子工作的领导。全国省、专区、县等各级示范繁殖农场已达2000余处，专用耕地200万亩，职工8.5万人，每年繁殖良种达7.5万吨。

但是，区区7.5万吨的良种繁育量，与1500万吨以上的种子年缺口，实在是相去甚远，用“杯水车薪”来形容毫不为过。

可以看出，从新中国成立之初开始的近10年时间内，全国农作物种子在生产和交换领域的基本情况呈现出3个特点。一是种、粮不分，种子生产尚未从粮食生产中完全分离出来，投入种子生产的社会必要劳动与粮食生产基本相同；二是商品率极低，尽管种子已经具有商品形态，但交换数量很少；三是种、粮交换的形式，主要是简单的“以物易物，物物转手”。

为此，1958年经国务院批准，中央和各省（区）都设立了种子公司或种子管理站，省以下按自然区划设立种子分公司，县级只设种子站，负责种子经营和调剂管理。

此后，又逐步建立和完善了良种繁育、品种区域试验、种子审定、种子检验等制度，使种子管理工作更加规范，农业供种不足的状况得到了较好改善，但依然无法从根本上解决问题，各地之间情况不同、方法不同、效果不同的局面依然未能得到全面改观，迫切需要从国家层面提出一个宏观的、管总的指导方针。

1958年5月，农业部再次召开全国种子工作会议，针对种子选育推广工作中出现的某些严重问题，特别是有些地区对种子

“大调大运”、用商品粮代替种子造成严重混杂事故的深刻教训，明确规定，种子工作“主要依靠农业社自繁、自选、自留、自用，辅之以必要调剂”。

此后沿用20余年的“四自一辅”种子工作方针，就此问世。

为确保“四自一辅”方针得到贯彻执行，国务院1958年8月决定，将原归粮食部门和商业部门的种子经营及管理职能，全部划归农业部门，由县级种子机构实行“预约繁殖、预约收购、预约供应”。同时规定，种子经营以“不赔钱、少赔钱”为原则，调剂工作产生的费用以及地区间的差价，由国家财政予以补贴。

“四自一辅”方针的出台和实施，是中国种业历史上的一个进步。但是，由于农业基础特别是种业基础过于薄弱，这个方针的确定实际上也有无奈之举的感觉。

原因是，面对庞大的种子需求数量，在没有实现种子产业化之前，只靠国家提供是完全不现实的，只能依靠群众，继续发挥农民自己选种留种的传统习惯，实行“四自”，先从“面”上解决用种问题。

与此同时，考虑到各地农业生产条件不同，不同年份也会有丰有歉，有时还会遭受自然灾害，如果要求所有生产用种都由农民自己解决，也有明显的实际困难，必须由国家按照“一辅”要求，及时进行必要调剂。同时，新选育与新引进品种的示范、繁殖和推广，也只能由国家机构负责。

具体讲，“四自一辅”方针的本意就是把国家和集体两者的关系正确地结合起来，以国家力量即省、地、县原良种场和各级种子公司、站等的技术优势，支援集体；集体则主要靠自力更生，靠自己解决生产用种。由此，以县为基本单位建立良种繁育推广体系，既能提高，又易普及，由普及再提高，不断往复。

在“四自一辅”方针的引领推动下，良种繁育工作开始稳步发展。到 20 世纪 60 年代初，逐步形成了县、社和队三级良种繁育体系，即建立县级国有良种场，承担繁育原种和一级原种；公社建良种场或良种队，繁殖一级原种和良种，起“一辅”作用；大队建良种队，生产队建立种子田，实行“四自”，生产大田使用的良种。

70 年代初，有些地方又出现了“三有三统一”的供种形式，即公社、大队建立的良种场（队）设有“专门人员、专用种子生产基地、专门仓库”，实行公社、大队“统一繁育、统一保管、统一供种”，使留种制度由分散走向集中，由“四自”走向公社、大队为单位统一供种的新形式。

当然，各地也都从自身实际出发，努力在落实“四自一辅”方针上开动脑筋。如当时的辽宁省锦西县种子站，就曾在 1972 年第 2 期《新农业》杂志上发表文章，介绍他们贯彻“四自一辅”种子工作方针的体会：“我县根据‘四自一辅’的种子工作方针，加强了良种繁育推广体系的建设，有力地促进了农业生产的发展。目前，高粱、玉米、谷子、棉花、花生等作物良种面积占播种总面积的 85%，并应用了二级和三级良种。今年全县两杂制种面积

10669 亩，县、社、队良种繁育面积 54357 亩，预计可生产原种 7500 千克，良种 200 万千克，两杂种子 1470 万千克。明年全县种子可以自给，部分种子有余。”

辽宁省锦西县种子站的主要做法，就是建立县、社、队三级良种繁育推广体系。县级有一个示范场、一个农牧场，主要任务是繁殖以杂交玉米、杂交高粱为主的“两杂”亲本、原种和一级良种，引进新品种并进行试验鉴定、品种提纯复壮和选育良种，配制“两杂”新组合等，起到全县良种繁育核心的作用；公社良种场主要负责辖区内“两杂”制种、繁殖二级良种、开展品种试验和群选群育等，起到良种繁育推广桥梁的作用。

在此基础上，由各生产大队责成一个生产队负责繁殖谷子等繁殖系数较高的作物种子，供全大队使用；对那些繁殖系数低、用工量大的作物，如棉花等，则由生产大队安排各生产队进行“队队繁种”，从而使队一级种子田或大队种子队成为普及良种最基层、最广泛的基础。

为了不断提高种子质量，这个种子站还成立有领导干部、老农、技术员参加的“三结合”检查组，每年都利用作物播种前、苗期、拔节孕穗、花期、成熟期等时机，深入开展“一年五检查”，及时发现和解决问题，坚持进行品种提纯复壮、区域试验等工作，从而形成了一个有组织、有领导、有技术、有成效的种子繁育网络，彰显了“四自一辅”种子工作方针的针对性和有效性。

但是，到 70 年代后期，“四自一辅”方针逐渐显得有些力不从心，难以完全满足和适应生产发展的需要，因为它所依赖的仍然是以生产队种子田为基础，其规模比一家一户要大些，条件要好些，对促进农业生产有一定的积极作用，但从根本上讲依然是“谁种田、谁留种”，自给自足、各自为政，主要还是“分散留种”的生产方式。由于各种条件的限制，很难做到单收、单打、单贮，而且不少生产队的种子田往往流于形式，甚至经常“春建、夏丢、秋不见”。

这种状况，是造成大田用种长期“多、乱、杂”的一个重要原因，与农业现代化的矛盾越来越突出。

由此，还引发了两个弊端。一是只适应定型品种的推广，不适应每年需要制种的杂交种的推广；二是过分强调集体解决生产用种、满足“面”上需求，无形中使得有些地方政府在“面”上需求得到保障的情况下，长期放松了在种子建设方面的关注和投资，延缓了种子生产的专业化、现代化进程，致使种子建设长期处于薄弱和落后状态。

更关键的是，“四自一辅”方针的贯彻执行并不是一帆风顺的，而是受当时不断发生的形势变化的影响，多次遭受严重破坏。

果断地迈进

○ 从屡遭波折到“四化一供”

“四自一辅”种子工作方针的推行，较好地保障了全国农业生产对种子的需求。正所谓命运多舛，这个方针在做出应有贡献的同时，也在不断面临各种被动局面。

首当其冲的，便是“三年自然灾害”的突然发生。

“三年自然灾害”，又称“三年困难时期”或“三年特殊灾害时期”，是指我国从 1959 ~ 1961 年期间的全国性粮食及副食品短缺危机。中华人民共和国出现了自成立以来最严重的经济困难，各项建设几乎都受到较大冲击。刚刚开始走上正轨的农作物种子选育工作，也同样遭到严重破坏，出现大面积的混杂退化、粮种不分问题。

种子工作上出现的问题，必须立即加以解决，否则会导致更加严重的粮食短缺和经济困难，进而引发更大混乱。为此，党中央、国务院于 1962 年 11 月发布了《关于加强种子工作的决定》，强调“种子第一，不可侵犯”，要求整顿和加强农业科研机构、繁殖农场和推广良种的种子站，并特别指出：“玉米杂交种这一类的优良种子，主要靠专门的育种场繁殖。”经过调整，恢复了原有的种子示范繁殖农场，新建了一批良种繁殖农场。1965 年，农业部在黑龙江省林甸县召开全国种子工作现场会，推广其计划供种，实现农作物良种化的经验，在全国形成了以县级良种场为核心，公社、大队良种场为桥梁，生产队种子田为基础的三级良种繁育体系，加快了农作物良种的繁育和推广速度。

不料，1966 年之后良种繁育体系再次遭到严重破坏。大部分地区撤销了种子专门机构，有的同农业部门合并，有的归到行政部门兼管，农作物大田用种出现“品种多、布局乱、种子杂”的局面。1972 年 10 月，国务院批转农业部《关于当前种子工作的报告》，试图整顿和解决农作物种子混杂问题，但收效甚微。直到 1977 年 9 月，农林部在山东省栖霞县召开全国大队供种经验交流会，推广了该县改进和创造的以生产大队为单位建立种子专业队，统一繁殖、统一保管、统一供种的成功经验，才使得农作物的统一供种初步实现了良好的进展。

而这种成功经验，亟待从制度和方针的角度，上升为全国层面的统一行动，才有希望扭转乾坤。

正所谓物极必反，否极泰来。党的十一届三中全会，吹响了改革开放的号角，也加快了农业现代化建设的进程。1978 年 5 月，国务院第 98 号文件批转了农业部《关于加强种子工作的报告》，要求从中央到地方都要把种子公司和种子基地恢复、建设起来，实行行政、技术、经营“三位一体”的管理体制，健全良种繁育推广体系；要求逐步实现“品种布局区域化、种子生产专业化、种子加工机械化和种子质量标准化”，实行“以县为单位统一供种”。同时还明确，要“以大规模建设各类原（良）种场和种子繁育生产基地为核心”。

所谓“品种布局区域化”，就是按照作物品种不同的区域适应性，合理安排品种的布局，做到在某一个自然区划内，种植相宜的当家品种和搭配品种。

所谓“种子生产专业化”，就是根据各种作物用种的需要，建立专门的种子生产基地，按照一定的操作规程，繁殖原种和大田用种。

所谓“种子加工机械化”，就是把专业化生产出来的“半成品”种子，采用种子加工机械进行精选处理，以机械代替手工操作。

所谓“种子质量标准化”，就是供应社队的种子，必须按照规定的技术标准进行检验，使这些种子符合国家对原种、良种规定的质量标准。

所谓“以县为单位组织统一供种”，就是要改变由生产队“分散留种、样样自给”的落后状况，由县种子公司统一组织供应全县的大田用种。

“四化一供”的五大要素之间，是科学而综合的相互关系。如果没有种子生产专业化，就不可能保证提供品质好、数量足的优良种子；如果没有足够的优良种子，就没有标准化的对象；若没有种子加工机械化，又难以实现种子质量的标准化。同时，如果不严格实行品种区域化种植，就是有了合乎标准的优良种子，也不能保证发挥良种的增产作用。而以县为单位组织统一供种，则是做好种子工作的中心环节，因为抓住了统一供种，就能促进“四化”的实现，做到以“一供”带“四化”，以“四化”保“一供”。因此，五大要素之间是相辅相成、不可分割的整体。

尤其是作为脱离小农经济第一步的农业机械化，要求种子在长度、宽度、厚度、大小、重量等方面统一规格，而且植株的高矮、穗位和成熟期都要一致，才能适合播种、中耕、收获等机械化作业。农业机械化程度越高，对种子的要求越严格，因此种子加工机械化显得非常关键。

这就是堪称中国种子产业“第一次革命”的“四化一供”。“四化一供”的出现，标志着种子生产正式开始了由传统农业向现代农业、由纯粹计划经济向商品化发展的转化和迈进。

1978年6月，农业部在河北省正定县召开9省（市）、12县“四化一供”种子试点工作座谈会，决定投资1200万元，在全国建立12个“四化一供”试点县和良种繁育试点县及良种繁育推广体系。

1979年，农业部种子局对在9个省（市）设立的12个“四化一供”试点县做了调研，得出了“四化一供”好处很多的结论。

第一，保证了种子数量。试点县河北正定过去都是分散制种，土地废弃面积达20% ~ 30%，种子不能自给，每年调进种子20万 ~ 25万千克，农民吃尽了苦头。1978年以县为单位建立玉米种子生产基地，配制杂交种3100亩，不但没有报废田块，还显著提高了制种产量，平均亩产达到161.5千克，比分散制种亩增

67 千克，不仅保证了本县的大田用种，还有几十万千克余种支援外地。

第二，提高了种子质量。1978 年，试点县黑龙江青冈集中统一生产的玉米、高粱、小麦、大豆、谷子、糜子 6 大作物种子 550 多万千克，经检查鉴定，一级种占 70%，二级种占 25%，彻底扭转了往年三级种占多数的局面。

第三，减少了用种量。据河北正定、江苏武进等试点县 1978 年的实践，使用种子基地生产并经机械精选的小麦、水稻种子，每亩用种量比过去下降 2.5 ~ 4 千克，如果实行精量播种，用种量还可进一步减少。

第四，促进了大田增产。试点县湖南东安从 1977 年开始就对杂交水稻坚持“县繁社制”，加速了杂交水稻的发展。1977 年种植杂交晚稻 14 万多亩，占全县晚稻面积的 44%，亩产达 269 千克，比常规稻亩增 45 千克，增长 50.2%。1978 年成为试点县后，杂交晚稻扩大到 27.9 万亩，又获得较大丰收，第一次实现了晚稻超早稻。

第五，节约了人力、物力和财力。河北正定县的小麦提纯复壮工作，过去分散在 1 个县良种场、15 个公社良种场、124 个大队良种场，建立了 300 多亩的“三圃”田，需要配置 140 多个技术员和保管员。成为“四化一供”试点县后，他们以县为单位统一组织提纯复壮，只需 100 多亩“三圃”田，4 个技术员和 5 个保管员。

到1979年下半年，全国种子“四化一供”试点县已有70多个，主要采取两种工作方式。一是“一县一厂集中供种”。全县建立一个大型种子加工厂，和相应的种子库、晒场、检验室等附属建筑设备。在加工厂附近建立若干个主要农作物种子生产基地，由县种子公司直接组织产、供、销，满足全县大田生产用种的需要。二是“建立若干中心种子站，分片供种”。按自然和经济区划，将全县划为若干片，分片建立中心种子站。每个中心种子站建有种子仓库、晒场、加工车间等设备，相应建立种子基地，在县种子公司的直接领导和统一规划下，负责本片的种子生产、加工、保管和供应工作。

多数情况下，各地会根据当地农村经济、技术管理和交通运输等条件从实际出发，主要采用第二种方式。其主要原则是：在设立中心种子站的时候，要坚持因地制宜、合理布局，方便群众、利于生产。地势平坦、气候相近、交通方便的县，可以少设几个站；丘陵山区、小气候多、交通不便的县，可以适当多设几个站。种子经机械精选加工后，在集中保管的同时，还要充分利用社队现有的种子仓库。在供种方面，要先选供应增产幅度大、制种技术要求高的杂交水稻、玉米和高粱，容易混杂退化的棉花和用种量较少的谷子、油菜等种子也应先供起来；对于小麦、水稻、薯类等用种量大的常规品种种子，则可以由少到多逐步增加。

为确保“四化一供”的顺利实施，各地普遍开始建立由两大部分组成的种子生产基地：

第一部分是大田用种基地，其任务是为大田提供优良种子。主要采取特约的办法，即由种子公司与一些有条件的社队订立合同，生产、收购大田用种。所谓“有条件”，是指当地要生产条件好、领导力量强、有一定的种子生产经验和技术骨干，配制杂交种的隔离条件要好，最后还要能够保证交通方便。

第二部分是原种基地，其任务是为大田用种基地提供高质量的原种、新品种和杂交种亲本，主要由国有原（良）种场承担。当国有原（良）种场耕地面积不够用时，可以“以场带队”，也可以建立集体所有制性质的原种场。

按照农业部的要求，这两类基地一定要相互配套，形成制度。供应大田的种子，必须是大田用种基地生产的种子；大田用种基地所用的种子，必须是原种基地生产的原种。

大田用种基地，一般由中心种子站根据种子公司统一计划、具体安排。基地的面积、繁殖的品种、数量、加工、保管及供应，都由各中心种子站分别负责。杂交水稻、玉米、高粱制种基地，全县要适当集中，不能过于分散，面积、组合的安排，加工、保管、供应等工作，均由县种子公司直接负责，或由一两个中心种子站负责。

这些基地，都要保持相对稳定，每年繁殖、制种要以销定产，以产量定面积、定地块，即在播种之前就要与用种单位签订供种合同。在供种合同之外，再适当增加一些后备数，安排好每年的繁殖、制种面积，力求做到产、供、销三方都满意，防止供求失调、影响生产，或造成浪费。

1978 ~ 1984 年，全国先后建成种子“四化一供”市、县达460 多个，跨省、区种子生产基地50 多处。尤其是“四化”中的“种子加工机械化”，逐步得到了令人瞩目的长足发展。

1978 年，首次引进了国外种子精选加工设备；到 1985 年，全国已陆续建成 15 座种子精选加工厂。1985 ~ 1995 年，全国已建成种子精选加工厂 490 座，配备复式精选机和重力式精选机 9000 多台，种子烘干机 400 多台，果穗烘干室 500 多座，检验仪器 4 万台（件），种子加工中小型配套设备 600 多套。

1995 年，国家又开始实施“种子工程”项目，重点就是强化种子加工机械化工作。该工程总投资 132 亿元，其中种子产业化一期项目 2 亿元，世界银行贷款种子商业化项目 18 亿元，种子工程建设项目 112 亿元。

到“四化一供”时期的最后一年，即 1999 年年底，中国已经拥有世界上规模最大的种子生产与供应系统。全国共建有县级以上种子公司（站）2700 家，职工 4.7 万人；注册登记的种子经营点 32500 多家；国有原种场、育种场 2300 多处，职工约 40 万人，耕地 3000 多万亩。全国种子加工能力达到 490 万吨，加工精选量 350 万吨，种子包衣 150 万吨。

“四化一供”的全面实施，推动中国种子产业出现了很多全新的变化。一是适应种子商品社会化大生产的需要，在“产”和“需”之间形成了经营服务环节，促进了种子行业内部的专业分工，进而确立了产、供、需之间的专业化协作关系，使种子产业体系趋向完备和成熟；二是出现了专门的种子加工业，特别是机械化加工设备的大量增加，推动种子商品在“量”的方面不断增加的基础上，又开始在“质”的方向出现显著变化；三是交换手段变成以货币形式为主，标志着种子商品化程度也有了显著提高。

遗憾的是，这种提高没有跟上中国全面改革开放催发的日新月异的形势变化。将中国种业带入市场化、商品化大门的“四化一供”工作方针，后期因未能及时脱离计划经济模式下的垄断经营方式，反过来在某种程度上逐步形成了不利于中国种业追赶世界潮流、适应全新时代的阻碍，引发了许多新的问题，种子“多、乱、杂”等现象愈演愈烈。

为了有效遏制这一局面，国务院于 1989 年发布了《中华人民共和国种子管理条例》。这是新中国第一个系统的种子法规，其积极意义不容忽视。但在具体内容上，却依然存在“空、缺、旧”的问题，使得这部条例从一开始就注定了难以适应市场快速发展步伐的命运。

后来，国家又先后于 1991 年、1996 年颁布了《有关种子管理条例农作物种子实施细则》和《农作物种子生产经营管理暂行办法》，目的就是进一步加强对种子生产和经营的计划管理和市场控制。但随着种子市场的激烈竞争，假劣种子坑农事件依然层出不穷。如 1998 年，农业部会同国家技术监督局检查发现，种子产品合格率只有 45.9％；1999 年第三季度，农民对生产资料的投诉 11051 件，其中种子质量问题占 71.9％、假劣种子问题占 14.2％，两项合计占 86.1％；2000 年第一季度，全国各级工商行政管理机构共查处假劣种子价值 1400 多万元。这些数据，不能不令人担忧。

中国种业，迫切需要来一场从里到外、从上到下的全新改革。

勃勃的生机

○ 从打破垄断到“百舸争流”

自 1978 年启动、持续 10 余年的“四化一供”所引发的最大根源性问题，就是种子产业逐步形成了条块分割、垄断经营的不良格局。

究其原因，就是国有种子公司实行“统一供种”垄断专营，本意是为了保证农资质量、保护农民利益，却又不可避免地导致了“拼命维护部门利益”的客观现实；虽然计划供种方式能够确保农民按需要获得优良种子，但也不可避免地造成了各级种子公司之间、种子公司与育种单位之间的矛盾。

宏观看，种子行业的行政管理、技术服务、种子经营 3 种职能之间界限不清、相互混杂，缺乏制衡和约束；各级种子管理站即种子公司出于自身利益需要，实行封闭经营，人为设置壁垒，维护市场份额，种子市场呈纵横分割状态，市场机制的功能和作用受到严重限制，市场主体间难以开展公平竞争，行业间的关联关系严重扭曲，直接导致育种、繁育和推广相脱节，种子产业整体运行效率非常低下，种子质量难以保证。有些县级种子公司甚至画地为牢，故意垄断市场和价格。尽管国家连续发文加以纠正，但种子市场依然出现了“三多”现象，即“经营单位多、无证经营多、假劣种子案件多”，受害农民投诉无门，苦不堪言。

之所以从“形势一片大好”演变为出现上述被动局面，是因为难以形成规范的、全局意义上的市场化；而越是真正的市场化，越需要成熟而健全的法律法规保障。

这种保障，终于到来了。

2000 年 12 月 1 日，历时两年、九易其稿的《中华人民共和国种子法》（后文简称《种子法》）正式颁布实施。这部千呼万唤始出来的法规，无疑是我国发展和完善法制建设的重要内容之一。它的制定和颁布实施，对我国农业生产发展、种子工程建设、种子市场发育、保护植物品种的合法权益起到了巨大促进作用。

2001 年 12 月 11 日，中国正式加入世界贸易组织，即 WTO，成为其第 143 个成员。

这两件大事的发生，彻底打破了计划经济时代国有种子公司垄断经营的落后局面，推动中国种业开始融入全球经济一体化浪潮，发展成为农业领域市场化进程最好的产业之一，种业领域涌现出井喷式的创业热情，呈现出从遍地开花到百强竞雄、空前繁荣的喜人景象。

这种喜人景象，其实就是市场竞争放开后推动形成的产业健康发展：破除了主要农作物种子的垄断专营体制，放开了种子市场；打破了国有公司一统天下的局面，多种所有制形式的种子企业开始共同发展；确立了品种权的法律地位，品种知识产权受到保护；实施了国际双边贸易，鼓励发展种子进出口业务。

总之，一个生机勃勃的种子市场诞生了。或者说，中国种业市场化竞争的崭新阶段终于出现。

第一，中国种业"群雄并起"式的主体多元化格局基本形成。随着政策壁垒被打破，各路资本纷纷进入，种子企业如雨后春笋般迅速增加。到 2006 年 10 月，全国种子公司中注册资金达 3000 万元以上的有 97 家，注册资金达 500 万元以上的有 8500 多家。其中，国有种子公司 2000 多家，民营种子公司 6400 多家，外资企业 70 多家，委托代销公司则突破了 16 万家。这其中，有改制的股份制种子公司，有新兴的民营种子公司，有科研院所开设的种子公司，还有一批享受优惠条件的"下海"学人兴办的种子公司。随着种业市场的重新洗牌，一批具有战略眼光、资金优势、拥有产权品种和品牌，又具有熟练市场运作技巧的种业公司快速成长壮大，各重点种子的行业聚集度不断提高。

第二，种子企业异军突起，开始成为技术创新主体。随着种业市场化进程不断加快，种子企业大胆进军科研领域，培育和开发自主产权品种，将单一的经营型企业转变为科研开发复合型企业，努力培育和形成自己的核心竞争力，成为现代种子企业有序竞争的一大特点。从实力雄厚的外资、合资企业，直至崭露头角的民营企业，都在大量投入人力、物力、财力，开展新品种选育工作。比如，2002 年国审通过的 40 个玉米杂交种中，科研院所和院校占 77.5%，种子企业只占 22.5%；到了 2008 年，国审通过的 17 个普通玉米杂交种中，科研院所仅占 29.4%，种子企业却一举占到了前所未有的 70.6%。

第三，高产优质新品种审定数量大幅增长。国家先后实施《植物新品种保护条例》和《种子法》，有效维护了品种权人的合法权益，有力地推动了植物新品种的培育，促进了种业科技创新和新品种权的有偿转让，激发了企业自主开发新品种的积极性，农业植物新品种权申请数量以年均 40% 以上的速度快速增长，年申请量进入国际植物新品种保护联盟成员，并排名前四。全国选育的新品种数量为新中国成立 50 年来的 1/4，平均每年通过国家审定的主要农作物品种 140 多个。据农业部对 500 个农作物授权品种和申请品种统计，累计推广面积 6.4 亿亩，增产粮食 563 亿千克，实施单位获得效益 20 亿元，社会新增效益 224 亿元。

第四，以服务赢得市场成为自觉行动。随着种业市场竞争加剧，也随着品种更加多样化，种子推广模式发生了很大变化，由计划经济时代各级农业部门宣传、指导、命令的推广模式，转变为政府推动、企业推广、市场拉动等多种模式相结合。谁在优质服务上取得主动权，谁就能赢得种植者的信赖。许多种子公司把品种展示、现场观摩、高产示范、技术培训和种子交易延伸到乡村一级，让农民看得见、信得过。有的公司通过高产竞赛，将新品种和配套技术带给农户，给优胜者奖励现金或实物，受到普遍欢迎；有的公司让种子随栽培技术进村入户，遇有质量或技术问题，技术人员会及时服务到田间。

短短几年，中国种业迅速发展成为全球最大的种子市场之一，吸引了各行业资本和跨国种业公司的强势关注。跨国种业公司纷纷来华开展业务、抢占市场，多个知名种子行业巨头在我国建立了合资企业、分支机构和代表处。

与之形成鲜明对照的是，由于计划经济的阴影尚未完全摆脱，中国种业相当一部分相关基层部门依然处于“政企不分、事企不分”“条块分割、各自为政”的落后格局，干预了种子市场的正常发展和规范运行，使得中国种业在“一片大好”的形势之下，依然让人察觉到诸多遗憾。

其中最主要的，是以下 4 个方面：

遗憾之一：未能推动企业形成持久强大的核心竞争力。由于受长期的计划经济影响，种子科研单位只管育种、不问市场；而种子公司，则只管销售、不搞科研。所以，要想在 10 来年内就推动种子企业在品种创新、品牌战略、企业文化、技术服务、诚信经营等各个方面，一举迈出齐头并进、整体跨越的喜人步伐，进而形成持久、强大的核心竞争力，特别是品种创新能力，实际上是不大可能的。而缺乏种质资源和品种产权的企业，最终结果是要么沦为大型企业特别是国外企业的种子代销商，要么在日益激烈的市场竞争中自生自灭。

遗憾之二：未能大批诞生“龙头”级别的种子企业。从表面上看，中国种子公司曾一度百花齐放、万木成林，但其中始终缺乏像样的、足够的“参天大树”。正所谓“你方唱罢我登场，城头变幻大王旗”，在不断进行的体制改革和市场竞争中，正常存活下来的种子公司不过1600家；由于体制、资金、品种等诸方面的原因，大部分省、地、县的国有种子公司纷纷折旗，即使是几家知名上市种业公司，其种子营销状况也是江河日下，辉煌不再。中国种子企业没有哪家净资产超过10个亿，也没有哪家销售额超过5个亿。

遗憾之三：未能形成强有力的种子新品知识产权保护体系。虽然育种科研单位、育种工作人员成几何级数增长，比如每年参试的玉米组合一度增加到数百个，审定水稻品种每年也有上百个，有时一个省审定棉花品种一年就达几十个，但由于有些管理部门无视《种子法》和《植物新品种保护条例》，经常任意另加“标签”，把已经审定或保护品种重新命名为“主推与非主推品种、主导与非主导品种、优势与非优势品种、超级与非超级品种、展示与非展示品种”，使得种子审定工作基本成为不同职能部门之间权力与利益的博弈，各家都在挖空心思想从种子市场分得一杯羹。老品种当新品种审定，或者换个名称又审定，换个省、区再审定。极少数人甚至把别人的种子改换名称抢先审定，明明严重侵权，却很难受到应有的惩罚。

遗憾之四：未能建立规范高效的种业管理工作机制。伴随着改革开放的迅猛发展，中国种业也开始出现从未有过的繁荣景象，但这种“繁荣”背后却是种业管理机制的暗礁与危机。在品种选育上，种质资源遍地开花、品种争夺异常激烈、育种队伍无序扩张，科研院所、种子公司、农技站、机关干部、退休人员、个体农民，都成了“育种先锋”，但由于创新能力跟不上，结果便成了“同质化品种很多，个性化品种很少”。在种子繁育上，中国农业长期实行的以农户为生产单位的生产责任制并未从根本上改变，种子生产是一家一户在露天条件下完成的。这种小而分散的种子生产活动，与规模化杂交种生产要求的严格隔离、单品种单组合成片种植的质量要求相悖。制种基地无序竞争、相互欺骗、囤积堵售、留种自销、哄抬价格，种子质量难以保证，且成本偏高。在营销管理上，由于种子市场利润空间巨大，而整个市场又处于整合与裂变交织并存的起步状态，种子公司如雨后春笋，代销商异常活跃，市场管理几近失去控制，甚至充斥着“盗窃式育种、押宝式生产、蒙骗式营销”的混乱现象。

然而，积极向上的因素，恰恰就在这表面上不够理想的状况之中，开始孕育而生。中国种业即将迎来下一轮全新演变的信号，已经在悄然出现。毕竟，改革开放的大潮不会允许无序竞争成为常态。

那么，积极向上的信号是什么？

我们可以欣喜地看到，一批具有前瞻战略眼光的种子企业，已经把目光投向远方。这样的企业，既有资金优势，又有丰富的产权品种群，还具有足够的市场运作技巧。这些企业正在加速成长，不断致力于提高品种质量、加强品牌管理和知识产权保护力度，逐步奠定品种和品牌在市场竞争中的垄断地位，推动行业聚集度不断提升。同时，这些企业还在悄悄进行联合重组，资本也在尝试进入有足够潜力的种业公司。这一切都在预示着，“龙头”型、“领唱”型的种子企业即将出现。

与此同时，我们还可以欣喜地看到，各家种业公司开始趋向营销战略转型，具体讲就是由“渠道网络无序”走向“有序”，再向“深度分销”过渡；由“混合促销”向“整合促销”过渡；由“任务销售”向“锁定目标市场提前销售”过渡；由“感觉营销”向“计划营销”，再向“执行营销”过渡；特别是由经营“大路品种”向拥有“产权品种”过渡。由此，种子企业将以拥有“产权品种”而重划营销疆界，并重新全面洗牌。

一切都表明，自 2000 年 12 月《种子法》颁布实施之后的 10 年间，在市场经济大潮中一边探索一边前进的中国种业，再一次进入了全新的历史拐点。

中国种业的又一场全新变革甚至是革命，即将到来，或者说已经到来！

第五章 整体迈进

——中国种业的『国家级』全面推动

自中华人民共和国成立至2010年年底的60余年间，中国种业无疑是在困境中起步、在波折中前进、在改革中壮大，事实无可辩驳，成就世所瞩目。但我们必须看到，随着国内农业的迅猛发展、国际种业的急剧扩张，形势依然不容乐观。一方面，中国种业本身始终在不断发展壮大，有力地维护了国家粮食安全；另一方面，各种问题却又层出不穷，某些时候甚至是“成绩大，问题也大”。

原因何在？就在于顶层设计始终都在进行，但一直未能完全摆脱计划经济的阴影；就在于市场化的探索始终都在尝试，但一直未能完全跟上改革开放全面深化的脚步。

终于，随着国家自 2011 年起以连续颁布相关文件等方式对推进种业发展做出全局性战略部署，这一切都开始真正得到有效解决。自此，中国种业在国家层面的推动下，进入了市场化改革的新阶段。

全面提升种业战略地位

当历史的车轮进入21世纪第二个10年的时候，中国种业，特别是农作物种业所面临的形势依然是严峻的。特别是随着全球化进程加快、生物技术发展和国家改革开放的不断深入，如何更好地保障粮食安全、建设现代农业，依然是摆在我们面前的一项重大课题。

当时，我国农作物种业技术水平仍处于初级阶段，商业化的农作物种业科研体制机制尚未建立，科研与生产脱节，育种方法、技术和模式落后，创新能力不强；种子市场准入门槛低，企业数量多、规模小、研发能力弱，育种资源和人才不足，竞争力较弱；供种保障政策不健全，良种繁育基础设施薄弱，抗灾能力较低；种子市场监管技术和手段落后，监管不到位，法律法规不能完全适应农作物种业发展新形势的需要，违法生产经营及不公平竞争现象较为普遍。

这些问题，都在很大程度上严重影响了我国农作物种业的健康发展，制约了农业可持续发展，必须切实加以解决。

2011年4月10日，国务院正式颁布《关于加快推进现代农作物种业发展的意见》（即著名的“国发〔2011〕8号”文件，下文简称《种业发展意见》），明确指出："我国是农业生产大国和用种大国，农作物种业是国家战略性、基础性核心产业，是促进农业长期稳定发展、保障国家粮食安全的根本。"

这是国家首次正式将"农作物种业"明确为"国家战略性、基础性核心产业"。其根本目的，就是提升我国农业科技创新水平，增强农作物种业竞争力，满足建设现代农业的需要。

《种业发展意见》全面分析了中国农作物种业发展的形势，指出了所面临的各个方面的挑战，提出了"坚持自主创新、坚持企业主体地位、坚持产学研相结合、坚持扶优扶强"的基本原则，明确了发展目标，即："到 2020 年，形成科研分工合理、产学研相结合、资源集中、运行高效的育种新机制，培育一批具有重大应用前景和自主知识产权的突破性优良品种，建设一批标准化、规模化、集约化、机械化的优势种子生产基地，打造一批育种能力强、生产加工技术先进、市场营销网络健全、技术服务到位的'育繁推一体化'现代农作物种业集团，健全职责明确、手段先进、监管有力的种子管理体系，显著提高优良品种自主研发能力和覆盖率，确保粮食等主要农产品有效供给。"

为了实现这个既宏伟又具体的全新目标，《种业发展意见》又明确了 3 个方面的关键内容。

一是确立了 9 项重点任务，即强化农作物种业基础性公益性研究、加强农作物种业人才培养、建立商业化育种体系、推动种子企业兼并重组、加强种子生产基地建设、完善种子储备调控制度、严格品种审定和保护、强化市场监督管理、加强农作物种业国际交流合作。

二是制订了7条政策措施，即制定现代农作物种业发展规划、加大对企业育种投入、实施新一轮种子工程、创新成果评价和转化机制、鼓励科技资源向企业流动、实施种子企业税收优惠政策、完善种子生产收储政策。

三是完善了4项保障措施，即完善法律法规、健全管理体系、发挥行业协会作用、加强组织领导。

这部《种业发展意见》的出台，无不令中国种业各级管理者、研究者、从业者、受益者都欢欣鼓舞。所有的人，都从中看到了中国种业的美好前景，也都从中得到了前所未有的重大激励。

就在这部《种业发展意见》正式颁布的同一时间，国家还在更为重要的《国民经济和社会发展十二五规划纲要》中，同样对种业发展寄予厚望："加快农业生物育种创新和推广，开发具有重要应用价值和自主知识产权的生物新品种，做大做强现代种业。"

"做大做强现代种业"，是国家发出的强有力的号召，更是面向未来的动员令。

到2012年12月，又有两个以推动中国种业快速、健康、规范发展为目标的重磅文件先后颁布。

一个是农业部颁布的《农业科技发展"十二五"规划（2011～2015年）》。

这部规划明确提出了农作物种业问题的发展目标："具有重大应用价值和自主知识产权的品种培育取得重大突破，农作物种业核心竞争力明显提高。培育一批适应机械化作业、设施化栽培、高产、优质、多抗、广适的主要农作物新品种和主要畜禽、水产养殖新品种（系），企业科技创新能力显著增强。""自主知识产权总量快速增加。植物新品种权年度申请量和授权量居世界前列。到 2015 年，品种权年申请量达到 1400 件、年授权总量达到 1000 件，农产品地理标志登记保护超过 800 件。农业领域专利、商标、版权等知识产权数量不断增长。"

另外一个规格更高、目标更大的重磅文件，是由国务院办公厅印发的《全国现代农作物种业发展规划（2012 ~ 2020 年）》（下文简称《发展规划》）。

这份洋洋万言的《发展规划》，以难得的清醒态度、深刻的辩证分析、前瞻的谋划布局、正确的科学态度，在充分肯定改革开放以来，特别是进入 21 世纪以来中国农作物种业显著成就的基础上，对未来 8 年的中国农作物种业发展做出了战略性的决策部署。

《发展规划》指出："加快推进现代农作物种业发展，加强种业科技创新，培育和推广优良品种，已成为突破耕地和水等资源约束、加快现代农业发展、提升农业国际竞争力的迫切需要。"对中国农作物种业存在的问题，《发展规划》也没有回避，而是坦诚地做了定位分析："我国农作物种业发展尚处于初级阶段，与发展现代农业的要求还不相适应。”

这种“不相适应”的突出表现，就是育种创新能力较低、种子企业竞争能力较弱、种子生产水平不高、市场监管能力不强、种业发展支持体系不健全。

为此，《发展规划》提出了“坚持机制创新”“坚持企业主体”“坚持统筹兼顾”“坚持扶优扶强”的基本原则，确立了两个阶段的发展目标。

第一阶段是到 2015 年，初步形成科研分工合理、产学研结合的育种新机制，科研院所和高等院校基本完成与其所办种子企业“事企脱钩”；以西北、西南、海南为重点，初步建成国家级主要粮食作物种子生产基地，主要农作物良种覆盖率稳定在 96% 以上；培育一批“育繁推一体化”种子企业，前 50 强企业的市场占有率达到 40% 以上；种子法律法规更加完善，监管手段和条件显著改善，通过考核的种子检验机构年样品检测能力达到 40 万份，例行监测的种子企业覆盖率达到 30%。

第二阶段是到2020年，形成科研分工合理、产学研紧密结合、资源集中、运行高效的育种新机制，发掘一批目标性状突出、综合性状优良的基因资源，培育一批高产、优质、多抗、广适和适应机械化作业、设施化栽培的新品种；建成一批标准化、规模化、集约化、机械化的优势种子生产基地，主要农作物良种覆盖率达到 97% 以上，良种在农业增产中的贡献率达到 50% 以上，商品化供种率达到 80% 以上；培育一批育种能力强、生产加工技术先进、市场营销网络健全、技术服务到位的“育繁推一体化”现代农作物种业集团，前50强企业的市场占有率达到60%以上；健全国家、省、市、县四级职责明确、手段先进、监管有力的种子管理体系，通过考核的种子检验机构年样品检测能力达到60万份以上，例行监测的种子企业覆盖率达到50%以上。

在具体层面上，《发展规划》按不同类别提出了20种主要作物的种业科研目标和重点，既包括水稻、玉米、小麦、大豆、马铃薯5种主要粮食作物，也包括蔬菜、棉花等15种重要经济作物，确保了农作物种业发展的协调性。同时，要求各个作物种业开展种质资源搜集、保存、评价和利用，挖掘有重大应用价值的功能基因，培育突破性优良品种，开展种子生产、加工、检测等关键技术研究，全面提升种业科研的发展水平。

为全面增强种业整体实力和发展后劲，《发展规划》对主要农作物种子生产基地分区域进行了科学布局，要求坚持“优势区域、企业主体、规模建设、提升能力”的原则，明确了基地类型、区域范围和建设内容。从类型上看，既规划建设主要粮食作物种子生产基地，又兼顾重要经济作物种子基地建设；从区域范围上看，既着力加强国家级种子基地建设，同时兼顾区域级、县（场）级基地建设，确保种子生产供应总量和结构平衡。

针对以往种业体系内“各自为政、画地为牢”等不利于种业从整体上健康规范发展的问题，《发展规划》对各类种业发展项目进行了全面的统筹，明确现代种业发展是一个系统工程，涉及多环节、多主体、多部门。《发展规划》还围绕落实重点任务，全面统筹重点项目，形成种业基础性公益性研究、商业化育种、种子生产基地建设、种业监管能力提升四大工程，构建了加快提升种业科技创新、供种保障、企业竞争和市场监管“四大能力”的政策支持体系。

为确保《发展规划》得到贯彻落实，农业部公开提出了4方面的重点措施。

一是强化合力推动。农业部将会同发改、财政、科技等部门合力推进《发展规划》落实，围绕《发展规划》确定的重大任务，调整和优化种业资源，力争实现各有关部门“各炒一盘菜，共做一桌席”，全面推进现代种业发展；中央和地方形成合力，推动各级地方政府和有关部门，结合当地的实际和特点，将《发展规划》要求的各项任务和政策措施落到实处。

二是加大种业投入。加大种业基础性公益性研究投入，提高种质资源保存和评价能力水平；加大企业商业化育种体系投入，支持建设育种研发中心、测试体系；加大种子生产基地建设投入，提高基地规模化、标准化、机械化和集约化水平；加大种子管理能力投入，完善农作物品种试验体系、新品种引进示范体系、种子检测体系。

三是支持企业发展。深入推进科企合作，加快提升企业科研育种能力。利用现代种业发展基金，加快推进企业兼并重组和资源整合。落实各项金融、税收、保险及人才培养等方面政策，建立支持企业发展的政策体系。

四是强化种子管理。加强种子相关法律法规的制修订，完善现有法律法规体系。加强国家、省、市、县四级种子管理体系建设，强化种子管理职能。加强跨部门、跨区域协作监管机制，开展打假护权专项整治行动。强化制种基地整治，开展种子门店清查，进一步规范市场秩序。充分发挥行业协会的协调、服务、维权和自律作用，推动企业诚信体系建设，树立行业典范。

推动力度不可谓不大，覆盖范围不可谓不广。但是，这还不够。

2013 年 12 月 20 日，国务院办公厅又颁布了《关于深化种业体制改革　提高创新能力的意见》（国办发〔2013〕109 号文，下文简称《创新意见》），鲜明地提出："深化种业体制改革，充分发挥市场在种业资源配置中的决定性作用，突出以种子企业为主体，推动育种人才、技术、资源依法向企业流动，充分调动科研人员积极性，保护科研人员发明创造的合法权益，促进产学研结合，提高企业自主创新能力，构建商业化育种体系，加快推进现代种业发展，建设种业强国，为国家粮食安全、生态安全和农林业持续稳定发展提供根本性保障。"

所有这些，都从全局性、系统性的层面，将中国种业，特别是农作物种业全面提升到了国家战略性、基础性的地位，中国种业各个层面、各个领域开始出现加力奔跑、全面迈进的崭新局面，向着现代化、市场化、国际化的方向阔步迈进。

着力增强企业竞争实力

企业，才是市场的主体。没有富有生机活力的种子企业体系，就没有中国种子产业的未来。

以往中国种业面临的很多问题，主要是在国际种业迅猛发展特别是国外超大型种子企业全面出击的巨大压力下，中国种子企业因规模小、实力弱、水平低而难以应对导致的。

不得不承认，这个问题到今天为止也未从全局意义上得到圆满解决。但是，中国种子企业的壮大之路，毕竟已经全面开启。

而这种全新变化，正是2011年以来国家相继颁布一系列重要文件后，才真正开始出现的。国家对种业发展的支持措施之密集、“含金量”之高前所未有，种子企业投资强度之大、重组步伐之快前所未有，全国上下、社会各界的关注程度之高同样也是前所未有。

特别是对种子企业建设，《创新意见》充分体现了国家的高度重视，强调要加快推动种子企业兼并重组。在企业注册资金、固定资产、研发能力和技术水平等方面大幅提高市场准入门槛，通过市场机制优化和调整企业布局；支持大型企业通过并购、参股等方式进入农作物种业；鼓励种子企业间的兼并重组，尤其是鼓励大型优势种子企业整合农作物种业资源，优化资源配置，培育具有核心竞争力和较强国际竞争力的“育繁推一体化”种子企业。

为了实现这个目标，《创新意见》专门强调要切实加大对企业育种的投入。

比如，要按照“资格认证、定期复审、优进劣退”的原则，择优支持一批规模大、实力强、成长性好的“育繁推一体化”种子企业开展商业化育种；中央财政增加“育繁推一体化”种子企业投入，支持引进国内外先进育种技术、装备和高端人才，并购优势科研单位或种子企业，促进“育繁推一体化”种子企业发展壮大。

再比如，要积极鼓励科技资源向企业流动，支持从事商业化育种的科研单位或人员进入种子企业开展育种研发，发挥市场机制作用，鼓励科技资源合理流动。企业所在地政府要参照有关政策解决进入企业科研人员的户籍问题。

还比如，要实施种子企业税收优惠政策，对符合条件的“育繁推一体化”种子企业的种子生产经营所得，免征企业所得税；对企业兼并重组涉及的资产评估增值、债务重组收益、土地房屋权属转移等，给予税收优惠。

在此基础上，《创新意见》指出要加快建立商业化育种体系。鼓励“育繁推一体化”种子企业整合现有育种力量和资源，充分利用公益性研究成果，按照市场化、产业化育种模式开展品种研发，逐步建立以企业为主体的商业化育种新机制。积极推进构建一批种子产业技术创新战略联盟，为有实力的“育繁推一体化”种子企业建立品种审定绿色通道。引导和积极推进科研院所和高等院校逐步退出商业化育种，力争到“十二五”末科研院所和高等院校与其开办的种子企业基本实现“事企脱钩”。

《创新意见》还提出，要加强种子生产基地建设，科学规划种子生产优势区域布局，建立优势种子生产保护区，实行严格保护；加强西北、西南、海南等优势种子繁育基地的规划建设与用地保护；鼓励种子企业采取与制种合作社联合协作等方式建立相对集中、稳定的种子生产基地，增强种子生产能力。尽快实施新一轮的“种子工程”，加大农作物种业基础设施投入，加强育种创新、品种测试和试验、种子检验、检测等基础设施建设。鼓励“育繁推一体化”种子企业建设商业化育种基地，购置先进的种子生产、加工、包装、检验和仓储、运输设备，改善工程化研究、品种试验和应用推广条件。

对与企业发展密切相关的行业协会的积极作用，《创新意见》也给予了足够的重视，强调要充分发挥种子行业协会在现代农作物种业发展中的协调、服务、维权、自律作用。加强对企业的服务，组织开展企业间、企业与科研单位间的交流与合作；加强行业自律，规范企业行为，开展种子企业信用等级评价。

所有这些，都为了帮助种子企业“做大做强”。毕竟，“小而弱”的种子企业、“弱而散”的企业布局，是无法与国际种业相抗衡的。

种子行业甚至有个非常流行的比方，即国外大型种子公司虽然数量不多，但却基本都是难以匹敌的“航空母舰”；而中国的种子企业，虽然数量多多，但却基本都是体单力薄的“小小帆船”。

2011 年，由于国有种子公司长期垄断市场，研发工作主要依赖公立机构，“多法人、小规模、少网络、低效益”的现象十分严重，而具有“育繁推一体化”能力的种子企业少之又少。从数量上看，全国有近 7 万家国有种子公司和生产经营实体，但平均年销售额仅为 450 多万元；年销售额超过 2000 万元的种子企业还不到 100 家，超过 1 亿元的仅有 7 家，市场份额小于 2%，净资产都不超过 10 亿元。

这些都充分证明，当时中国种子企业的产业布局过于分散，整体竞争力相对太弱。这就好比是手拿冷兵器、只会单兵作战，虽然人数众多但却十分松散软弱的落后军团，如何抵得过规模虽然不大，但却掌握现代化、高技术、大威力热兵器的合成军团呢?

为此，《创新意见》再次强调要加大政府在加强种业、培育具有独立研发能力的“育繁推一体化”种子公司方面的扶持力度，提升企业自主创新能力，逐步确立企业商业化育种的主体地位，以期整顿种子市场，改变“散、小、多、乱、劣”的局面，提升中国种业市场竞争力。

在这部以深化体制改革、提高创新能力为目标的文件中，国家对种子企业给予了极大的激励：“鼓励种子企业加大研发投入，建立股份制研发机构；鼓励有实力的种子企业并购转制为企业的科研机构。确定为公益性的科研院所和高等院校，在 2015 年年底前实现与其所办的种子企业脱钩；其他科研院所逐步实行企业化改革。”“新布局的国家和省部级工程技术研究中心、企业技术中心、重点实验室等种业产业化技术创新平台，要优先向符合条件的育繁推一体化种子企业倾斜。按规定开展种业领域相关研发活动后补助，调动企业技术创新的积极性。发挥现代种业发展基金的引导作用，广泛吸引社会、金融资本投入，支持企业开展商业化育种，鼓励企业‘走出去’开展国际合作。”

其实，早在 1978 年，我国的第一家种子企业，即中国种子公司便宣告成立；1985 年，又诞生了第一家民营玉米产业化种子企业，即山东登海种业股份有限公司；1997 年，丰乐种业股份公司成为种业第一家上市企业；2005 年，北京奥瑞金种业股份有限公司成为国内首家在美国上市的农业生物技术企业。

可见，中国种子企业自强不息的脚步始终未曾停歇。但由于规模和实力都相对有限，无法从全局和战略层面上满足国家农业发展和粮食安全的需要。

随着一系列文件的全面贯彻实施，中国的种子企业体系开始出现了令人欣慰的积极变化。尤其是国家通过技术加大政策扶持力度、支持企业自主创新、营造市场发展环境，中国种子企业“多、小、散、杂”的被动局面明显改善，企业数量减少、规模扩大、实力增强的趋势已经非常明显。

为进一步推动这种积极向好的趋势，农业部还修订了颁布已久的《农作物种子生产经营许可管理办法》，鼓励企业加快兼并重组、做大做强；制定并颁布《农业植物品种命名规定》，规范品种名称管理；修订《主要农作物品种审定办法》，为有条件的“育繁推一体化”企业开辟品种审定绿色通道；将种子机械列入农机购置补贴，对种子机械实行补贴。

与此同时，由财政部联合农发行、中化集团出资 15 亿元成立现代种业发展基金，支持企业兼并重组；会同税务总局减免“育繁推一体化”企业所得税，支持企业加大研发投入。而国家发改委则设立了生物育种专项，首批投入数亿元，支持数十家企业提升育种能力。

到 2019 年年底，全国持证种子企业有 6300 多家，比 2011 年减少 22%；资产过亿元的种子企业有 350 多家，比 2012 年增加 180 多家；上市种子企业有 72 家，市值近 1000 亿元；前 50 强企业市场占有率达 35%，比 2011 年提高 5 个百分点；全球种业前 10 强中，中国种企占有两席，分别是隆平高科、先正达集团。

这种变化，正是缘于在《创新意见》鼓舞和指导下，种子企业兼并重组开始频繁出现。据现代种业发展基金统计，截至 2016 年，全国公开披露的种业并购事件 86 起，交易总金额达 73 亿元，事件和金额年均增长量分别达到 62.84% 和 191.64%。而兼并重组的方式，也出现了多种类型，既有以发挥资本优势、并购优质企业、短期内实现规模扩张的“规模扩张型”，也有通过兼并重组、突破体制机制和地域限制的“空间突破型”；既有通过控股营销特长型公司、实现营销渠道拓展的“营销拓展型”，还有通过合资新设、股权收购等形式参股或控股的科研育种型企业，以达到科研协调等目的的“科研整合型”。

规模逐步壮大、实力逐步增强的新型种业公司，眼光迅速放远，步伐迅速加大。一些大型的种业公司大胆提出了“育繁推一体化，产供销一条龙，完善各链条，实现产业化”的发展战略。其主要特征，一是拥有自己的育种机构及育种团队、科研场所和选育加代基地；二是拥有生产型的公司和固定的生产基地；三是拥有专门的、分属不同层级和区域的市场开发营销团队，形成了完整的产业链条，品种运作实现了“全方位、一体化”。而那些中小型的种业公司，则依托并突出自身优势资源，在种子生产、科研创新、品种推广上，努力找准自己的位置，集中火力、单向发力，力求做好、形成特色。

尤其是种子企业的品种审定数、新品种权申请量，自 2015 年起全都超过科研教学单位，标志着国有研发机构逐渐淡出商业化的品种选育，而种子企业则异军突起，在作为种子生产、推广主体的基础上，逐步成为种子市场上的品种创新主体，核心竞争实力普遍显著增强。

这种令人欣慰的趋势，依然在持续增强，直到今天。

加紧完备品种创新体系

提升种子企业的核心竞争实力，特别是品种创新能力，只是适应市场形势发展变化的关键举措之一。要想从战略层面上全面实现中国种业健康发展、确保国家粮食持久安全，还必须在事关创新方向、创新成效的各个方面都树大目标、下大决心、用大力气，推动品种创新工作成为系统工程，而不只是企业行为。

《种业发展意见》中专门指出，要不断创新成果评价和转化机制，改进现有农作物种业科研成果评价方式，修改和完善商业化育种成果奖励机制，形成有利于加强基础性、公益性研究和解决生产实际问题的评价体系；在杂交玉米和杂交水稻方面，逐步探索建立品种权转让交易公共平台，健全合理的利益分配机制，以充分调动科研人员的创新积极性。

而在《农业科技发展“十二五”规划（2011 ~ 2015 年）》中，也专门就“农业科技创新”问题做了规定，强调要组织“重大关键技术攻关”，并重点指出要加强“动植物新品种培育”，挖掘一批具有自主知识产权的功能基因，创建一批目标基因高效转化平台；常规技术和生物技术育种相结合，选育创制一批具有自主知识产权的高产、优质、多抗、广适的动植物新品种，在适应机械化生产的新品种培育上取得突破；鼓励规模大、实力强、成长性好的“育繁推一体化”种子企业，整合现有育种力量和资源，充分利用公益性研究成果，按照市场化、产业化育种模式开展品种研发。

同时，此规划还强调要推进“农业基础研究与高技术发展”，加强“农业高技术研究”，瞄准农业高技术发展前沿，以突破具有知识产权的现代生物育种前沿技术为核心，加强转基因、分子标记、细胞工程等植物分子育种高技术研究，培育一批具有自主知识产权的突破性新品种；加强畜禽分子设计和细胞工程育种技术、家畜体细胞克隆与干细胞技术、动物生物反应器等高技术研究，创制畜禽优良种质。

国务院下发的《创新意见》，更是对推动种业创新“不遗余力”。

在调动科研人员的创新积极性上，这份文件的规定可谓设身处地、周到细致，除了支持便是鼓励：“支持科研院所和高等院校通过兼职、挂职、签订合同等方式，与企业开展人才合作；鼓励科研院所和高等院校科研人员到企业从事商业化育种工作；鼓励育种科研人员创新创业；改变论文导向机制，加强种业实用型人才培养，商业化育种成果及推广面积可以作为职称评定的重要依据；支持科研院所和高等院校与企业开展合作研究；支持高等院校开展企业育种研发人员培训；完善种业人才出国培养机制；支持企业建立院士工作站、博士后科研工作站。”

而对科研院所和高等院校利用国家拨款发明的公益性育种材

料、新品种和技术成果，《创新意见》则规定可以申请品种权、专利等知识产权，可以作价到企业投资入股，也可以上市公开交易。同时要求，要研究确定种业科研成果机构与科研人员权益比例，由农业部、科技部会同财政部等部门组织在部分科研院所和高等院校试点。

据此，农业部会同科技部、财政部、人社部、教育部，自 2014 年起在全国开展了种业科研成果权益改革和人才发展试点工作。通过提高科研成果权益分配比例，科研人员创新收入更多、干劲更足。例如，广西农科院将水稻品种转化收入的 70% 奖励成果完成人，曾有两名完成人的年收入达到百万元，这是过去从来没有的。这样的做法，必然能够极大限度地调动科研人员为企业选育品种的积极性。

对广大种业科研人员来说，这无异于一片空前广阔的事业舞台突然打开，一条通向更大目标的宽敞道路突然铺就。

不仅如此。国家还通过出台种业人才流动政策，借助人才引进、兼职、挂职等形式，促进种业人才、资源、技术向企业流动，种业人才“红利”快速显现。2015 年前后的几年间，300 多名种业科研人才从科研单位向企业流动；一些大型种子企业还不断从国际上引入高端人才，一度达到 80 多人，其中又有不少是在国际跨国公司工作、有国际化经验的先进人才，他们进入国内的种子企业，无疑是对企业创新能力、竞争实力的快速提升。到 2016 年年底，原本“锁在铁皮柜”里的科研成果被改革大量“释放”并有效转化，有 2.7 万项专利、品种等成果在国家种业科技成果产权交易平台上展示，已签约交易额超过 2.1 亿元。

各级、各类科研人员积极性、创造性的充分激发，必然要体现和反馈到重大科研项目的攻关上。对此，《创新意见》考虑得十分周全，攻关的路径和目标也全部明确。

《创新意见》提出，要编制水稻、玉米、油菜、大豆、蔬菜等主要农作物良种重大科研攻关五年规划，制定主要造林树种、珍贵树种等林木中长期育种计划，突破种质创新、新品种选育、高效繁育、加工流通等关键环节的核心技术，提高种业科技创新能力；国家各科研计划和专项加大对企业商业化育种的支持力度，吸引社会资本参与，重点支持“育繁推一体化”企业；要建立育种科研平台，公开招聘国际领军人才，打破院所和企业界限，联合国内研发力量，建立科企紧密合作、收益按比例分享的产学研联合攻关模式。

为贯彻落实上述要求，国家成立了由院士领衔的攻关专家委员会和攻关联合体，汇集了全国 103 家优势种业企业和科研单位、180 多位权威专家，聚焦产业发展重大问题，按照产业链布局创新链，构建了种质发掘、品种检测、商业化育种、品种测试四大平台，有效整合种业优势资源、先进技术和高端人才，协同创新优势得到了有效发挥。通过开展“四大作物”即水稻、小麦、玉米、大豆的良种联合攻关，构建了“政、产、学、研”相结合的育种体系，在机收籽粒玉米、高产优质大豆、抗赤霉病及节水小麦、优质抗病虫水稻等品种选育上取得新突破；改革品种管理制度，开通品种绿色通道和联合体试验，按照绿色发展要求调整审定标准，对作物实行品种登记。到2017年，共鉴定创制抗病虫、抗逆、养分高效利用的绿色优质玉米、大豆种质资源800余份，创制出抗赤霉病小麦育种新材料和新型玉米自交系180多份，选育出节水抗旱、抗赤霉病小麦品种25个，抗倒伏、耐密植的机收籽粒玉米品种8个，优质高产大豆品种12个。

“集中力量办大事”的制度优势，在这些重大科研攻关中得到充分展现，而且展现的并不仅仅是有效的“集中”和强劲的“力量”，还有更重要的、事关“国本”的基础性公益性研究能力和服务能力。

正因为如此，《创新意见》才突出强调要加强种业相关学科建设，支持科研院所和高等院校重点开展育种理论、共性技术、种质资源挖掘、育种材料创新等基础性研究和常规作物、林木育种等公益性研究，构建现代分子育种新技术、新方法，创制突破性的抗逆、优质、高产的育种新材料；国家财政科研经费加大用于基础性公益性研究投入，逐步减少用于农业科研院所和高等院校开展杂交玉米、杂交水稻、杂交油菜、杂交棉花和蔬菜商业化育种的投入；加快编制并组织实施国家农作物、林木种质资源保护与利用中长期发展规划，开展全国农作物、林木种质资源普查，建立健全国家农作物、林木种质资源保护研究、利用和管理服务体系，启动国家农作物、重点林木种质资源保存库建设；科研院所和高等院校的重大科研基础设施、国家收集保存的种质资源，要按规定向社会开放。

到此，中国种业创新体系“合成兵团”联合作战的态势图已经初步绘就。当然，越是大规模的“作战行动”，越是需要可靠的“根据地”，这就是种子生产基地。

《创新意见》还要求，要加快种子生产基地建设，加大对国家级制种基地和制种大县政策支持力度，加快农作物制种基地、林木良种基地、保障性苗圃基础设施和基本条件建设；落实制种保险、林木良种补贴政策，研究制定粮食作物制种大县奖励、林木种子贮备等政策，鼓励农业发展银行加大对种子收储加工企业的信贷支持力度；充分发挥市场机制作用，通过土地入股、租赁等方式，推动土地向制种大户、农民合作社流转，支持种子企业与制种大户、农民合作社建立长期稳定的合作关系，建立合理的利益分享机制；在海南三亚、陵水、乐东等区域划定南繁科研育种保护区，实行用途管制，纳入基本农田范围予以永久保护；研究建立中央、地方、社会资本多元化投资机制，建设南繁科研育种基地。

这里特别提到的“南繁科研育种基地”，是指位于海南省三亚海棠湾的国家南繁科研育种基地。

自 1956 年第一批种子科研工作者踏入这片热土算起，已有 60 余年。如今，三亚南繁基地已成为中国农业科技和国家种业的“硅谷”，每年都有数千名科研工作者活跃于此，并吸引了非洲、东南亚、南美洲等地区的科学家前来选育品种。

为了充分发挥这些优势，《创新意见》明确要求："海南省有关部门负责编制南繁科研育种基地建设项目可行性研究报告，按程序报批，国家对水、电、路等基础设施建设给予补助。科技部在安排有关科研项目时给予倾斜；国土资源部门要强化对南繁科研育种保护区用地的支持、保护和管理；海南省人民政府和农业部要加强对南繁科研育种基地的使用管理。"

这些政策规定、动作措施的作用十分明显。回首国家"一五"规划期间，农业科技进步的贡献率仅为 20%，而到 2014 年就已达到 56%，标志着我国开始迈入世界农业科技大国行列，特别是水稻、小麦、玉米这三大粮食作物原生质体培养技术，已经与国际先进水平同步，超级稻研究和新品种选育则居国际领先水平；一大批高产、超高产、抗逆、广适性的超级稻、杂交小麦、杂交玉米等粮食新品种被选育推广，为提高我国粮食单产做出了巨大贡献。

新品种的选育推广步伐也由此大大加快。2016 年，我国种子新品种权申请量达到 2523 件，比 5 年前翻了一番，位居国际植物新品种保护联盟成员第一；全国自主选育品种面积占比达到 95%，国产品种主导地位进一步增强。到 2020 年年底，我国农作物良种覆盖率已由新中国成立初期的不足 0.1% 提高到 96%，主要农作物品种已经更换了 6 ~ 7 次，商品种子供应率已由 20 世纪 90 年代中期的 30% 提高到 60% 以上，小麦由过去主要靠农民自留种发展到近 70% 的商品供种。

举国动员下，种业创新体系的威力，由此可见一斑。

这一切，都是那么令人欣喜；而这一切，又都是得益于国家在种子产业法规制度建设上付出的不懈努力。

持续提供坚强法治保障

中国种业10年间采取的战略举措、引发的巨大变化，涉及各个领域、各个层面，目标远大、任务繁重、内容庞杂。之所以能够始终沿着健康规范的轨道一路前行，一个至关重要的原因就是法规制度的不断完善和法治保障的不断加强。

这其中，最值得一书的，是新种子法的颁布实施。

2000年，为了更好地保护和合理利用种质资源，规范品种选育、种子生产经营和管理行为，保护植物新品种权，维护种子生产经营者、使用者的合法权益，提高种子质量，推动种子产业化、发展现代种业，促进农林业发展，保障国家粮食安全，《中华人民共和国种子法》（下文简称《种子法》）应运而生。2000年7月8日，经第九届全国人大常务委员会第十六次会议通过，自2000年12月1日起施行。

当时，我国种业正处在由计划体制向市场经济转变、全面实现政企和事企分开的发展阶段，《种子法》的颁布实施，对发育多元市场主体、搞活种子市场发挥了重要作用。甚至可以说，种业是农林各产业中较早实现依法治理的领域。

但是，无论是法规还是政策，只要把成文确定下来，很快就会在不断发展的形势面前逐步陷入“相对滞后”的境地。这是一种自然规律，客观存在，无法回避。

自颁布后就发挥关键作用的《种子法》，也同样如此。

不到 10 年，大家便发现有“四个不可逆转”在出现，即我国因人口增长和消费水平提高产生的农产品刚性需求扩大趋势不可逆转、因城镇化加速产生的耕地和水资源紧约束不可逆转、因比较优势丧失而产生的国内大宗农产品价格与国际市场价格倒挂不可逆转、因上述原因导致的农产品进口扩大趋势不可逆转。

要想缓解这“四个不可逆转”，关键就是要靠发展农业科技，而农业科技的重点，只能是作为农业核心竞争力的种业。而种业在《种子法》颁布实施后，又逐步面临了什么局面呢?

简单说，就是种业在体制机制、管理等方面，与发展现代种业、实现农业现代化的要求不相适应。尤其是在事关发展质量、水平和规模的育种创新上，出现了“四多四少”，即：选育的品种多，但突破性的品种少；通过审定的品种多，但较大面积种植的品种少；高产品种多，但综合性状好、品质高、抗逆性和适应性强的品种少；适合人工劳动的品种多，但适合机械收割的品种少。

似曾相识。因为问题还是那些老问题、弱点还是那些老弱点，都没有从根本上得到解决。

当然也有新出现的问题，比如在制约现代种业健康规范发展的植物新品种保护上，法律法规不够健全的短板日益突出，品种权人的合法权益常常得不到有效保护，这与国际植物新品种保护发展的大趋势是严重脱节的。政府并不是没有在种子市场监管方面无所作为，但总体上执法力量偏弱，监管技术和手段落后，对违法行为的处罚力度也比较轻，导致违法成本低、违法行为多。

长此以往，如何与国际真正接轨？如果在瞬息万变的世界种业发展大潮中站稳脚跟并赢得战略主动权？

毕竟，中国正在扩大改革开放，中国种业也正在走向世界并迎接国际种业的各种挑战。但平心而论，与这样的高难度要求相比，中国种子企业的竞争力虽然出现较大发展，但依然还没有脱离初级阶段。大批种子企业进入市场只有 10 多年时间，虽然数量不少，但大多还没有完成重要的原始资本积累，生产经营规模普遍偏小。

于是，国外种子企业通过并购、独资或合资、设立研发机构等方式进入我国种业呈加速趋势，并且由园艺作物向粮食作物拓展、由生产经营向科研育种延伸，国内种业空间不断受到挤压，甚至在某些方面被完全碾压。

凡此种种，都要求必须要加强对中国种业发展的法治化保障；也都在表明，修改《种子法》已是大势所趋。

那么，应当按照什么样的原则和思路来修改《种子法》呢？主要有 3 条。一是着力搭建现代种业制度框架，完善以产业为主导、企业为主体、产学研结合、“育繁推一体化”的现代种业法律制度；二是坚持市场配置资源决定性作用的发挥与政府严格监管的有机结合，坚持市场化改革方向，划定政府监管边界、明确监管职责，建立市场导向下的严管模式，主要由市场决定种业的资源配置，除公益性研究外，其他都通过市场竞争优胜劣汰；三是把握“转型升级”的度，体现“渐进式”和“小步快跑式”的改革路径，务求循序渐进，避免急于求成、拔苗助长，同时要做到既学习借鉴国际先进管理经验，又不盲目照搬。

终于，自 2011 年起即展开相关调研工作、历时 5 年之久才修订完成的新《种子法》修订草案，经第十二届全国人大常委会第十七次会议于 2015 年 11 月 4 日表决通过；2016 年 1 月 1 日，包含 10 章共 94 条内容的新《种子法》，正式实施。

新《种子法》，将党中央、国务院关于我国种业发展的方针政策，以及被实践证明行之有效的做法转化为法律规范，共涉及种质资源保护、种业科技创新、植物新品种权保护、主要农作物品种审定和非主要农作物品种登记、种子生产经营许可和质量监管、种业安全审查、转基因品种监管、种子执法体制、种业发展扶持保护和法律责任 10 个方面的内容。

归纳起来，新《种子法》有 3 个突出亮点。一是鼓励创新发展。提升新品种保护的法律地位，提高对侵权假冒行为的民事赔偿标准和行政处罚力度，赔偿额由原来权利人实际损失或侵权人获利的 1 倍提高到 3 倍，罚款金额由货值的 1 ~ 5 倍提升到 5 ~ 10 倍。二是推进简政放权。审定作物数量由 28 种减到 5 种，品种管理的行政许可事项也相应减少，合并了种子生产和经营两项许可；鼓励企业培育具有自主知识产权的新品种，为符合条件的“育繁推一体化”企业开辟品种审定绿色通道；简化引种程序，将“同意”改为“备案”。三是保护农民合法权益。加强种子执法和监管，惩处侵害农民利益的违法行为；加大对生产经营假劣种子的处罚，罚款金额由违法所得的 5 ~ 10 倍提高到货值的 10 ~ 20 倍。

如果说修订前的《种子法》是种业在从计划经济到市场经济发展时的阶段性的顶层设计，那么，新《种子法》就是发展现代种业在制度上的顶层设计，其意义是重大和深远的。

围绕贯彻落实新《种子法》，国家还做了大量辅助性的法规制度政策建设工作。有些配套的建章立制工作，是与《种子法》的调研和修改工作同步展开的。这其中，就包括受广泛关注的《中华人民共和国植物新品种保护条例》及《实施细则》的最新修订版，于 2014 年 4 月 25 日由农业部正式发布。同时修订发布的，还有至关重要的《农作物种子生产经营许可证管理办法》和《主要农作物品种审定办法》，以及新制定的《主要农作物品种区试办法》《农业植物品种命名规定》等。

事关种业发展规范化、标准化水平的种业监管标准体系，也在加快构建。先后制定 170 多个涵盖种子质量、真实性、转基因检测等标准，建设农作物品种标准样品库，改善 200 多个测试检验机构条件，为打假维权提供了支撑。更重要的是，搭建了种业大数据平台，汇集了品种审定、品种登记、品种保护、品种推广等各项种业行业数据，实现了可追溯监管，有力地震慑了不法分子。

新《种子法》及一系列配套条例、细则、办法、规定、标准的相继修订和推出，“种子执法年”等一系列专项执法行动的展开，无疑是为种业的发展撑起了法治化管理的“防护罩”、提供了规范化发展的“助推器”，中国种业随即迎来了高速发展期。尤其是深化体制改革、加快科技创新、推进法治建设3方面的共同发力，在推动品种创新、供种保障、依法监管等方面取得显著成效，新品种选育推广步伐更是大大加快。2016年，我国新品种权申请量为2523件，比2011前翻了一番，位居国际植物新品种保护联盟成员第一。2019年，我国受理农业植物新品种权申请首次突破5000件，相当于国家开放受理植物新品种权以来最初10年申请量的总和，且年度申请量连续3年位居世界第一。

曾几何时，我国有77%的种子企业被剽窃。有的重要作物新品种，我国的专家历经10余年辛苦钻研才孕育成功，而且一举打败了曾一度垄断中国市场的“洋种子”，却在很短时间内就败给了“李鬼”们剽窃而成的“仿种子”。

诚然，维护种业健康规范发展不可能一蹴而就，试图不劳而获的潜在违法者也始终层出不穷，违法者与执法者之间的“战斗”更不可能永远停息。不过，虽然种子知识产权保护工作依然任重道远，但违法侵权者肆意妄为甚至胡作非为、扰乱市场、破坏发展而难以受到有效惩处的时代已经过去了。仅2017年，假劣种子案件比新《种子法》实施前减少48%，侵权案件减少36%。更何况，《中华人民共和国民法典》的颁布实施，尤其是其中对知识产权保护的明确规定，无疑又为我国种业科技成果知识产权的保护工作，增添了一个全新而有力的法律武器。

2011年以来，特别是自党的十八大以来，我们可以说，正是持续完善的法制体系、不断加力的法治建设，才使得国家层面的战略布局、种子企业的成长壮大、面向未来的创新攻关，都得到了全面而强劲的保障。

中国种业，也在壮大自身实力、抵御外来“进攻”、确保粮食安全、护牢“中国饭碗”的过程中，取得了更加辉煌的骄人成就，做出了更加重要的巨大贡献。

第六章 骄人业绩

——中国种业的突出贡献

七十年筚路蓝缕，七十载春华秋实。时至今日，已经没有人可以忽视中国种业为推动农业发展、确保粮食安全所做出的重要贡献。尤其是党的十八大以来，随着国家从战略层面密集做出重大部署、采取果断措施，中国种业迅速进入整体迈进的可喜局面。

于是，我们便自豪地看到，中国种业取得了辉煌成就，做出了重要贡献。当然，由于中国种业成就多多、领域多多，受篇幅所限，本章仅从自主品种、种业基地和种质资源保护 3 个最具基础性、战略性、长期性的关键方面，略加阐述。关键是，这3个方面是相辅相成、不可分割的。

自主品种担当大任

我们先来看一组令人振奋的数字。

2020 年，我国粮食总产量达到 66949 万吨，比 2019 年增加 565 万吨，增长 0.9%，再次实现大丰收，创下了“十七连丰”的纪录。其中，作为主要谷物的小麦和水稻，2020 年的播种面积分别比 2011 年减少 2700 万亩、393.6 万亩，但产量却分别增加 1300 万吨、897.7 万吨。

一方面是播种面积大量减少，另一方面却是产量大幅增加，这一减一增背后的力量，只能是贯穿于育种、栽培、灌溉、施肥、防灾、病虫害防治、收割等各个环节之中的现代科技。而育种科技，又是其中最具有基础性、根本性的关键一环。

对中国来说，平时用量最大、大家最为熟悉的，事实上也是最重要的谷物，主要就是小麦、水稻、玉米和大豆。那么，就让我们看看这些年来，中国育种科技在这 4 种谷物新品种培育和应用中，取得了哪些成就吧。

咱们先说小麦。

作为世界上最大的小麦生产国、消费国，我们的生产品种全部都是国产自育，不再依赖国外的种子了。这是了不起的一件事！

截至2020年，我国小麦年总产量连续6年超过1.3亿吨，而且平均亩产量由2011年的322.55千克增长到2020年的382.8千克，增长了60千克，增幅达18.68%，年均增长1.87%。能获得这么高的产量，根本原因就是我们拥有了一批具有国际领先水平的小麦新品种。而这，主要是以中国农科院为首的各个育种团队，在“十三五”期间围绕小麦全产业链开展的“藏粮于技”的重大科研项目攻关所取得的丰硕成果。

我们来了解一下这些功不可没的小麦新品种吧。当然，由于新品种为数众多，我们只能简单介绍几个“代表”。

比如“中麦175”。这是我国第一个同时通过国家水地和旱肥地两类区域审定的、水旱兼用型品种，实现了我国冬小麦育种的新突破，是北方冬麦区推广面积最大的品种，尤其适合在黄淮冬麦区的山西省晋南、陕西省咸阳和渭南、河南省的旱肥地及河北省、山东省的旱地种植，而且还适宜在北方冬麦区的北京、天津、河北中北部、山西中部和东南部的水地种植，就连在新疆阿拉尔地区的水地也可以作为冬麦种植。

再比如“中麦5051”。它破解了我国北方麦区以往强筋小麦“不抗寒”和“不优质”的难题，亩产达到551千克，在2016～2017年度参加良种攻关黄淮冬麦区北片水地组区域试验时还曾创下平均亩产超过565千克的纪录，适宜在黄淮冬麦区北片的山东省全部、河北省保定市和沧州市南部及以南地区、山西省运城和临汾市的盆地灌区种植。

还比如“中麦578”。它作为得到中国农科院重大科研任务和国家重点研发计划项目资助的新品种，历时20年才选育完成，2019年通过了国家审定。2020年，这个新品种在河南省焦作市修武县的高产示范田进行了现场实打验收测产。现场用联合收割机随机收获1个样点，实收面积1.135亩，除去杂质后，按国家粮食入库安全含水量13%，折合平均亩产841.5千克，创下了黄淮麦区的高产新纪录。在漫长的多点试验和大面积展示示范中，这个新品种表现出了高产、早熟、抗倒伏，抗病、抗逆、适应性广，优质、强筋且品质稳定等突出特点。用它做出来的面包的品质，已经达到了进口优质“加麦”（即加拿大优质小麦）的水平。

如果说与国外小麦对比缺乏说服力，那我们就来看看我们国民，特别是长期食用国产小麦的关中居民的看法吧。

由于地理环境优越，尤其是受秦岭的保护，关中平原历来都是传说中的“风水宝地”。西安能够成为“十三朝古都”，也是基于这个原因。自从小麦在关中地区大面积播种之后，关中的人民就喜欢上了小麦面粉制作的各种美食，比如“蘸水面”。这是一道特色鲜明的地方美食，是用优质强筋小麦面粉做成的佳品。特别是作为国内首个国家级农业高新技术产业示范区的杨凌的蘸水面，由产自杨凌两所高校选育的优质强筋小麦品种、经多道工序精制而成，因为用这些小麦做成的面团确实具有“易拉伸、有弹性、不断条”的优良品质，令人向往、食之难忘。

1985年，由中国科学院院士、国家最高科学技术奖获得者、位于杨凌的西安植物研究所李振声所长领衔研发的优质小麦品种“小偃6号”，一举获得国家发明一等奖。目前，它已成为我国小麦育种的重要骨干亲本，衍生出50多个品种，包括大名鼎鼎的“陕农229”“西农979”“西农511”等。特别是“西农979”，在陕西种植面积超过1700万亩，已遍及陕西、河南、安徽、江苏、湖北、河北、重庆7省、市，成为全国第三大种植品种，即使遭遇干旱，“西农979”亩产500千克依然不是问题。而同样位于杨凌的西北农林科技大学王辉教授主持繁育的小麦新品种“西农226”，对面条口感、品质的科技贡献率也功不可没。

近年来，以推进现代农业科技创新发展为己任的杨凌农业高新技术产业示范区，依托自有人才队伍和建设院士专家工作站，培育出了一批具有自主知识产权、深受农民和市场欢迎的本土优良品种。时至今日，通过国审的“西农979”“西农511”“武农981”“武农988”等优良品种，都在将国人的目光拉向杨凌这个“农科城”。

接下来，我们再说说水稻。

目前，我国水稻年播种面积保持在4.5亿亩左右，稻谷总产略有增加，2020年达到2.12亿吨，比2016年增加2.4%。而水稻亩产量则由2016年的457.4千克，增加到了2020年的469.6千克，增幅达到2.7%。

和小麦一样，我国水稻之所以在播种面积有所减少的情况下，单产、总产不断增加，也是因为不断有新的水稻品种被选育成功、投入应用，而且目前水稻用种也全部实现了国产自育。

“十三五”期间，中国农科院培育的水稻新品种中，有74个通过审定。其中，国审品种有23个。比如中国水稻研究所组织选育的“华浙优261”香型优质杂交稻，是典型的优质、高效、广适性新品种，达到了农业行业《食用稻品种品质》规定的标准一级。它不但产量高，而且还有一个更大的优势是米质优，整精米率达到70%以上，所产稻米细长透亮、口感甚好。同样由中国水稻研究所选育的“嘉禾优7245”粳型三系杂交水稻品种，味道软、糯、弹、香、滑，而且拥有产量高、抗稻瘟、抗飞虱等显著优点。还有“中嘉早17”，长期位居南方籼稻推广面积首位，2010～2019年累计推广面积超过6500万亩。再比如近年来太湖流域培育的软米，基本接近日本大米的品质。由中国水稻研究所、湖南农科院、广东农科院选育的籼米，有些品种已经具备了泰国香米的味道。

这些都充分说明，中国自育大米的品种，不但在向着“高产”的方向迈进，而且还在朝着“优质”的目标发展；让人们觉得好吃的大米品种，并不仅仅是上述几种，而是已经成为一个普遍现象。过去，人们在街头饭店、单位食堂吃米饭时，总会觉得“这米饭怎么味同嚼蜡，口感太差”，而现在，这种情况已经很少见了。哪怕是一个路边的小餐馆，端上来的米饭味道都差不到哪里去，甚至大多数都让人觉得很好吃。

说到中国水稻的高产，就不能不提到杂交稻；说到杂交稻，就不能不深切缅怀伟大的“杂交水稻之父”、中国工程院院士袁隆平。

1964 年，经历无数挫折之后的袁隆平以超常的耐心和高超的水准，在湖南发现了一株天然雄性不育株水稻。经人工授粉，结出了数百粒第一代雄性不育株种子，开启了现代杂交水稻研究的大门。1974 年，第一个杂交水稻强优组合“南优 2 号”培育成功，亩产 623 千克，超出原本稻种的 1 倍多。到了 1988 年，全国杂交水稻种植面积近 2 亿亩，增产 100 亿千克以上。而在 2020 年的 11 月 2 日，一个更加让人激动不已的消息从湖南传来，第一代杂交水稻——双季稻晚稻现场测产平均亩产 911.7 千克！加上此前测得的早稻平均亩产 619.06 千克，双季稻亩产量达到 1530.76 千克，实现了袁隆平双季稻“亩产 1500 千克”的新目标，再次刷新了杂交水稻亩产纪录。而第三代杂交稻，也在 2019 年取得重大突破，平均亩产达 1046 千克，远超我国晚稻平均亩产 398 千克的水平。

袁隆平对水稻高产的探索，并没有局限于传统意义上的稻谷生产地，而是在向更大范围拓展，包括那些似乎不可能长出水稻的沿海滩涂盐渍地及某些内陆地区的盐碱地。于是，被称为“海水稻”、能够抗盐抗碱的新型水稻便横空出世了。

2018 年，袁隆平团队在位于阿联酋迪拜的沙漠里种出了“中国海水稻”，最高亩产达到 520 千克。这是全球首次在热带沙漠实验种植水稻取得成功，标志着在沙漠里面最严酷的环境条件下，杂交水稻能够生长并收成，为西亚沙漠干旱缺水地区及广大非洲干旱地区提供了成功的样本。

2020 年，袁隆平团队在山东、青海等 10 个地区启动了“海水稻”万亩片种植示范，10 万亩“海水稻”平均亩产稳定超过 400 千克，远高于预计 300 千克的“及格线”，而且在江苏某盐碱类型地区达到了 802.9 千克的新纪录。2020 年 10 月，位于新疆喀什地区的“海水稻”试验基地 300 亩“海水稻”完成收割，每亩产量 548.53 千克；2020 年秋，在北纬 46° 的兴安盟，“海水稻”亩产再破 500 千克……这是真正的意义非凡。我国粮食耕地仅有 18 亿亩，但还有 15 亿亩的盐碱地仍处于荒芜状态，而其中至少有 2 亿亩可以进行稻作改良。

袁隆平先生在世时，曾多次深情地说：“我虽年近 90，仍心怀两个梦想。一个是禾下乘凉梦，就是不断追求高产，通过大家的共同努力，现正逐步变成现实；另一个是杂交水稻覆盖全球梦，让杂交水稻造福世界人民。全球现有水稻 1.6 亿公顷，如有一半种上杂交稻，则可增产 1.6 亿吨粮食，多养活 5 亿人口。”如今，他虽然已经永远离开了我们，但他对全球粮食特别是稻谷发展所做的不可磨灭的重大贡献，我们不会忘记；他长期怀有的两大梦想，也一定会在一代代接班人手中成为现实。

说完了水稻，接下来我们再说说中国的玉米。

不能不承认，我国每年播下的玉米种子，还没有像小麦、水稻品种那样全部实现国产自育，但这是有历史原因的。

玉米，是明朝时期从南美传入中国的。经过数百年的发展，已经成为我国的第一大粮食作物。玉米的播种面积，已经由 2016 年的 5.51 亿亩增加到 2020 年的 6.19 亿亩，总产由 2016 年的 2.20 亿吨增加到 2020 年的 2.61 亿吨，增幅达 18.7%；玉米亩产量也由 2016 年的 398.2 千克增长到 2020 年的 421.1 千克；玉米的总产量，则已占到我国粮食作物总产量的 39.3% 了。

2015 年前后，境外跨国公司选育的玉米品种占到我国玉米播种面积的 15% 左右。而现在，我们国产自育的品种已经提高到 90% 以上了。这个变化非同小可，充分印证了国产自育的新品种不断取得新的突破，尤其是优质专用、绿色高效的自育品种大幅度增加。

这项工作，难度非常大，原因就在于我国并不是玉米的原产起源地，因此玉米自然种质资源的丰富程度与很多国家相比都有较大差距。当然，小麦也是外来品种，但小麦却在中国走过了数千年的传播历程，经受过各种自然环境的考验和无数代农民的选育，这是只在中国生长了几百年的玉米所不能与之相提并论的。

也正因为如此，我们对于玉米的育种研究才不甘落后、急起直追。“十三五”期间，中国农科院先后选育成功“中单 123”“中单 685”“中玉 303”“中单 111”等新品种 10 余个，而且普遍具有高产、抗逆、宜机收的优良品质。如“中单 111”就在内蒙古突出地表现出了早熟抗倒、籽粒含水量低、落粒损失率低等优势，可以实现高质量籽粒直接收获，亩产量达到 969.2

千克。同样是这个“中单 111”，还曾在新疆创下亩产超过 1570 千克的纪录。此外，中国农科院还构建起了以密植增穗增产、高质量群体构建、病虫害绿色防控、机械粒收与全程机械化作业、秸秆还田为主的玉米密植高产全程机械化绿色体术体系，2020 年又凭借玉米高产新品种 MC670 在新疆创下了亩产 1663.25 千克的新纪录。

最后，我们再谈谈情况有点特殊的大豆。

为什么说大豆的情况有点特殊呢？主要是因为大豆并不是实际意义上至关重要、不可或缺的“口粮”，因此它不可能拥有像小麦、水稻、玉米那样的“地位”。而在我国耕地资源、水资源都相对有限的前提下，为了保障口粮的绝对安全，我们在粮食作物的宏观布局上是优先保障小麦、水稻和玉米的，这就必然导致大豆种植被“边缘化”。

较为明显的是，“十二五”期间，大豆在我国东北地区中南部、黄淮海地区中北部的种植面积严重萎缩，而这些地区是非常适宜种植大豆的。大豆的生长，需要合适的“立地条件”，即植物生存所需要的土壤、水分、气候、空间、光温等组合而成的外部环境。但就在“十二五”期间，有些大豆立地条件特别是光温条件较差的东北北部高寒地区和旱涝较重、土壤板结的黄淮海南部，反而成了新的大豆集中产区。也就是说，尽管我国大豆播种面积从 2016 年的 1.14 亿亩增加到 2020 年的 1.48 亿亩，但大豆的整体立地条件并没有改善，相反还恶化了。就像有的大豆产业技术专家所讲的那样:“好地都给了小麦和水稻,碎一点的地给了玉米。最差的，给了大豆。”

那么，在如此恶劣的环境下，我国的大豆产量还能增长吗?当然能，而且是非常能！自 2016 ~ 2020 年，我国大豆总产由 1360 万吨增加到 1960 万吨，增幅为 44.1%；大豆亩产量，则由 119.75 千克增加到 132.4 千克，增幅达到 11%。

这是因为，我们中国有一大批大豆育种专家在坚持不懈地奋斗着！“十三五”期间，仅中国农科院就审定大豆新品种 40 余个，其中“国审”品种 11 个，品种适宜种植区域北至内蒙古和黑龙江第五积温带，南达广东雷州半岛，覆盖了我国的三大大豆产区。像“中黄 37”，因蛋白质含量高、籽粒大、外观商品性好，而成为黄淮海地区的主栽品种之一，年推广面积在 100 万亩以上，已经累计推广 700 万亩；像“中黄 30”，因能够抗旱耐阴，适宜间套作种植，成为西北地区主栽品种；像“中黄 13”，因适于密植，抗倒伏性强，推广面积已经突破 1 亿亩；像“中黄 901”，因早熟高产，能够抗灰斑病，成了东北北部地区的适宜品种;像“中黄 39”,也因性状突出而成为我国种植区域跨度最大、从北纬 20° ~ 40° 都适宜种植的优良大豆品种。还有像“合农 95”“黑农 84”“绥农 44”“齐黄 34”等大豆新品种的成功选育和大面积推广种植，再加上大垄密植、浅埋滴管、免耕覆秸等先进技术模式日趋成熟，都使得小面积高产纪录不断被刷新，大面积高产典型不断出现。

现在，尽管我们国家每年都要进口大量大豆，2020 年的进口量甚至突破了 1 亿吨，但是进口大豆主要用途是压榨加工，其中 20% 成为豆油，80% 成为豆粕用作畜禽养殖饲料。进口如此之多，是由于我国可用于优质大豆种植的土地面积没那么多。至于我们的食用大豆，则是完全自给了。

在国产自育的这些主打粮食作物品种中，无论是小麦、水稻，还是玉米、大豆，支撑和推动其发展壮大的，正是功勋卓著、已经分别取得一批重要突破的现代育种科技。

比如在小麦育种基础研究上，中国农科院作物科学研究所首次攻克利用冰草属优异基因改良小麦的国际难题，创制了一批多粒、广谱抗病性强且产量高的育种新材料；克隆抗旱基因，培育的抗旱小麦水分利用率提高 15% 以上、产量提高 10% 以上。而在小麦基因组测序、基因克隆、高通量分子标记检测、转基因、基因编辑和分子育种技术等方面，中国农科院已经在与欧美发达国家保持同步，部分领域处于领先水平。

比如在水稻育种基础研究上，中国农科院通过建立功能基因组学、蛋白组学、代谢组学等研究平台，成功解析水稻产量、外观、柱形和抗性等重要性状形成的分子基础，建立了“分子模块”到“设计型品种”的现代生物技术育种创新体系，整体处于国际领先水平。此外，中国水稻研究所还利用基因编辑技术，首次建立了可固定杂交种子优势的水稻无融合生殖体系，成功获得水稻克隆种子，显著降低了水稻生产成本。

比如在玉米育种基础研究上，中国农科院开展了玉米种质资源保护与创新研究，建立了我国玉米种质资源安全保护体系，安全保存 3 万余份种质资源；搞清了我国玉米种质资源的多样性，提示了现代玉米育种过程全基因组选择与遗传改良规律；成功克隆了多个与玉米株型建成、耐密性、耐盐、抗粗缩病与抗倒伏性紧密相关的基因，阐明了遗传机制；开发了从基因组 DNA 序列预测基因表达调控模式的人工神经网络模型，为实现人工智能辅助定向育种奠定了基础，驱动了玉米种业的全新发展。

比如在大豆育种基础研究上，中国农科院的国家种质库保存了世界上最多的大豆种质资源，深入开展了大豆优异种质挖掘、创新与利用攻关，都取得了显著成效。该院与专业高校合作，克隆了研究者们寻觅了近半个世纪的大豆长童期基因 J，找到了改良大豆短日高温适应能力的分子靶点，为中高纬度地区的优良大豆品种改造提供了技术支撑，对发展低纬度地区大豆生产、拓展大豆品种种植区域、提高植物蛋白保障能力具有重大意义。

还有谷子、绿豆、红小豆、高粱、荞麦、油菜、白菜、辣椒、黄瓜等杂粮及油料作物、蔬菜等的育种攻关，也同样有着值得自豪的突破性进展。截至 2019 年上半年，全国选育农作物品种 4 万多个，申请植物新品种保护达到 2.7 万个，授权品种超过 1.1 万个；2018 年，品种权申请量 4854 件，位居世界第一。“十三五”期间，全国共审定各类型品种 1.68 万个，比“十二五”期间增加 117%。

基础研究屡获突破，新优品种成批涌现，始终引领我国主粮育种工作沿着正确的方向阔步迈进。而这，正是我们泱泱大国确保粮食安全的关键支撑。

那么，是什么在支撑、保障和推动中国种业在新品种培育上不断迈出令人欣慰的步伐呢？是持续建设发展60多年、目前遍布全国各地的种业基地！

种业基地遍地开花

2012年12月16日，国务院办公厅颁发《全国现代农作物种业发展规划（2012～2020年）》，提出要在海南、甘肃、四川建设3个国家级种业基地，即南繁基地、西北杂交玉米种子生产基地和西南杂交水稻种子生产基地。其中，建成最早、成果最多、贡献最大、影响最广的，就是位于海南省南部的国家南繁科研育种基地，简称南繁基地。

在本书的上一章里，我们曾提到过国务院下发的关于《深化种业体制改革 提高创新能力的意见》中，专门就加强南繁基地建设提出了明确要求，并对这个基地做了简单介绍。

为什么是海南？原来，海南作为中国第二大岛，自北纬18°以南的三亚、陵水、乐东等部分区域冬春季节气候温暖湿润，拥有广袤肥沃的土地，堪称农作物的天堂。尤其是这里保有的多达4.7万份、居世界领先地位的热带作物种质资源，更是如同宝库般弥足珍贵，其中最出名的当属“野败”，即野生的雄性败育水稻。

正是这个名字颇有乡土气息的“野败”，直接促成了中国杂交水稻培育的成功。据统计，截至2019年，南繁杂交水稻在全国累计种植面积超过3亿公顷，占全国水稻种植总面积的60%以上，累计增收稻谷 4.5 亿吨；我国杂交水稻种子年出口约 4.7 万吨，占全国种子出口量的 95% 以上。而杂交稻育种植研究工作，100% 要经过南繁。正因为如此，袁隆平院士才会动情地说："杂交水稻的成功，一半的功劳应该归功于南繁。南繁可将育种周期缩短 50%，使超级稻单产不断取得突破，时间至少提前 12 年。"

在中国的其他地方，寒冬时节植物生长常常受限，对育种来说尤为不利。而在海南这个由大自然赐予人类的天然温室中，作物的生长是受到"额外呵护"的。总体上讲，育种年限可以缩短 3 ~ 4 年，育种周期缩短 1/3 以上，能够大幅提高育种效率、质量和水平。

南繁育种工作，最初起步于 1956 年。当时，著名育种专家吴绍骙首次提出"异地培育"理论，就此拉开了南繁育种的序幕。从那时起，每年 9 月至翌年 5 月，先后共有 60 多万名种业科研工作者像候鸟一样不约而同地"飞"到海南，利用那里的优越环境条件和丰富种质资源，开展作物种子繁育、制种、加代、鉴定等科研活动。现在，每年都有来自全国各省、区，700 多家科研单位和种子企业的 7000 多名科研人员，为着一个共同的目标，在这里拼搏奋战。60 多年来，一代又一代的育种科研工作者，用青春、智慧和汗水，繁育出一批又一批优良种子，为"中国饭碗"铸造了最坚实的基础，更为中国创造出用不足世界 10% 的耕地养活世界近 20% 人口的奇迹夯实了根基。也正是这些育种科研工作者的艰苦努力和卓越奋斗，才使得南繁基地拥有了"种业硅谷”的美誉。

更何况，国家对南繁基地的重视与支持从未减弱和中断。2015年，《国家南繁科研育种基地（海南）建设规划（2015～2020年）》出台，南繁基地建设成为事关国家粮食安全的基础性、战略性国家工程。2018年，中央全面深化改革委员会第五次会议审议通过《海南省创新发展战略实施方案》，海南省随即将南繁育制种列入高新技术产业发展重点，设立专项资金，持续支持南繁科研平台建设和科技创新、成果转化……

南繁在突飞猛进，甘肃自然也不会落后。

甘肃省国家级玉米种子生产基地的核心区域，位于张掖市。早在2011年，“张掖玉米种子”就已经成为地理标志证明商标，当时是国内唯一的农作物种子地理标志证明商标。2013年7月，甘肃被确定为国家级三大种业基地之一；也就是在这一年，甘肃省提高基地建设效率、扩大基地建设规模的步伐就已经迈得很大了。当时，农业部与甘肃省政府联合成立了当时全国唯一的国家级种子基地（张掖）管理协调领导小组，推动甘肃按照国家决策部署，实现了标准化玉米制种面积的稳中有增；全年全省制种面积达147万亩，80%以上实现了标准化制种；在作为甘肃种业基地核心区域的张掖，从事玉米种子生产的企业有68家，共落实玉米制种面积90万亩，参与制种农户10.55万户，标准化生产技术已经基本上实现了全覆盖。

张掖属大陆性气候，气候特点是干燥少雨，年平均气温6℃，

1 月最冷，7 月最热。也正因为这样的地理和气候特点，中华民族自古以来都把张掖视为优质粮食生产基地。早在唐朝，就大力发展张掖地区的农业生产，“开置屯田，尽水陆之利，稻丰收稔，一缣数十斛，积军粮数十年”，从而推动河西的国际贸易地位达到前所未有的高峰，使张掖成为中国对外贸易的重要场所。如果不是这些因素，甘肃不可能成为国家级种业基地，张掖也不可能成为四川种业基地的核心区域。到 2020 年，张掖市玉米制种面积常年稳定在 100 万亩左右，占全国的 42% 以上；年产玉米种子超 4 亿千克，占全国的 40% 以上。基本上可以说，全国每 2 粒玉米种子中就有 1 粒产自张掖。

按照甘肃省的有关规划，“十四五”期间将立足现有制种产业优势，抢抓国家把甘肃列为国家三大种业基地的机遇，加大具有自主知识产权的优良新品种选育培育，围绕打造国家级种业基地目标，配套高标准农田建设项目，优先建设一批规模化、机械化、标准化的玉米、马铃薯、瓜果花卉、优质药材良种繁育基地和现代种业产业园；改造提升玉米制种基地 30 万亩，马铃薯种植繁育基地 20 万亩，绿色标准化瓜菜花卉制种基地 15 万亩，推进种业产业化、现代化进程，实现由种业大省向种业强省加速转变。目前，甘肃省各级政府齐抓共管式管理体系的强大效能正在加速显现，不仅有效保证了基地的建设质量，规范了制种市场、保障了农民利益，还为全国其他地区建设“规模化、机械化、标准化、集约化”的基地，提供了足可借鉴的成功经验。

同时，甘肃还将加快构建种业自主创新体系，探索建立与大专院校、科研院所联合攻关创新机制，搭建人才、技术、资金、激励保障平台，开展玉米、马铃薯、瓜菜、中药材、苹果、花卉等农产品新品种的选育培育；加快“河西肉牛”“平凉红牛”“高质高产肉羊”等牛羊新品种、新品系选育，培育具有甘肃省地方特色、拥有自主知识产权的牛羊新品种、新品系。

肩负重要历史使命的张掖，正在持续交出令人满意的合格答卷，优化种业结构、打造全新发展引擎的步伐越迈越快。2020 年，全市共落实农作物制种面积 130 多万亩，其中玉米制种面积 95 万多亩，产种 4.2 亿千克，总产值达到 24.82 亿元；以玉米种业为主导，蔬菜、马铃薯、油菜种业为重点，瓜类、花卉等种业为支撑的农作物种业“1+3+X”产业体系初步成形。全市全年农作物种业带动农户增收 46.5 亿元，优势区农民人均制种产业收入达到 3850 元，占农民纯收入比重达到 23.27%；种子产业直接带动就业人员达 1 万人次，辐射带动就业超过 15 万人次，经济效益、社会效益都十分显著。

进入 2021 年，张掖市农作物种业全产业链产值达到 68.23 亿元，从事玉米种子生产经营的企业达 67 家，从事马铃薯等非主要农作物生产的企业达 110 家，其中育繁一体化企业达 21 家；全市已建成现代化玉米种子加工中心 25 个，蔬菜种子工厂化育苗中心 10 个，平米果穗烘干线 62 条、籽粒烘干线 64 条、加工包装线 38 条，加工能力达到 6 亿千克以上，成为国内最为重要的种子生产、加工技术中心，制种优势产业集群已经形成，制种产业化水平显著提升。2021年年底前，张掖市还将启动玉米种业大数据平台等建设，建成300亩以上的种质资源创制与繁育鉴定基地；引进200个以上各类农作物新品种、100份以上种质资源，鉴定后入库保存；打造高产优质制种玉米技术示范区，建立5个千亩以上高产优质制种玉米示范基地；建成10万亩全产业链服务制种基地，总产量预计4800万千克以上。

甘肃如此，四川又是什么情况？答案同样是欣欣向荣、令人鼓舞。

说到四川的种业建设，不能不重点介绍一下位于“自古称繁庶”之邛崃的国家级杂交水稻种子生产基地“天府现代种业园”。这个种业园是承载四川省农业产业体系先导性支撑产业，即现代种业的核心园区，总面积约100平方千米，主要覆盖6个乡镇（街道）、32个村（社区），其中总部区面积约2.1平方千米。

2019年6月20日，农业农村部、财政部正式发布2019年“国家现代农业产业园”创建名单，作为成都市唯一被推荐对象，天府现代种业园即四川邛崃现代农业产业园成功入选2019年国家现代农业产业园创建名单，成为全国首批以种业为主导产业创建的5个国家现代农业产业园之一。

目前，园区正在围绕强化现代种业创新与成果孵化能力，高品质规划建设承载种业基础能力和公共服务平台，打造10万平方米种业科创空间。作为科创空间的核心，正在搭建的“一库一院五中心”重大功能平台将主要为企业提供检测、创新、创业、博览等服务。其中，“一库”是指四川省种质资源中心库；“一院”是指四川省水稻产业技术应用研究院，是水稻新品种、新技术研发、示范、推广公益平台；“五中心”分别是已经建成投用的国家品种测试西南分中心、四川省种子质量检测中心、种业科创中心和正在建设的种业实验中心和种业博览中心。这里，承载着四川种业的“最强大脑”，折射着四川省、成都市推动高端种业发展的信心和决心。

为了给园区内企业提供更畅通的科技和生产要素，天府现代种业园还引入成都科技服务集团、成都科技创新连线共同组建企业孵化器，目前已经在为入孵的荣稻科技等 11 家企业提供科技金融、创业孵化、科技咨询、知识产权、电商服务等支持。同时，引入重庆农投股权投资基金等省内外优势金融资源，筹建 1 亿元规模的天府种业基金，聚焦以种业为核心的现代农业领域，以股权投资方式助力种业科技成果转化，以及创新型、成长型中小种业企业孵化壮大，提供全生命周期服务。

截至 2021 年，天府现代种业园已聚集 30 家种业及关联企业，建成以 2.8 万亩杂交水稻为主的种业基地 3.5 万亩，年产杂交水稻种子 480 万千克，制种面积和制种量居成都市第一位，制种量占成都市 53%，产品远销东南亚；建成规模化雅南猪、成华猪、丹系猪种场 3 个，中蜂保种场 1 个，年繁殖水产种苗 2.3 亿尾，年生产马铃薯原种 3400 万粒。先后签约中国农科院邛茶产业发展合作协议、省水稻技术应用研究院、省农科院创新转化基地等院校企地类合作项目 11 个，100 亩的国际新品种展示示范区也正在筹备建设之中。

如今的天府现代种业园，早已不是人们传统印象中以手工劳作为主的种子大田了！

一个产业功能区，就是一座高品质生活之城。种业园以景观融合、业态融合与文化融合为内在导向，将“田园美学”融入功能区建设，营造宜业宜居环境。依托高标准农田提升大地景观，以特色种质资源圃和新品种展示示范基地打造种业主题公园，以总部区及周边林盘丰富生产生活场景打造特色林盘生产生活场景；以酷跑廊道、DNA 绿道串联科创空间、主题公园、蔚崍林盘、种业基地，引入破土咖啡、生长餐厅、菁英公寓、蓝门小院等消费场景……这些努力，都使得种业园成为四川省内种业博览展示和研学观光的重要基地。

受益良多的，还有广大农民。天府现代种业园探索推行联农带农“3T”模式，让村集体和村民都享受到产业发展的红利。农房，采用 BOT 即“建设—运营—移交”方式，由园区与农房主签订租约，通过重新包装，场景营造，培育农商文旅体融合业态，做强种业园特色功能配套；农户，采用 COT 即“投资—运营—移交”方式，整合社区集体经济资本入股投资破土咖啡，农户与集体按比例获得投资固定收益，同时组建劳务合作社，推动更多农民实现就近就业；农地，采用 ROT 即“重整—运营—移交”方式，由集体合作社集中流转给种业园综合运营商经营，农户获得土地流转金、产业增值分红和薪金。

展望未来，天府现代种业园计划通过 5 ~ 10 年的努力，紧扣国家城乡融合发展试验区和成渝地区双城经济圈建设机遇，着力构建“产业功能区 + 特色镇 + 川西林盘”空间形态格局，将园区打造成为代表成都、代表四川、辐射西南、面向全国、走向“一带一路”的现代农业产业功能区，擦亮“川种”金字招牌，推动四川省由农业大省向农业强省跨越，助推乡村振兴，逐步建成“国家级现代农业产业示范园区”“中国西南种业中心”“国家种业高地”乃至“国际种业创新示范区”。

正所谓“一枝独秀不是春，百花齐放春满园”。国家对种业基地建设的重视，并非仅仅满足于对南繁、甘肃、四川三大国家级综合性种业基地的支持。就在这三大核心基地进入扩张发展阶段的同时，国家又启动了一批专门类别国家级种子生产基地的建设，作为对核心基地生产能力的扩充和加强。

2013 年 7 月底，农业部下发《关于认定国家级种子生产基地的通知》，首批认定了 31 个市、县为“国家级杂交水稻种子生产基地”、26 个市、县为“国家级杂交玉米种子生产基地”。

31 个国家级杂交水稻种子生产基地，包括了四川省的绵阳市、梓潼县、罗江县、彭山区、安县、江油市、泸县等 9 个市、县、区，湖南省的怀化市、绥宁县、靖州县、武冈市、溆浦县、攸县、洪江市、芷江县等 9 个市、县，以及分布于江苏省盐城市、福建省建宁县、贵州省岑巩县、江西省宜黄县、重庆市垫江县、湖北省公安县、海南省临高县等其他省份的 13 个市、县。

26 个国家级杂交玉米种子生产基地，包括了新疆维吾尔自治区的昌吉州、玛纳斯县、奇台县、呼图壁县等 5 个市县和新疆生产建设兵团的第四师、第六师等 5 个师，还有甘肃省的临泽县、高台县、永昌县、古浪县等 8 个市、县，以及分布于黑龙江、宁夏、吉林、内蒙古、四川等其他省、区的 8 个市、县。

这样的布局，基本覆盖了全国适合种植杂交水稻和杂交玉米的各个重点区域。其背后折射的，则是各个相关省份为发展现代种业科技、建设一流种业基地、壮大中国种业体系的不懈努力。

可以看出，新疆在杂交玉米种子基地布局中所占份额是比较多的。原因就在于，新疆凭借地理、气候等方面拥有海南所不具备的特殊优势，早已发展成为全国种子生产大区和重要种业基地，棉花、西甜瓜商品制种占据全国首位，玉米制种仅次于甘肃。

根据 2018 年 5 月《新疆日报》的报道，近年来得益于种业发展的持续向好，新疆全区棉、糖、玉米平均单产已居全国第一；小麦、辣椒、加工番茄等主要农作物品种良种覆盖率超过 97%，主要农作物品种供给结构趋于优化，优良品种对农作物增产的科技贡献率达 43% 以上，种业支撑成为全区农业发展的战略制高点。截至 2017 年，全区通过审定的小麦、玉米、棉花品种共 728 个，其中小麦 151 个、棉花 295 个、玉米 282 个，全区大宗农作物基本实现了 4 ~ 6 次的品种更新。同年，全区农作物种子生产面积达到 230 万亩，年制种量 7 亿千克。

种业发展不仅对全区农业生产带来积极影响，其自身产业化发展还为全区农业结构优化、农民收入持续提高创造了新的空间。新疆每年生产的种子除了满足本地农业生产需求外，还有 450 吨左右的西甜瓜种子、15 万吨左右的玉米种子和 9 万吨左右的棉花种子销往内地市场。仅 2017 年，全区年种子销售总额 24 亿元，实现利润总额 2.57 亿元；制种业每年可为农民增收 3.86 亿元，成为促进新疆地区农民增收、企业增效、农业和农村经济发展的一大新兴产业。

一系列成绩的背后，是新疆种子产业发展的日趋成熟。近年来，全区种子新品种研发由过去的“单纯依靠科研、教学单位育种”，转向企业、科研和教学共同发展。与此同时，全区种业有关单位部门积极推进产权制度改革，种业规模实力不断壮大，市场在种业资源配置中的作用得到加强，全区注册资金在 3000 万元以上的种业企业有 84 家，为 2000 年的 12 倍！

回过头来看，无论是国家级育种科研基地还是种子生产基地，也无论是省级种业园区还是种业科技孵化基地，都是中国种业建设发展这项宏大事业的“可靠根据地”和“战略大后方”。它们遍布于大江南北，忙碌在春夏秋冬，纷纷在为推进现代种业发展、确保国家粮食安全，发挥着自己的优势，贡献着自己的力量，可谓业绩骄人、成就辉煌。

种质保护功勋卓著

所谓种质资源，是种子中蕴藏的遗传物质的统称。作为基因的载体，它们携带着植物“传宗接代”的所有信号，负责保持和传递植物的原有性状，使一种植物的后代始终还是这种植物而不是别的植物。

对植物来说，种质资源就是改良现有品种、实现种质创新的物质源泉。

人类从远古时代起，为了满足自身生存和发展的需要，始终在从事着种质资源采集、保存和品种改良等工作，努力把具有食用价值的野生植物改良成农作物、将野生动物驯化成家畜，也就是让它们朝着对人类有利的方向变化，并且能够代代遗传。所以，种质资源的收集和保护、利用，被誉为“保存农业文明的火种”。

任何一个国家和地区，都拥有各种各样的种质资源，没有它们，便没有人类的生存和繁衍，这是大自然对人类的馈赠。但是，不同地方的种质资源，又经常会在种类和特性上有着很大的不同。随着人类相互交流活动的不断增加，一个地方的优良种质资源也会被带到另一个地方，在那里生根发芽，为那里的人类提供更多更好的粮食、蔬菜等。

比如原产于中国的谷子和糜子，就是这样。它们在中国北方的驯化栽培历史都在1万年以上，然后向南传到印度、巴基斯坦，向西传到俄国、奥地利乃至整个欧洲，向东传到朝鲜、日本乃至全世界。而我们华夏大地原本没有的玉米、红薯、辣椒、西瓜、西红柿、黄瓜、核桃、蚕豆、芝麻、葡萄、石榴、香菜、胡萝卜、大蒜等一大批作物，又都是通过各种途径从世界各个地区传进来的。可以想象，如果没有这些跨越国家、地区的种质资源的持续交流，我们餐桌上的食物依然是那么单调乏味。

但是现在，情况大不相同了。对有些国家来说，问题严重了。因为随着现代文明特别是科学技术的飞速发展，出现了“知识产权”或者说“专利权”。假如有那么一种植物的种子，性状优良、举世罕见，自古以来，这种种子始终生长在某个国家的某个地方，是当地人们赖以生存的珍贵种质资源，而且可能已经持续了几百年、几千年。突然有一天，这种种子被远在万里之外的某个国家的农业种子专家发现了，专程跑来要走了一些样品。这倒不要紧，因为人类自古以来就是这样做的，拿走就拿走吧，来而不往非礼也，大家共同发展么。问题是，原产地的农民被告知，这种种子不能再留种用于次年播种了，要种植就必须得掏钱买，因为国外的那个种子专家已经申请并拥有了对这种种子的知识产权！也就是说，专利权是人家的，而且是国际认可的，任何人都不得侵犯！

于是，种子原产地的农民就会发现，自己的脖子已经被人卡住了。你想抛弃这种祖祖辈辈辛劳培育并长期种植的种子么？不行！因为只有这种种子性状最好，最适合这里，其他的都比不上。但是，如果不掏钱向外人买，就种不成了，否则就有可能面临大笔赔偿，得不偿失。

冤不冤？冤！

这就是说，拥有某种种质资源，并不等于完全独享了这种资源的使用权；如果不能跟上时代潮流的发展变化，不对自己拥有的种质资源加以认真保护，那种被“卡脖子”的问题依然会不断出现，因为某些科技发达的国家对其他国家种质资源的巧取豪夺，从来都没有停止过。

我们中国，在这方面也吃过好多亏，很大的亏。

但是，我们并不笨也不傻，吃亏上当总是有限度的。事实上，自新中国成立以来，对种质资源的保护工作一直都没有停歇过，而且这种保护工作覆盖了种质资源的各个方面，涉及作物、畜禽、水产和农业微生物等携带农业生物遗传信息，具实际或潜在利用价值的各种载体，既包括古老的地方品种、各地培育的新品种，也包括植物的果实、根、茎、叶、组织，以及动物的胚胎、精液、血液、细胞等遗传材料。

人类农业生产上的所有优良品种，其实都是源于对上述各种种质资源特别是对其中属于“优异者”的发掘和利用。收集保存农业种质资源的价值和贡献，主要分为战略和战术两个方面。

从战略上讲，当自然界物种、品种灭绝或遭遇重大灾难时，只要拥有种质资源库的战略储备，就可以从中重新获取样品，重新恢复和壮大相关物种、品种；从战术上讲，又可以为平时推动农业科技原始创新、获得知识产权、持续提高育种水平、促进产业发展等方面，提供不可或缺的、最为本质和关键的物质基础。同时，还可以通过信息网络、实际展示等多种方式，为全社会提供公共产品和公益服务。

总之，农业种质资源保护具有鲜明的基础性、公益性、战略性和长期性等显著特点，万万忽视不得。我国著名植物种质资源学家、中国工程院刘旭院士曾撰文指出，我国农业种质资源保护和利用的成效是十分显著的。自 20 世纪 50 年代起，我国就按照“广泛收集、妥善保存、深入研究、积极创新、充分利用”的原则，全面启动了作物种质资源研究工作。建立了以长期库为核心，复份库与 10 座中期库和 43 个种质圃为支撑，206 个原生境保护区（点）为补充，种质资源信息网络为基础的国家农作物种质资源保护体系，涉及农作物种质资源、畜禽种质资源、水产种质资源、农业微生物种质资源等各个关键领域。

2020 年 2 月，农业农村部有关负责人在回答记者提问时，又对我国加强农业种质资源保护和利用的情况做了详细介绍，使全社会对这项工作的极端重要性、紧迫性，以及国家在这方面付出的艰苦努力和卓越成就，有了更为全面的了解。

中国作为泱泱大国，是世界上农业历史最为悠久、种质资源极为丰富的国家之一。这些资源，是我国乃至全世界最为重要的农业遗产。特别是新中国成立以来，农业种质资源有效开发利用，农业品种不断推陈出新，农业科技持续进步，粮食单产屡创新高。在这其中，农业种质资源的保护和利用发挥了极其重要和关键的作用。

作用之一，就是保障国家粮食安全的基础作用。到 2019 年年底，我国粮食单产较 1949 年净增 4.6 倍，畜禽、水产品产量长期居世界首位，主要就是得益于品种的持续更新换代；而突破性品种成功培育与推广，无不来源于优异种质资源的挖掘利用。

作用之二，是推动农业科技创新的源头作用。纵观国内外农业史，每次绿色革命的突破，都源于种质资源的发掘利用。上文提到过的“野败”对我国杂交水稻培育所发挥的至关重要的作用，就是一个鲜明的例证。

作用之三，是传承中华农耕文明的载体作用。人类社会发展史，其实就是农耕文明的传承史。中华民族发现、驯化、培育了大量的农业种质资源，这些鲜活的、可延续的种质资源，在传承中华农耕文明、推动人类社会发展过程中发挥了不可替代的作用。

党的十八大以来，我国农业种质资源保护与利用工作更是不断迈出重大步伐、建立卓越功勋。

首先是资源总量持续增加。长期保存作物资源超过 51 万份，居世界第二位；畜禽地方品种 560 多个、水产种质资源近 2 万种、微生物资源 23 万多份，同样位居世界前列。

其次是保护体系加速构建。逐步建立了长期库、中期库、保种场、保护区、基因库相配套，国家级和省级相衔接的农业种质资源保护体系；国家作物种质库新库建设于 2019 年 2 月 26 日全面启动，设计容量为 150 万份，是现有种质库容量的近 4 倍。

第三是开发利用成效明显。通过种质资源鉴定评价、发掘创制，培育推广了一大批突破性新品种，我国农作物自主品种已占 95% 以上，畜禽核心种源自给率达 70% 以上，水产、农业微生物产品均以自主品种、自主资源为主；各个地方的古老、稀有品种，也在推进区域特色产业发展、打造特色品牌、助力乡村振兴方面发挥了重要作用。据不完全统计，近 5 年来，通过农作物种质资源鉴定、评价与利用，支撑产生国家科技类奖项超过 12 项，每年新增经济效益 200 多亿元。

那么，国家近些年在农作物种质资源保护和利用上，具体都采取了哪些动作呢？

最主要的体现，就是先后开展了 3 次全国性的农作物种质资源征集及调查收集工作。

目前，开始于 2015 年的第三次全国农作物种质资源普查与收集行动正在进行之中，2020 年已完成 31 个省（区、市）的全面启动。这次普查，将系统研制农作物种质资源性状描述规范和数据质量控制规范，基本实现农作物种质资源工作的标准化、规范化和全程质量控制。开展大规模的作物种质资源鉴定评价工作，对 30% 以上的库存资源进行抗病虫、抗逆和品质特性评价。同时，开展了种质资源的表型与基因型规模化精准鉴定研究，筛选出一批高产、优质和抗逆性强的种质资源。在全基因组水平上，对水稻、棉花、芸薹属作物、桃、柑橘、苹果、枇杷等农作物的起源、驯化、传播等进行了分析，获得新认识、积累新经验。建立创制规范化遗传稳定、目标性状突出、综合性状优良新种质的技术评价体系，在国际上率先获得小麦与新麦草属、冰草属和旱麦草属间杂种及其创新种质。在此期间，已经首次育成携带冰草属 P 基因组优异基因的“普冰系列”小麦新品种，实现了种质资源为产业整体健康发展提供核心亲本材料的目标。

此外，还构建了种质资源展示和共享平台，这是我们大国胸怀的重要体现，也是公益服务的首要阵地。据不完全统计，目前，年均分发农作物优异种质资源 8.1 万份次，年均信息共享服务 30 万人次，有力保障了新品种的选育和推广；在国际专业学术刊物上发表一批重要论文，支撑一批国家自然科学、技术发明和科技进步三大奖，为保障国家粮食安全和科技进步做出了重要贡献。

当然，我们国家对种质资源的保护和利用，并非仅限于农作物；对于其他方面，本书也略做介绍。

在畜禽种质资源方面，我国先后开展了两次全国性大规模的畜禽种质资源普查，鉴定、收集了 560 多个畜禽地方品种，挽救了包括矮脚鸡在内的 288 个濒危、重要的地方资源，建立了 199

个国家级保种场、保护区和基因库，形成了场、区、库相结合的畜禽种质资源保护体系。国家基因库保存 10 多个畜种、330 多个品种遗传材料共计 82 万多份，位居世界第二，并突破了多项遗传材料冷冻保存技术，成功恢复了延边牛等一批濒危或灭绝的地方资源。超过 50% 的地方资源得到初步产业化开发，培育了一批突破性高繁、优质和抗逆的畜禽新品种配套系，为畜禽种业创新和基础研究提供了有力支撑。

在水产种质资源方面，自 20 世纪 80 年代起，先后开展了 4 次大规模的水产种质资源收集保护研究，基本查明我国分布有鱼类 3685 种、虾蟹类 2351 种、贝类 3914 种、藻类 7002 种、棘皮动物 245 种、两栖类 250 种的种质资源。建立了非原生境与原生境保护相结合的保护框架，非原生境保护体系由 31 个遗传育种中心、84 家国家级水产原良种场、820 家地方级水产原良种场和 35 家种质资源保存分中心组成；原生境保护体系主体为覆盖全国 29 个省（区、市）的 535 处国家级水产种质资源保护区，为 400 多种水产生物的产卵场、索饵场、越冬场和洄游通道等关键栖息场地提供了保护。同时，保存了大量重要水产养殖种类的细胞、组织和活体等实物资源，为开展水产种质资源保护和品种选育打下了基础。鲤、鲫、草鱼、虾、贝类等功能基因的研究处于国际领先水平，生长、品质、抗病、抗逆、性别等重要性状鉴定研究进展显著，应用全基因组选择育成“蓬莱红 2 号”栉孔扇贝新品种，使水产全基因组选择育种研究走在国际前列。

在农业微生物种质资源方面，已经初步形成以综合型的国家级专业农业微生物种质资源保藏机构——中国农业微生物菌种保藏管理中心为主体，以根瘤菌、乳酸菌、芽孢杆菌、菌根菌、厌氧菌、农药降解、食用菌等特色农业微生物种质资源库为互补支撑的种质资源保护框架体系。中国农业微生物菌种保藏管理中心保藏各类农业微生物种质资源 16872 株，由中国农业微生物菌种保藏管理中心牵头、联合国内各领域国家级菌种保藏中心组建的国家菌种资源库库藏资源总量达 23 万余株，备份 320 余万份，其中可对外共享数量达 15 万余株，分属于 2484 个属、13373 个种，资源拥有量位居全球微生物资源保藏机构首位。菌种库平均每年为高等院校、科研院所、企业、政府部门、军事国防部门、个人等用户提供 5 万余株次的菌种实物共享服务，以及 1 万余项次的技术服务，服务用户近万家次，推动了我国生物产业的发展和生物科研的进步……

这是何等的力度、何等的成就、何等的贡献！举世罕见，无与伦比。

但是，无论我们付出怎样的努力，我们面对的都是全世界。而当前世界上的国家、地区和组织，并非都是对我们表示友好的。或者说，有的国家，是最见不得、也容不得中国的发展与崛起的。

于是，无论我们怎么努力、怎么发展，都会面临越来越严峻的形势、越来越复杂的环境。

那么，单就中国种业而言，在我们付出如此多的努力、为世界做出如此多的贡献的前提下，为何还要面临如此重的危机？这些危机都来自哪里、有多么严重？

第七章 遍地狼烟

——愈演愈烈的国际“粮食战争”

说到“战争”，绝大多数人立即会在脑海中浮现出两次世界大战的惨烈场景。事实上，人类自从诞生以来，围绕抢夺土地、掠夺资源、霸占空间而发生的争斗，从来都没有停息过。直到今天，依然如此。

冷兵器时代，人们在战争中使用的武器无非就是拳头、棍棒、石块、长矛、刀斧、弓箭，后来又演变出火铳、燧发枪、火炮，再后来逐步出现了现代手枪、突击步枪、轻重机枪、地雷、榴弹炮、加农炮、火箭炮、军舰、战斗机、轰炸机，直至出现了原子弹、氢弹这样无坚不摧、毁天灭地的核武器。

但是，还有一种特殊样式的战争，早已在世界上悄然出现，有些强势国家，正是通过发动这样的战争，操纵、控制了别国的经济，有时甚至能让一个国家的政府垮台。这样的战争，没有硝烟，没有枪声；它所使用的武器，不是坚船利炮、核武器，而是最能让人放松警惕的一种东西，那就是粮食。

这种粮食战争、粮食武器的核心，就是种子。而我们，在种子这个领域中，并不是无懈可击的。

粮食战争古已有之

公元前685年，齐国发生内乱，国君齐襄公被杀；第二年，谋杀齐襄公并自立为君者也被杀了。此时，最有资格成为齐国新君的是齐襄公的两个弟弟，但他们都在外国长期避难。一个是远在鲁国的公子纠，另一个是他的弟弟、远在莒国的公子小白。

这两位公子各自有师傅，公子纠的师傅叫管仲，公子小白的师傅叫鲍叔牙。鲍叔牙比管仲有钱，管仲比鲍叔牙有才，但他俩是发小，感情极深，以至于后来有了“管鲍之交”这个成语，通俗讲，就是掏心窝子的死党、铁哥们儿。

对公子纠和公子小白来说，谁能抢先回到齐国，谁就是齐国的新君。为了保证公子纠占到先机，管仲专门跑到公子小白回国的路上打埋伏，一箭把公子小白射“死”了。

没想到，公子小白只是装死而已，因为他腰带上有个装饰品把管仲射来的箭挡住了。于是，当管仲陪着公子纠、带着人马不紧不慢回到齐国时，却吃惊地发现公子小白已经抢先回国并成功即位，成了齐桓公。

差点被射死的齐桓公很想立即把管仲抓来杀掉，但鲍叔牙坚决不同意。相反，鲍叔牙还以“管仲才能比我厉害得多”为由，极力劝说齐桓公将管仲收到门下，拜为国相。

鲍叔牙没想到，齐桓公也没想到，春秋时期各诸侯国谁都没想到，世界历史上有记载以来第一个向别国发动粮食战争且不断获得巨大成功的政治家，就此诞生。

管仲在齐国都做了些什么？很多，非常多。除了政治家，还可以称他为军事家、哲学家、法学家、改革家、社会学家、经济学家、农业专家、金融专家、监察专家、水利专家……但咱们现在要说的，就只是他针对别国持续发动的粮食战争。

第一场战争：吞并鲁梁。

鲁国和梁国，都是齐桓公欲占之地，但总是难以成功。尤其是鲁国，竟然把齐军打得大败，连齐桓公都险些丧命。

于是，齐国不打了，转而开始表现得对鲁梁两国盛产的绨特别感兴趣。绨，是一种既有蚕丝又有棉纱的丝织品，虽然不如丝绸光滑，但比丝绸厚实，算是春秋时期的一种高档布料。很快，齐桓公带头穿起了绨服，所有臣下跟着穿起了绨服，全国的老百姓也都开始以穿绨服为荣，齐国的绨布料很快就成为紧俏稀缺物资。

这下可把鲁、梁两国高兴坏了。而且齐国的商人说了，鲁、梁的商人贩来一千匹绨料，就给金三百斤；如果能贩来上万匹，就给金三千斤。接下来，鲁、梁两国迅速扩大绨料生产规模，有多大劲就使多大劲，甚至发展到不征赋税都可以，因为外贸收入就能维持财政开支和生活所需。广大农民更是积极响应国家号召，改田种桑、弃耕产绨！

短短1年时间，鲁、梁两国就富得流油，大批农村人口成为“城镇户口”，几乎所有城市都是车水马龙、熙熙攘攘，繁华无比。

可是令两国意外的是，突然有一天，还是由齐桓公带头，齐国上下全都不再穿绨服，改穿别的了。反正穿什么料子的都可以，就是不能穿绨服，否则严办。不仅如此，齐国与鲁、梁两国的边境贸易也全都关闭了，尤其是粮食出口被严格禁止，一粒都不许出境！

这下两国傻眼了，他们硬撑了10个月，就都熬不住了：没粮吃了！两国国君急令百姓回到田里去种粮食，但粮食可不是种下去就能长出来的，而且很多地方已经彻底弃农种桑，其他的土地也撂荒了。连种子都没有，拿什么去种啊！两国粮价全都持续飙升，关键还买不到，齐国不卖！后来齐国在鲁、梁两国国君的哀求下开始卖粮，但价格却被高高拉起，导致几年来为买绨而自齐国流入鲁、梁两国的巨额财富，又迅速回流齐国。

鲁、梁两国的国库被迅速掏空，国民继续挨饿，挨不下去的就往齐国偷渡。不到两年，变身为齐国国民的鲁、梁两国原国民就有一多半。最后，两国国君实在是撑不下去了，老老实实归顺齐国，成为附庸。

这一切的实际策划者，就是管仲。总共不到3年，齐国就不费兵卒、不动刀枪，谈笑间摆平了两个国家，为齐桓公实现霸主目标清除了第一个障碍。

第二场战争：收服衡山。

春秋时期的衡山，是夹在齐、鲁两国之间的一个弹丸小国。国土面积不大，但本事却不小，因为这个国家的老百姓几乎都以冶炼兵器为生，不但家家不缺兵器，国家还能大搞对外军火贸易。这样的国家，肯定让周边邻国睡不好觉，很是头疼。

但齐桓公不头疼，因为他手下有管仲。按照管仲的计谋，齐国开始向衡山国高价进口各种武器，而且来者不拒、照单全收。至于价格，你衡山国说了算！

这一买，就一口气买了 1 年多，把齐国周边的燕、代、秦、赵等国都吓坏了。你齐桓公这是要干啥？储备这么多兵器，是要把我们都灭了吗？这不行，我们也买！于是乎，衡山国一边鼓励全国百姓全力生产兵器，一边乐呵呵地放胆抬高兵器出口价格，直至升到了过去的 20 倍之多。这个时候，衡山国的农民谁要是再去种地，那就和傻子差不多了。

乐晕了头的衡山国国君完全没有注意到，齐国那边已经在悄悄扎紧勒在衡山国脖子上的绳索了。齐国不但连续 1 年半花高价大肆收买衡山国制造的兵器，而且还连续近半年花大价钱到赵国大量收购粮食：赵国人出价 15 钱，齐国粮商却主动按 50 钱支付。这下可好，周围国家的粮商全都忙着往齐国贩售粮食，直至把所有国家的粮食价格全部抬高 3 倍之多。

突然之间，齐国宣布不再购买衡山国的一刀一剑，连个箭头都不买了，而且还严密封锁边境，断绝一切往来。燕、代、秦、赵等国早都对衡山国高价卖兵器宰人一事心怀不满，也都跟着与衡山国断绝了外交关系，不再收购衡山国的兵器，也不卖粮食给衡山国。

衡山国傻了。全国都没有粮食吃了，想买粮食没人卖，就是有人卖也没钱买，因为积压的兵器卖不出去、无法变现。更要命的是，旁边的鲁国趁火打劫，攻打衡山国南部；齐国也搞了一家伙，出兵攻打衡山国北部。这下，衡山国国君彻底没辙了，一咬牙，干脆带着贵族们向齐国投降，全体搬家到齐国当齐国人去了。

第三场战争：制服楚国。

春秋时期的楚国，无论是国土面积、自然资源，还是人口、兵力，全都大大超过齐国，而且民风彪悍、尚武能战。对齐国来说，不打楚国，就无法实现霸主之梦；打呢，又未必打得过。

于是，齐国再次使出了粮食战争这一战略法宝。这回，齐桓公按照管仲之计，用的不是绨料，也不是兵器，而是野生动物——鹿。因为楚国鹿多。

一开始，管仲派了好多商人到楚国散布这样的信息：“桓公好鹿，不惜重金。”齐桓公呢，此时也变身为国家一级演员，积极配合、努力演好这台挖坑大戏，一边花大价钱建设百里鹿苑、展示“好鹿”之旺盛热情，一边派高级官员带2000万钱到楚国去收购生鹿，而且出价比楚国原来的市场价要高得多，达到8万钱1只，结果把楚国的鹿价一下子就抬起来了。

楚国国君有点懵，就召集大臣开会研究。大家一致认为，齐国这是要亡了！国君好鹿、不惜重金，这样下去齐国岂不是要被掏空家底么？既然这样，那就多抓鹿、多卖鹿，不但能让齐桓公在好鹿中加速自我毁灭，而且还能为楚国增加大量外汇收入，何乐而不为呢？

一场以抓鹿、卖鹿为主题的爱国运动，就此在楚国兴起，男女老少能跑的都去找鹿、赶鹿、抓鹿，跑不快的就忙着捆鹿、抬鹿、卖鹿。管仲一看这情形，又烧了一把火，对楚国鹿商宣布说，这远远不够，因为我们齐国还要更多的鹿：每运来 20 只鹿，就付金百斤；如果能运来 200 只，付金千斤！

1 年之后，楚国的金储备猛增 5 倍，自我感觉富得流油。但楚国人没想到的是，齐国一边收购生鹿，一边却在暗中增加粮食储备。当粮食储备增加到 5 倍时，管仲觉得可以出手了。齐桓公随即下令关闭两国边境，一只鹿都不买了，一粒粮食也不卖了。我这小齐国，跟你大楚国耗上了！

楚国很快就重蹈了鲁、梁、衡山等国的覆辙，出现了严重的粮荒，因为粮食生产并不是说恢复就能恢复；拿着卖鹿得来的金子买粮吧，已经把周边各国粮食储备都收光了的齐国却一粒都不肯卖，所以没处可买。当然，后来齐国也卖了点儿，但价钱却高得离谱，并不是所有人都能买得起；买不起的老百姓呢，就只好偷渡到齐国去，导致楚国的人口迅速流失了 4 成左右。

这场只闻鹿鸣呦呦、不见硝烟刀剑的粮食战争打了不到 3 年，楚国就彻底熬不住了，认栽服输、举国投降。

接下来，还有第四场、第五场粮食战争。

第四场，对付的是莱国。办法是大量高价进口莱国的特产木柴，哄骗莱国上下都放弃耕作、全力砍柴，最终在齐国突然中止收购木柴后立即出现粮荒，粮价涨到齐国的37倍之多；没饭吃的莱国百姓有七成偷渡成为齐国公民，莱国随即被齐国所灭。

第五场，对付的是代国。这回管仲玩得更绝，大肆炒作一种稀有资源“狐白”，也就是狐狸腋下呈现白色的那一小块皮毛。问题是，狐狸那个地方并非一年到头都是白的，而是根据寒暑变化、半年才出现一次。而代王呢，鬼迷心窍，只想赚钱，当然也是为了向齐桓公示好，就发动全国去抓腋下有白毛的狐狸，不料两年过去都没有凑够一张皮子，一分钱也没挣到。后果就是，兵力不足了，因为青壮年都去找狐狸、抓狐狸了；粮食也不够了，因为没什么人认真种地。最后，国力大损的代国还被一直看笑话的邻国离枝国补了一刀，离枝国派兵悍然入侵代国。代国无法可想，更无力抵挡，只好向齐国俯首称臣，就此灭国……

管仲辅佐齐桓公登上春秋霸主宝座，并不是只靠一次次发动粮食战争这一种手段。但不可否认，他策划的粮食战争，或者说以粮食武器为主的经济战争，起到了极其重要和关键的作用。齐国，本来只是一个沿海小国，姜太公初封时地不过方圆百里，而且很多是不适合粮食生长的盐碱地，粮食产量和人口都不多，之所以能用较短时间发展壮大为东方强国，与管仲的粮食战略有着密不可分的关系。

中国古代，像这样发动粮食战争、摧毁别国经济的，并非只有春秋齐国，也并非只有管仲。到战国时代，秦国对付各国、最终一统天下的过程中，也有类似发动粮食战争、制造别国粮荒、吸收移民入境的经历。而且，战国末期有一场战争所采用的武器，就是种子，准确地说是假种子。这，就是管仲时代过去 180 多年之后的“勾践假种灭吴”。

越王勾践灭吴，是中国历史上的著名典故，由此产生的“卧薪尝胆”故事，也一直是人们用来激励斗志的重要题材。当然，勾践灭吴之战并不是一蹴而就，采用的战略战术有很多。其中假种子伐吴之术，出人意料，值得一提。

当年，越国发生饥荒，便向富庶的吴国借了 1 万石粮。第二年，越国粮食大丰收，就按照约定，向吴国足量归还，而且归还的都是粒粒饱满的好粮。但是，这批粮食却都是蒸熟后又晒干的，只能用来吃，不能作种子。不过，这个秘密越国人可没有公开讲。而犯了官僚主义的吴王夫差在太宰伯嚭的蛊惑下，竟然将这批粮食当成种子分给了农民。结果当然是颗粒无收，特大饥荒随之到来。之后不久，越国便起兵伐吴，报仇雪恨，一举成功。

转瞬之间，20 多个世纪过去了。人类文明已经走过了工业化时期，演进到信息化时代，但粮食战争却从未退出历史舞台。掌握现代科技的种业巨头、国际粮商，在资本、利益的驱使下，更加娴熟地运用着以种子为核心武器的粮食战略，他们四处点火，攻城略地，吸血抽髓。

巨头忙于称霸世界

列宁说过：“粮食是一切问题的基础。”

美国前国务卿亨利·基辛格有句更为直接的名言：“如果你控制了石油，那你就控制了所有国家；但如果你控制了粮食，那你就控制了全人类。”关键是，基辛格还有另外几句话：“将粮食援助作为国家权力的工具，对那些接受援助的国家来说，要么绝育，要么挨饿。”

基辛格的这两段所谓“名言”，既说出了“粮食战争”的目标，又说明了“粮食战争”的方法。

美国人是这样说的，也是这样做的。

在这方面，但凡对种业工作有点了解的人，都会立即在脑海中浮现出美国一家公司的名称——孟山都。作为全球最大的基因改造公司，它拥有世界上 90% 的种子专利。

孟山都成立于 1901 年，总部位于密苏里州的圣路易市，最初只能生产制造可口可乐所用的配料人造糖精。后来，孟山都开始涉足化工领域。从 1961 ~ 1971 年，孟山都又凭借其拳头产品——落叶剂和为核武器提炼钚元素等契机，与美国政府特别是美国军方结成了“利益同盟”。其中的落叶剂是一种工业合成液体，含有大量有毒化学物质，其作用是促使植物叶子掉光，从而将植物杀死。因这种落叶剂的容器标志条纹为橙色，故名“橙剂”。

1961年5月，美国军队以“特种作战”小规模介入越南战争。1964年8月，美军借制造“北部湾事件”全面介入越南战争，不断增兵的美军至1973年全面撤军，累计向越南派兵310万人；消耗800万吨弹药，是美国在二战期间消耗弹药总量的3倍；花费4000亿美元，相当于今天的6万多亿美元，造成近6万人死亡、30余万人伤残。代价如此之大，最终却没有赢得胜利，一个重要因素就是越南特殊的地形地貌。

越南属亚热带与热带，一年只有旱季、雨季之分，森林覆盖率超过50%，原始森林比比皆是。北方正规的人民军借助山地丛林掩护，通过为数众多的“胡志明小道”大规模越境到南方作战，伤亡大了再潜回北方休整。在南方属于越南南方民族解放阵线的武装力量也有二三十万之众，大多编成小规模游击队在密林深处与美军周旋作战。尽管此时的美国陆军已经实现机械化、自动化，其海军、空军和海军陆战队也都对越南人民军、游击队拥有压倒性的优势。但没想到，美陆军所依赖的坦克、装甲车、重炮在崇山峻岭、水网稻田机动困难，雨季更是寸步难行；美军强大的空中优势在山地丛林也受到极大制约，飞行员目视难以发现地面目标，空袭轰炸基本靠“蒙”。

于是，美军决定借鉴美国大型农场用飞机喷洒农药的做法，启动了“牧场行动计划”，就是派空军向各重点作战区域大规模喷洒橙剂。橙剂对各类植物的巨大杀伤力、摧毁力立即显现，所到之处叶枯树死、寸草难生、一片荒凉。由于地形植被过于复杂，杀心极重的美军也不能保证对每个关键点位、线路做到“应洒必洒”，而且越南经常下大雨，又在一定程度上稀释了橙剂的毒杀效果，于是美军就连续不断地反复喷洒，一连持续7年之久，覆盖了越南南方超过10%的面积，遭到橙剂喷洒的村庄多达3181个。直到1971年，美军才在国际舆论的压力下停止了这场毒杀行动。

“牧场行动计划”不仅毁掉了大片丛林、草地，还严重污染了越南人赖以生存的耕地、果园和水源，对越南军民更是造成严重伤害。沾染橙剂的人，血液中四氯代苯和二噁英的含量远远高于常人，身体出现各种病变，受害者多达480万人，其中有50万是儿童。由于橙剂的化学成分十分稳定，在环境中自然消减50%需要耗费9年时间；进入人体后，需要14年才能全部排出；它还能通过食物链在自然界循环，贻害范围非常广泛。而美军自己，先后也冒出近10万名橙剂后遗症患者，他们重病缠身、苦不堪言。1984年，经过漫长而艰辛的诉讼后，这些老兵得到了由橙剂制造商支付的1.8亿美元赔偿金。但美国政府、军方和这些公司却都拒绝道歉，对越南的橙剂受害者联合会的国际诉讼更是不理不睬，一分钱赔偿都不给。

当时，负责生产橙剂的美国公司主要就是孟山都，另外还有杜邦、陶氏等其他公司，一共8家化工企业。他们共同为侵越美军提供了7600万升橙剂，重量大约为8万吨。

越南战争结束了，孟山都公司杀灭植物的行动却没有结束。1974年，孟山都推出新的核心支柱产品“农达”草甘膦除草剂。由于它除草效果显著，迅速成为全球销量最大的除草剂。后来人们才发现，它不光是除草，而是能够杀死几乎一切绿色植物，而且还长期残留，简直就是魔鬼的化身。

1980年，全球发生严重粮荒。孟山都公司发现了新的机会，觉得既能摆脱“制毒公司”的恶名，又能通过控制粮食生产来获取更大利益，于是就开始研发基因改造工程，而且成功地找到了能够抗“农达”的基因，并将其植入大豆、玉米、棉花等作物的基因之中。结果，任何国家的农民，只要喷洒过孟山都公司的专利除草剂，就注定要购买他们家的专利种子来使用。否则，其他任何种子都无法在遍布草甘膦的高毒性强烈农药环境中生存，更别提丰收了。

孟山都公司的首款转基因生物产品，是获得专利的草甘膦抗性“Round-up Ready”大豆，或者简称“抗除草剂大豆”，1994年被美国农业部批准。我们不能不承认，这项技术是个罕见的创举。孟山都公司想要成为全球种子帝国霸业的野心，借此继续加速膨胀。后来的事实表明，孟山都公司也确实成了全球转基因种子的最大生产商和转基因食品的始作俑者，霸主地位已经不可动摇。

孟山都攻城略地的步伐着实凶猛。1996年，美国只有2%

的大豆含有孟山都的“抗除草剂大豆”专利基因；到 2008 年，美国已经有 90% 以上的大豆都带有这种专利基因。究其原因，就在于孟山都卖专利种子是以吞并其他种子公司为保障的。1995 ~ 1998 年，孟山都以风卷残云之势收购了全球范围内包括美国在内的至少 10 家大型种子公司。虽然他们为此花费 80 多亿美元，但仅在美国境内就有一多半的农业种子市场都变成姓“孟”的了。

孟山都公司之所以敢这样做，是因为他们深知一条基本道理，那就是谁控制了一个国家的种子，谁就控制了这个国家的农业甚至经济；谁控制了全球的种子，谁就能够在全世界拥有足够的话语权，而不用出动军队、发起流血战争。

其实，并不是不流血，只是孟山都公司不流血罢了。对成千上万被孟山都专利种子控制的农民来说，何止是流血呢！

自从人类有了农业以来，所有的农民都会从当年收获的粮食中挑出品相最好的颗粒，作为第二年要用的种子储存起来。自古以来，这种做法都是天经地义、理所当然、不可替代的。但自从用了孟山都的转基因专利种子，情况就大不相同了，因为这些种子不但价格高，而且都有专利权。农民第一次从孟山都购买它的专利大豆种子时，都需要签订一个“技术使用协议”。而这份协议，满篇都是复杂、专业、生涩的法律与技术名词，一般人根本看不懂，很多农民觉得没有必要细看就签字了。

孟山都公司这份协议的要害之处在于，农民购买种子后只能使用1次，严禁在收获后私自留种用于再播种，除非交纳名目繁多的专利费。一旦发现有农民未交专利费便私自留种，孟山都就会索取巨额赔偿。比如，孟山都曾经在美国对150个农民提起诉讼，最终，这些农民不但被要求支付几十倍的专利费赔偿，而且还要平均坐8年的牢。这种“杀鸡儆猴”的方式，确实吓坏了更多的农民。更有甚者，假如东边一块田里用了孟山都的种子，长出的作物的花粉被风吹到了西边一块未用孟山都种子的田里，那么西边这块田也有可能被孟山都认定侵害了专利权，除非西边田地的农民能够证明自己没有侵害的主观故意和客观事实。

广大农民对孟山都这种做法肯定是不愿意接受。但是，考虑到孟山都的专利种子确实能够跟孟山都的除草剂“密切合作”，而且更能抗病虫害，产量也更高，于是就纷纷“认命”了。但唯利是图的孟山都公司并不轻信广大农民，而是雇佣了很多有形与无形相结合的机构和人员，到处监督农民是否私自留存了专利种子。

不过，孟山都公司很快就发现，这样满世界监督成本太高，而且还不一定都“监管”得过来。怎么办？孟山都不愧是孟山都，他们很快就搞到了一项同样堪称科学创举，却无比恶毒的新技术，即种子的不育技术。

2007年，孟山都在自身加强研究的基础上，通过收购三角洲松兰公司，最终掌握了这项被称为“植物生殖能力终结者”的种子不育专利技术。用这种种子种出来的植物，不会开花，也不会传播花粉，只会结出果实。这就直接导致使用这种种子的农民完全不可能在收获果实后私自留存种子；要想再种，就只能再向孟山都购买新种子。

就是这些操作，造就了孟山都到现在都没有人能撼动的、在转基因种子领域的垄断地位。垄断，必然会伴随着扩张。当毫无悬念地占领了美国本土大部分种子市场份额，完成了自身资本的原始积累之后，胃口越来越大的孟山都公司开始将触角更多地伸向境外。

被孟山都公司首先盯上的，是南美洲的畜牧大国阿根廷。

阿根廷是南美洲第二大国家，国土面积相当于 5 个法国，拥有悠久的农耕文化、富饶多产的大片土地、苍翠广袤的丰盛草原，各类农产品不但能够自给自足，还有大量剩余用于出口。尤其是阿根廷的牛肉出口量曾经达到世界第一，牛的数量比人口总数还多，以至于阿根廷被人们称为“骑在牛背上的国家”，全国人民的生活水平非常令人羡慕。

1996 年，阿根廷发生了一件足以改变国家命运的事。时任总统的卡洛斯·萨乌尔·梅内姆，向美国孟山都公司颁发了许可证，允许孟山都在阿根廷全国范围内独家销售“抗除草剂大豆”种子。再加上受到国际货币基金组织强力推行、进度过快的自由化改革影响，阿根廷曾经长期富饶丰产、以家庭式农场为主体的农业体系，被逐步改变、彻底改造了。

在外国投资者和农业综合企业巨头的推动下，同时也是在国家的支持下，阿根廷的大土地所有者有条不紊地采取行动，从无助的农民那里夺取土地。农民们突然接到通知，称他们的土地已经被划到了别人的名下；如果他们拒绝“自愿”离开，武装团伙就会偷走他们的牛，烧毁他们的庄稼，而且威胁他们会吃更多的苦头，结果引发很多暴力骚乱事件。与此同时，大量廉价的进口粮食充斥市场，成千上万的农民因入不敷出而倾家荡产，最后不得不放弃土地、以求生存。最后，大片极其便宜的阿根廷农田被大型外国公司和国际投资基金组织收购一空。

孟山都的种子推广战略紧随其后。到 2000 年，孟山都的专利大豆种子在阿根廷的播种面积超过了 1000 万公顷，到 2004 年又扩大到 1400 万公顷，后来更是达到 2000 万公顷。各种大型机械还在继续成百万英亩地砍伐剩余的森林，以便为大豆种植提供更多的土地。

整个阿根廷，就此沦为美国孟山都公司的专利种子实验农场，原本丰富多彩、农牧兼顾的农业生产体系变为以大豆为主的单一作物农作方式，而且还都必须完全依赖孟山都公司的除草剂，整体上抗击自然灾害、经济萧条等意外冲击的能力变得十分脆弱。于是，在森林被大片砍伐、植地被大批破坏、水源被大量污染之后，阿根廷得到的是平民百姓吃不饱饭、看不起病，生活在贫困线以下的人口比例从 20 世纪 70 年代的 5% 猛增到 2002 年的 51%。最终，阿根廷这个号称“骑在牛背上的国家”，竟然连牛奶都得高价从乌拉圭进口。

到这时，阿根廷才发现自己的脖子被别人卡住，但为时已晚。虽然通过销售大豆获得大笔外汇收入，但与因此遭受的短期严重损害、面临的长期恶劣影响相比，完全是得不偿失。可要是再想回到过去稳定而美好的时光中去，几乎是不可能了。

一位阿根廷作家满怀悲愤地写道:“我们沉浸在羞耻之中……阿根廷的国家认同，遭受到前所未有的打击……”

接下来，是巴西。

与阿根廷的政府推动不同的是，孟山都等公司生产的转基因大豆种子，主要是由巴西大豆农户不顾政府禁令、私下从阿根廷走私过来并大量种植的。

难道孟山都公司就不向巴西农户索要专利赔偿？不，不是不要，只是暂时不要。巴西农户走私、种植转基因大豆种之初，孟山都故意装作不知道，农户们的感觉是不会有人来收专利费，放心走私、大胆种植就是了。于是，转基因大豆种子在巴西迅速扩散，种植面积急剧扩大。事实上，巴西的农业经济已经慢慢被外国集团以“曲线救国”的方式，转着圈儿夺权了。1997 ~ 2006 年，仅仅 10 年时间，以孟山都为首的 4 家跨国企业彻底控制了巴西大豆生产、收获直至销售的全过程。

果不其然，孟山都突然开始收取专利费。遭受猛击的巴西农民拼命抗议，但无济于事。2019 年，实在承受不了的巴西农民为了维护自己的利益、保障自己的生存，向孟山都提起集体诉讼。最终，巴西上诉法院以“孟山都转基因抗草甘膦除草剂大豆是一个具有专利权的品种”为由，判决农民们败诉，需要向孟山都赔付总计 77 亿美元的天价专利费。

事到如今，巴西农民只能是欲哭无泪了。然而，世界上还有因此而哭得更惨的，那就是印度。只不过，阿根廷和巴西都是因为转基因大豆，而印度主要是因为转基因棉花。

为了进入庞大的印度市场，孟山都以高于市场价值 24 倍的代价，收购了印度最大的种子公司。2002 年，印度开始引进孟山都公司生产的内含杀虫毒素的转基因棉花。十几年下来，印度全国有 95% 的棉田都在种植这种棉花，使得印度一跃成为仅次于美国的第二大产棉国。当然，如此之大的印度棉花种子市场，几乎都是由孟山都控制的。

注意，印度农民刚开始很愿意接受这种转基因种子，是因为孟山都号称它是“内含杀虫毒素”的，“它自身能产生杀灭棉铃虫的有效成分”，而且“能够提高棉花产量三成以上”。结果呢？彻底失败。70 ~ 90 天之后，孟山都的转基因种子种出的棉花，与其他类别的棉花一样，都得喷药才能消灭棉铃虫。没有例外！

发现上当的印度农民想要反悔，但已经不可能了。印度的种子公司早已被孟山都收购，农民已经买不到包括棉花在内的传统作物种子了。广大农民面对高出传统作物种子价格数倍的孟山都转基因种子，无计可施。而且，农民们发现，孟山都的转基因种子比传统原生种子的需水量更大、对恶劣天气的适应力也更差，进一步抬高了种植成本、加剧了资金困难。但问题是，不种，无路可走；再种，又债台高筑、难以为继。

除了棉花，还有茄子、玉米等其他农作物，也都成了孟山都公司的目标。惨剧因此而接连发生、大量发生。到 2011 年，印度已经有超过 25 万农民为债务所逼，以喝农药或上吊等手段自杀身亡。最密集的时候，印度农民的自杀频率甚至达到了每 30 分钟就有 1 名农民轻生。2010 年，单是在当时最为富庶的马哈拉施特邦，全年自杀身亡的农民就达到 15964 人，而且这还不包括同样被逼自杀、但因为没有土地业权而不被官方认可为“农民”的女性农民。

2018 年 6 月 7 日，德国生命科学巨头拜耳公司宣布，以 660 亿美元的价格收购美国的孟山都公司。从表面上看，德国拜耳不仅是世界上最大的医药化工企业，而且在农业方面也占有很大市场份额，是世界上第二大作物保护产品生产公司，近年来又不断进行业务调整，传统的化学工业和材料工业已经分离开来，集团余下的主要业务就是医药及种子相关农业化学。其实它和孟山都公司一样，都认为农业化学和种子市场是未来的重要主攻方向和市场范畴。收购孟山都这个世界上最大的种子生产企业，不但可以使拜耳公司进一步改善其生产线，还能扩大销售市场。

出乎拜耳公司预料的是，这个时候的孟山都其实是个烫手的山芋，收购孟山都，就此成了拜耳公司摆脱不掉的梦魇。2020 年 6 月 24 日，拜耳公司支付 109 亿美元的巨额经费，用于解决其子公司的经典产品“农达”除草剂引发的大量诉讼。其中，88

亿~96亿美元用于解决现有诉讼，至少12亿美元用于支付未来可能会出现的诉讼。主要原因是由于“农达”被指控致癌引发的索赔案有12.5万件，其中包括已经向法院提交的和准备提交中的。而在此之前的2015年，美国就有900多位非霍金林淋巴瘤患者集体起诉孟山都公司，因为他们无一例外都长期接触和使用了孟山都生产的“农达”除草剂产品。

总之，拜耳收购孟山都，代表着孟山都找到了为自己的所作所为买单的下家。当然，双方真正的目的是实现“强强联合”，进而以更强的实力，发起更多更大的粮食战争。

一直在拼命扩张、全力控制全球种子供应和粮食生产的，并非只有孟山都这一家巨头公司，还有法国利马格兰、美国杜邦先锋、瑞士先正达等其他跨国企业；也并非只有种子生产公司，还有被称为“ABCD”的四大跨国粮商，等等。所谓“ABCD”，就是当今掌握全球粮食运销的4家跨国公司，分别是美国ADM、美国邦吉、美国嘉吉、法国路易·达孚。事实上，经常是孟山都这个最大种子公司与ABCD 4个最大粮食运销公司联手操作，四面出击。

从上述事例不难看出，粮食安全的决定因素已经逐步从科技优势向组织优势倾斜。向全世界发起粮食战争的主体，除了上述大型企业，还有某些国家，尤其是美国这样土地辽阔、农业发达，又充满霸权主义思维的超级大国。美国已经成长为最大的粮食出口国，一步步掌控了全球粮食霸权。

美国能够这样做，有着其他国家和地区难以企及的先天地理优势和后天科技优势。美国国土的55%都是平原，耕地面积占全国土地面积的20%以上、占全球的13%，而且美国的土壤大部分是以栗钙土、暗棕钙土和包括黑钙土在内的草原黑土为主，有机质含量高，特别适合农作物生长。这一切，就已经使得美国的粮食生产足以傲视全球。而迅猛发展的现代种植技术，又使得美国比拥有数千年农业发展历史的我们，更有资格称得上是农业强国。其中，大豆和玉米是美国粮食武器中的“王牌”，占全球总产量的40%，可以说如何定价都是他自己说了算。

从20世纪60年代开始，粮食就与石油、美元并列成为美国维持新经济霸权的关键支柱；而美国的粮食战略，就是典型的以跨国企业、大资本为载体，以专利种子产品为武器，发挥其组织优势，逐步扩大对全球粮食和农业生产的控制权。

他们相信，与核武器相比，粮食这种特殊武器更能从战略上击败对手。所以，他们就不停地进攻、进攻。除了阿根廷、巴西、印度及其他国家，还有曾经的苏联，也是败在这种特殊战争手段之下。

第二次世界大战结束后，各参战国普遍开始忙于休养生息。但由于战争造成的破坏太过严重，欧洲很多国家都出现了粮食短缺的问题。而始终远离战场、并未受到直接破坏，反倒还发了战争大财的美国，开始出口自家的粮食。美国用粮食控制其他国家的战略，也就是从那个时候开始的。

苏联呢？作为当时世界上国土面积最大的国家，苏联在战争中损失很大，尤其需要恢复粮食生产和供应。但苏联的可耕地面积小得可怜，小麦、大米等主食总是很缺乏。好在当时苏美两家的关系至少在明面上还说得过去，于是就达成了互惠互利的交易：苏联向美国卖石油，美国向苏联卖粮食。

后来，冷战加剧，美国人不乐意了。既然双方是战略对手，那你吃不饱饭岂不正好么。于是，就不再放开提供粮食资源，苏联人民的生活水平立即直线下降。在万不得已的情况下，苏联于1963年做出一个重大决定，不再对东欧那些附属国家出口粮食，使得那些国家对苏联老大哥失去了信任，为之后的动荡、解体埋下了伏笔。

仅靠这样有限的节流，当然不可能从根本上、全局上解决本国的粮食短缺问题。还得买，大量地买。可是能够提供如此大批量粮食资源的，依然只有那个最大的对手，就是美国。这回，美国商人不认可苏联的卢布了，只要美元。可苏联哪有那么多美元储备？无奈之下，苏联只好开始动用压箱底的黄金。自1967～1977年的10年间，苏联掏出了数百吨黄金用来进口粮食；1979年、1980年，又分别动用了158吨、156吨黄金储备来干这件事。几番折腾下来，美国并不稀缺的粮食卖了个好价格，国家的黄金储备也增加了。而苏联呢？进口的粮食仅够吃饭，压箱底的黄金却慢慢空了，庞大的超级大国成了事实上的虚弱的“胖子”。

更有甚者，美国一直在想尽办法刺激苏联，让苏联在石油价格很高的时候，也不得不把宝贵的石油收入主要用来扩充以军事为主的重工业，以维持在冷战对抗中的平等地位。后来，美国为了让自己的粮食武器发挥更大效益，又开始打压石油价格，更是令苏联雪上加霜。

一来二去，美国的粮食战争最终达成战略目的，把本已虚弱无比的苏联真正拖废了。

几十年来，以美国为首的少数欧美国家及其所属的跨国企业巨头，就是这样四处发动粮食战争，为攫取最大利益而不择手段。阿根廷、巴西这样的小国被控制了，印度的数十万农民被逼死了。

作为发展中的大国，我们能够独善其身、不受侵扰么？不可能。相反，我们从来都是他们进攻的目标，我们面对的始终是遍地狼烟的紧张态势。

我们频遭恶意冲击

袁隆平院士曾经语重心长地告诫我们："关键时刻，一粒小小的种子，能够绊倒一个强大的国家。"

几十年来，无论是以孟山都为代表的头号种子公司，还是以ABCD为代表的粮食运销公司，一直都在忙着试图把中国绊翻在地。在有些时候、有的领域，他们确实成功了；造成的严重后果，我们至今还在咬着牙往下吞。尤其是在我们缺乏市场斗争经验，又没有过硬内核技术的时候，就更是容易吃亏上当。

最有代表性的，仍然是大豆。美国对中国发动的粮食战争，首先就是从大豆战争开始的。

对中国人来说，大豆是一种耳熟能详、价格低廉的农作物，对人类的生存和发展具有特殊的重要意义。尤其是对物质贫乏的发展中国家而言，富含高营养价值的大豆显得格外珍贵。大豆又是世界上最大的植物蛋白质来源，鲜豆、豆芽、豆腐、豆奶、豆浆、豆皮等大豆产品早已构成亚洲人民饮食体系的基石，豆类食物占据着世界食物产量60%以上的份额，而用大豆压榨而成的豆油又大约占世界食用油产量的一半。在生产家禽、猪、羊、牛、鱼等动物饲料的过程中，大豆及其衍生产品如豆渣、豆粕等都是首选。

换言之，中国人离不开大豆。更何况，中国才是大豆最早的原产地，是大豆的故乡：我们曾经拥有世界上 90% 以上的野生大豆品种，是大豆种质资源最为丰富的国家！

中国，从公元前 11 世纪就开始种植大豆。直到二战时期，中国始终是世界上大豆产量最高的国家，约占世界大豆产量的 90%。美国呢？直到 1765 年，大豆才首次以“中国的野豌豆”的名称被介绍到北美殖民地；20 世纪 40 年代，大豆农业才在美国真正起飞。由于前面曾经提到过的地理条件、生产技术等原因，到 1961 年时，美国大豆产量已经占世界总产量的 68.7%；中国则因人口猛增、耕地减少、技术落后等原因，跌至 23.3%。不过那时其他所有国家的大豆产量加起来也才 8%。

到 2011 年，中国大豆产量占世界总产量的比例，仅仅只有 5.55% 了。问题是，中国的大豆消费量是在连年攀升的。1964 年，中国大豆消费量不到 800 万吨；到 2010 年，跃升到近 7000 万吨；到 2020 年，已经达到每年消费大豆 1.1 亿吨。而 2020 年全年我国的大豆产量是多少呢？才 1960 万吨。结果就是，我国 2020 年大豆进口量居然超过了 1 亿吨。

是什么导致了这种令人匪夷所思的被动局面？

是战争。是以美国为代表的资本、技术、农业等方面高度发达的先进国家，对我们发起的种子战争、粮食战争，以及与种子、粮食等相伴而来的研发、制种、生产、加工、贸易等全链条式的现代体系，还有为了保证控制这套体系、攫取最大利益而进行的各种战略欺骗、战术欺诈。

中国开始进口大豆始于 1990 年，当年才进口 0.1 万吨。全面开放大豆进口，或者说被迫应对美国对中国发起的大豆战争，则始于 2003 年。当时由于种种原因，中美在双边贸易持续增长的同时，双边贸易摩擦也一度出现升级趋势，彩电及家具反倾销、纺织品设限、高新技术产品出口管制、人民币汇率等因素都成为中美贸易摩擦的焦点。在美国棉纺织利益集团施加的压力下，美国政府单方面对中国挥舞起了关税与配额的大棒。为了尽快缓和局面、避免更大冲突，中国同意扩大采购美国大豆的规模。

这就等于对美国大豆的需求量突然猛增了。与此同时，国际贸易经验十分丰富、粮食销售体系十分完备的美方，早就开始实施战略欺骗了。2003 年 8 月，美国农业部发布一份农业报告，说由于天气干旱等原因，大豆将会减产；到 2004 年，ABCD 四大粮商也趁机在华尔街宣告，大豆还会持续减产。在此期间，华尔街的金融资本果断进入芝加哥期货交易市场，猛炒大豆期货。从 2003 年 8 月到 2004 年 5 月，硬是把大豆价格炒得翻了一番多，直接拉到了每吨 4400 元人民币。手段多样的华尔街还通过他们暗中控制的某些中国媒体或所谓“公知”大肆造谣、施放烟雾，意思是说：“大家小心点啊，赶紧买啊，美国大豆还有可能要涨到每吨 7000 元的，涨到每吨 8000 元也不是不可能啊！”

眼看着大豆价格风起云涌、越涨越高，我们国内的大豆加工企业都坐不住了。于是，国际大豆市场上便开始上演“追涨杀跌”的经典戏码。当时，国内的大豆加工是当之无愧的暴利产业，油脂加工企业超过 1000 家，主要原料都是国产大豆，每吨都有少则 4000 元、多则 5000 元的利润，而上海的房价当时才只有每平方米 3000 元。

美国的大豆都是孟山都公司搞的转基因大豆，出油量比东北原产的黄金大豆要多出 1/6。这样的诱惑，国内大豆加工企业难以抵挡。但是，当时国内的企业太“单纯”了，没有认识到在国际粮商巨头的长期操控下，大豆已经成为一种期货而不是单纯的生产原料。结果，缺乏经验、纯朴待人的中国大豆采购代表团和国内大豆加工企业，于 2004 年 4 月在每吨 4300 元人民币的高位价格上签下了多达 800 多万吨的大豆订单，而且未做任何套期保值处理。

订单一签，形势立变，美方马上打出了谋划已久的一记重拳，直接把我们打懵了。800 多万吨大豆卖出才 1 个多月，华尔街的金融资本就开始在芝加哥期货交易所狂抛大豆期货。国际大豆价格立即跌回每吨 3100 元人民币，最后甚至到了每吨 2000 多元。

中国与大豆相关的产业特别是大豆加工企业，顿时哀鸿遍野。由于此次采购规模巨大，将近 70% 的高位接盘的中国企业都因为无力消化采购成本或无力还贷而破产出局，有的企业在订购的美国大豆还没有靠岸卸货时就已经倒闭了。

对破产倒闭的中国企业来说，美好的事业瞬间消失，一切都结束了，我们输了。而对发动这场大豆战争的美方来说，战争才刚刚打响，只是突破了中国大豆行业的防线而已。

接下来，是更为狠毒的占领。

什么叫占领？破了你的防线，占了你的土地，拿走你的利益，可能还会要你的命。这就叫占领。在大豆这件事情上，他们就是这么做的。

2005 年 9 月 7 日，作为四大跨国粮商之首的美国 ADM 公司董事长兼总裁艾伦在华尔街发表报告称："中国有投资机会。"而美国大豆协会中国代表处则火速写信给总部："今年是进军中国、整合大豆行业的时候了。"

转瞬之间，以 ABCD 为首的西方各大粮商大举侵入，争相收购在此轮大豆战争中败北破产的中国大豆加工企业。结果是，原本在中国国内大豆产业中份额占比不到 10% 的国际粮商，迅速控制了 80% 的大豆进口货源和 85% 的油脂压榨产能。我们熟知的金龙鱼、鲁花、福临门等，就这么变成外资控制的了。到 2006 年 4 月底，国内仍在开工的 97 家大豆压榨企业集团中，外商独资或参股的占到了 64 家。中国前十家大豆压榨企业仅剩的一家中国全资公司即黑龙江九三粮油工业集团，最后也不得不违背自己的原则，按照外商的要求，全面采购进口大豆。

至此，中国大豆产业全面沦陷。

结果就是，中国的粮油价格与供需，我们自己不能控制，而是由华尔街的金融资本决定了。当他们想拉高中国粮油价格的时候，他们就在芝加哥期货交易市场猛拉大豆期货，中国粮油的价格就会随之上升。所以，中国进口大豆的背后是美国华尔街，美国华尔街的背后是美国政府，或者说是美国的财团。是他们，在操纵着中国的粮油价格。

外国资本嗜血的本质不会改变，嗜血的行动也不会停止。自2006 年起，他们又掀起了新的一轮大豆涨价潮。对中国的影响就是，豆油从每吨 5000 元左右，最高时涨到每吨 1.5 万元；豆粕从每吨 2000 元涨到每吨 4000 多元。进而，又引发了国内食用油和猪肉价格的猛涨，到 2008 年到达了一个全新高峰。

终于，中国政府出手了。2008 年 3 月，国家采用行政干预的方式，限制企业对食用油的涨价幅度，同时安排中储粮和中粮等国企入市，采用小包装食用油定点供应。这种实质上是对国产大豆产业进行扶持的政策，使得我国大豆压榨业的局面没有进一步恶化。国家政策一出，几天之内就看到了变化：豆油价格从 3 月 4 日起开始暴跌，短短半个月，就从每吨 1.5 万元跌到 1 万元左右，让很多哄抬价格、大肆囤积的商家血本无归，当然也让国外几大粮商吃了大亏。

豆油价格是下来了，但大豆的价格没办法，因为主要靠进口。那时，已经形成了“南美人种大豆、美国人卖大豆并决定价格、中国人买大豆”的局面，而这是很难改变的。于是，国内外投机商继续炒作，主要是针对豆粕，把豆粕价格炒到了每吨 4200 元，导致国内肉类和家禽类价格暴涨。不过，此时全球金融形势已经开始见顶。2008 年金融危机爆发，大豆价格也随之暴跌，中国的豆农再一次面临巨额亏损。好在这时中国政府大量收储，价格略高于豆农的种植成本，这才避免了更大的悲剧。

此时，跨国粮商才发现，中国已经变聪明了，开始改变策略了。既然国产的大豆不可能满足需求，中国政府就靠巨量储备来稳定市场价格：价格太低时我收购，价格太高时我抛储。可以说，自 2008 年起，中国虽然大豆进口量越来越多，但国内的大豆价格基本上处于稳定的状态。当中国的大豆储备达到半年甚至 1 年的消耗量时，就连 ABCD 四大粮商也不敢再针对中国去炒作了。

这里，我们需要说明一下。有人可能会认为，为什么非要进口那么多的大豆呢？我们自己增加大豆产量不就可以了吗？

不，不是这样的。中国与美国不同，不但耕地面积没有那么充裕，人口也多出很多倍。在这种情况下，我们不可能同时做到让主粮和大豆都保证自给自足。因此，我们采取的策略是，主粮一定要保证自给自足，主要的耕地必须用来生产主粮；而大豆，则可以依靠进口。如果真的要实现大豆自给自足，也不是做不到，但这样就会造成每年 1 亿多吨主粮的缺口，而这是非常恐怖的，也是不能允许的，否则我们将会输得更惨，甚至有可能因为在关键时刻被西方卡住脖子而万劫不复。更何况，美国的经验我们学不来，也不能学，因为美国人早都把对土地拥有话语权的“不稳定因素”即印第安人基本杀光了。如果不是这样，美国人怎么可能走上后来的大农业现代化生产道路呢？

如果您还是不明白保证主粮自给有多么重要，那不妨再看一下埃及的遭遇。

埃及是世界上最大的小麦进口国之一，每年进口小麦1000万吨。由于40%的人口每天收入不到14人民币，埃及政府便规定每人每天可凭证件到指定地点领取3张政府补贴的大饼，每张等于人民币5～6分钱。这种近乎白送的大饼，至少可以保证让最底层的人也能填饱肚子，虽然每年单是大饼补贴就要花30亿美元的外汇储备，但起码维持了社会稳定。

然而，随着2011年全球小麦价格的翻番，大饼价格也跟着上涨，甚至一些本来可以不享受这个政策的人也排队去领大饼，导致补贴大饼很快就供不应求了。民众在指定店铺外排着长队，有时要排一晚上才能买到。当民众连肚子都填不饱时，积累多年的怨气随即被点燃，“阿拉伯之春”的火种便烧到了埃及，动乱随即发生。

表面上看，在大国博弈日趋激烈的时代，制造业往往被视为决定成败的“大国重器”。但埃及的教训告诉我们，无论是哪个国家，老百姓的吃饭问题都是最基础、最关键、最根本的问题。

所以，中国永远都不能放弃“18亿亩耕地”的红线，永远不能出现主粮都依靠进口的被动局面。否则，必定会悔之莫及。一旦有人对我国禁售主粮，那我们就只有死路一条了。

不管怎么说，这场大豆战争我们输了，一开始便输得很惨。只是后来随着我们不断积累经验，局面才开始有所好转。而那几个跨国粮商呢？他们觉得没有赢够，还想从中国再多吸点血，于是在大豆之后，又发动了针对小麦、玉米等主粮的新一轮攻击。当然，花招还是他们自认为始终管用的那几下子，尤其是战略欺骗和战术欺诈。

就在大豆战争尚未结束的2006年，ABCD四大粮商故伎重演，在全球发布了粮食短缺的消息。资本炒作随即跟上，导致全世界小麦、玉米等主要粮食作物价格飞涨。

但此时，我们已经有所准备了，因为四大粮商这些招数已经唤醒了我们的记忆，那就是中华人民共和国成立初期以陈毅元帅为市长的上海市政府应对奸商时所采取的措施。

也就是说，我们拿出了动用国家储备这个绝招。

这回，轮到四大粮商犯傻了。一开始，他们瞧不起中国，认定中国没有多大实力。是啊，放眼全球，谁敢与四大粮商抗衡啊？没想到，中国就敢！中国就能！结果就是，最初是中国卖出多少，四大粮商就吃进多少。但四大粮商慢慢发现，不对啊，中国的粮仓怎么这么大啊，深不见底啊。最后，中国政府直接表示，你们能吃多少，就尽管吃！我们不怕，我们的储备还多着呢，至少1亿吨吧。

四大粮商吓坏了，这才赶紧“止损”。虽然已经吃了好大亏，也只能赶紧休战。再有钱，也不能这样挥霍啊，于是只好赶快收手，事实上就是认输了。

继大豆战争之后的新一轮粮食大战，以中国获胜而告终。

但是，我们获胜的只是一场战斗，而不是战略上的全胜。大豆战争，我们为什么会输？关键就是种子（后文中我们还要专门介绍，孟山都公司推出的转基因种子，最关键的基因片断其实就是从中国的大豆上拿走的，然后孟山都申请了专利，再用来赚中国的钱）。

除了大豆，还有很多；除了粮食，还有蔬菜。我们面对的，就是遍地狼烟的险峻局面，我们已经在种子上丧失了很多主权，或者说丢失了很多“土地”。

目前，东北、华北玉米产区普遍种植的主要玉米品种，是美国先锋公司的“先玉 335”。东北有的育种工作者甚至自嘲说：“我们都不用搞什么育种了，一个‘先玉 335’就够了！”而国内老百姓餐桌上的白萝卜，种子大部分来自韩国；其他如辣椒、洋葱、胡萝卜、茄子、番茄、西兰花……多数都是洋种子长成的，有的甚至基本上都是依赖进口。其中，胡萝卜、菠菜、洋葱、高品质番茄的进口种子市场占有率超过 90%，西兰花进口依存度超过 80%，甜菜和黑麦草种子对外依存率超过 95%。

2020 年，黑龙江省某市某农民合作社种植了 1 万多亩辣椒，其中 1700 亩尖椒和近 1000 亩圆椒，用的都是以色列的种子。农民说了：“国外种子确实好。以尖椒为例，国内尖椒种子只能采摘 2 茬，而国外种子可以采 3 茬，而且外形好看、市场认可度高，价格高、销售好。”

这么多的洋种子，价值多少？ 2017 ~ 2018 年，我国蔬菜种子进口额占到各类作物种子进口额的60%以上，排名前列的高品质番茄、西兰花等5种蔬菜种子的进口额达到2.68亿美元，而且是长期依赖进口。因为国产种子的品质跟不上。除了蔬菜，还有其他。2018年，我国进口农作物种子7000多万千克，价值5亿美元！我们引以为豪的全国蔬菜生产大市——山东省寿光市，恰恰就是洋种子的重灾区，进口洋种子占据了60%以上的市场。

除了粮食、蔬菜，还有肉食类。现在，中国人吃的猪肉，种猪已经在长期依赖进口了。丹麦长白猪、英国大约克夏猪、美国杜洛克猪，这三大猪种垄断了中国98%的市场。种鸡、种牛，甚至连著名的北京烤鸭的种鸭，都在依赖进口……

我们明明是种质资源的大国，我们明明是富有独立自主和开拓创新精神的民族，但问题是，在如今全球一体化且西方势力资本发达、技术先进、策略精明的情况下，我们始终在面对着西方向我们发起的粮食战争，而且我们经常是被动应战。

这一切的关键，就是种子，就是种质。

那么，我们究竟出了什么问题？或者说，在全球种子产业发展变化的全新形势下，我们应当如何认识自身存在的不足，知晓从哪些方面奋起直追、自卫自强？

第八章 任重道远

——我国种业当前存在的问题与不足

经过几十年特别是最近十多年来的艰苦努力、创新探索，中国已经成为当之无愧、世所瞩目的种业大国。

然而，我们尚未成为种业强国。我们还存在着很多的不足，面临着很多的困难，面对着很多的挑战。既有基础科技不够发达的内部原因，又有持续遭受巨头围堵的外部原因；既有农业文化传统习惯的历史原因，又有形势发展情况变化的时代原因……

知己知彼，方能百战不殆，方能永战不败。我们必须承认自己的不足，认清自己的差距，厘清自己的弱项。这是在全球一体化大潮风起云涌的大环境、大形势、大背景下，推动中国种业去除沉疴、凝心聚力、挺立潮头的重要前提和基本保证。

品种体系还需继续健全完备

中华人民共和国成立70多年来，中国种业最大的成就之一，就是小麦、水稻两大主要口粮作物的自育种子自给率都达到了100%，玉米也达到了90%。而重要经济作物大豆，也在食用品种上做到了完全自给。

这是非常值得骄傲和自豪的。如果不是这些成就，我们就会在粮食安全、国家安全上严重受制于人。一旦有人对中国发动以控制口粮为手段的粮食战争、种子战争，我们的脖子就会被完全卡住，陷入任人宰割、听人摆布的“粮食殖民地”状态。准确地说，是有可能变成“种子殖民地”。

这种可能性并非没有，而且有时还非常明显。我们必须清醒地看到，我们自育种子的品种体系还不够健全、不够完备，并不能完全满足发展中的农业生产的需要，有的方面差距还比较明显，依然存在受制于人的风险。至少，种子商业化所产生的利润，有很大一部分都被外商拿走了。

情况较为严重的，主要是蔬菜领域。有人说：“我们中国，现在不缺粮吃。缺菜吃！尤其是缺乏好菜，缺乏好菜的种子！”也就是说，我国的自育主粮种子基本是不缺的，能够满足“吃饱饭”

的需要；但经济作物种子，尤其是那些利润空间很大、事关我们能不能“吃得好、吃得健康”的高端蔬菜种子，则基本需要进口。

蔬菜种子确实是严重依赖国外品种的一个重点领域，甚至就是国外种子泛滥的“重灾区”。表面上看，我国自主选育的蔬菜种子的市场占有率为 87%，而进口蔬菜种子则只占 13%，好像问题不大。即使是在进口种子占比最高的 2015 年前后，我国进口蔬菜种子占比也只有 20% 左右，似乎无碍大局。

但在一些地区和有些品种上，洋种子的占比超过了 80%，有时甚至全部依赖进口。像辣椒、洋葱、胡萝卜、白萝卜、茄子、番茄、马铃薯、西兰花这些群众餐桌上最常见的蔬菜中的佼佼者，多数都是依靠洋种子。其中，胡萝卜、菠菜、洋葱、高端番茄的进口种子市场占有率超过 90%，西兰花进口依存度超过 80%，甜菜和黑麦草种子都达到 95% 以上。还有很多人都喜欢吃的白萝卜，其种子大部分来自韩国。韩国的白萝卜品相好、更修长，汁多渣少、颇耐储藏。虽然韩国种子的价格是国内自产白萝卜种子的 20 多倍，但依然比国内品种卖得更好。

我们痛心地看到，蔬菜洋种子价格比国内种子高出几十倍的现象比比皆是，甚至有“国产种子论斤卖，国外种子按粒卖”的说法。荷兰培育的甜椒种子“蔓迪”，每千克价格高达 18 万元。有的进口辣椒，每亩地仅购买种子一项就得 1500 多元，算下来一粒进口种子就得花费 0.2 元。结果，椒农播种时对国产种子都是拌着沙土“一把一把地撒放”，而进口种子就只能“一粒一粒地摆放”，生怕浪费。

2020年，黑龙江省海伦市的一个农民专业合作社，种了1万多亩辣椒，其中1700亩尖椒、近1000亩圆椒种的都是以色列种子。关键就是，这种以色列种子确实质量好。比如尖椒，国内尖椒种子只能采2茬，而以色列种子却可以采3茬，而且外形好看，虽然价格较高，但销路却从来不愁，受市场欢迎。只不过，销路好带来的高利润，当然是外商占大头了。

黑龙江克山县一个马铃薯种植专业合作社，2020年种了4400亩马铃薯，用的全都是名为“大西洋”的美国进口洋种。这一年，克山县大约种植了3万亩“大西洋”马铃薯，占到了全县马铃薯种植面积的一半左右。克山县种植马铃薯已经有上百年的悠久历史，也有丰富的马铃薯育种经验，所以拥有了“中国马铃薯种薯之乡”的美誉。

原因何在？就在于进口洋种马铃薯不但产量有保证，而且淀粉含量比普通马铃薯高出6% ~ 7%。

我们因此而遭受控制、吃亏的教训，其实并不少见。

山东寿光，著名的“中国蔬菜之乡”，就是其中一个较为典型的例子。20世纪90年代，寿光的蔬菜一度以进口品种为主。自2000年起，包括孟山都、先正达等在内的30多家国际种业巨头纷纷杀入寿光。到2008年，洋种子占据了寿光60%以上的蔬菜种子市场。近些年来，随着国产蔬菜种子的奋起直追，寿光的蔬菜种子中国产化率有所提高，但进口蔬菜种子仍占30%左右。

这是个不小的比例。而据中国农业科学院蔬菜花卉研究所的专家所言，2017 ~ 2018 年，我国蔬菜种子进口额占到进口各作物种子总额的 60% 以上。其中排名靠前的高端番茄、西兰花、胡萝卜、菠菜、洋葱 5 大种类的进口额达到了 2.68 亿美元，占到各作物种子进口总额的 55% 以上。

以西兰花为例，2017 年之前进口种子占比一度长期保持在 95% 以上。虽然尚未出现过国外企业故意控制种源、不卖给中国，导致中国整个产业被完全“卡死”的情况，但在种子严重依赖进口的前提下，其种子供应量和销售价格明显是受制于人的。这样一来，我们挣不挣钱、挣多少钱，基本都是别人说了算。

这就是“卡脖子”，都卡到我们的菜盘子里来了。

一旦国外供种出现变化，我们最明显的感受就是价格的变化。西兰花种子大多数为大包装，每包 10 万粒、450 ~ 465 克，5500 元左右 1 包。2017 年，由于日本坂田公司西兰花种子生产和供应有所推迟，终端销售价立即被炒到 1.8 万元 1 包，菜农的种子成本直接翻到 2 倍以上。

前端种子成本的上涨还只是直接影响。由于我国西兰花的生产具有“种植体量小”和“产业价值高”的显著特点，栽培面积只有 140 万 ~ 150 万亩。一旦主栽品种的种子供应不及时，就会耽误播期，就会导致数万亩的茬口空缺，进而影响到我国销售市场的下游供应和出口贸易，终端价格上浮明显，并产生各种放大效应。

与西兰花的情况相似的是，同样严重依赖进口种子的甜菜产业也同样存在受制于人的问题。国家糖料产业技术体系的科学家调查发现，目前我国甜菜种植产业中，用于机械化精量播种的遗传单粒种 95% 以上依赖进口。在我国，食糖消费量的 1/3 依靠进口、世界糖粒供应整体处于“紧平衡”的前提下，一旦国外甜菜种子企业不能按时、足量、保质地向我国供应种子，或者出现极端情况下的完全断供，我国食糖产业的长期稳定供应就有可能出现大问题。由于食糖还是我国为数不多设有国家级别物资储备的特殊商品，一旦种子被断供，那就上升到影响国家战略和国家粮食安全的层面了。

事关吃得好不好的，并不止是蔬菜，还有肉食动物。

比如种鸡。种鸡场养的、用来下蛋孵化出商品代鸡苗的种鸡，叫“父母代种鸡”；而用来下蛋孵化出父母代鸡苗的种鸡，叫“祖代种鸡”。目前，中国的祖代鸡，几乎全都依赖进口。

还有种猪。一头洋种猪，能够享受到什么样的待遇？

2017 年，昆明长水国际机场曾经发生过这样一幕：一头身价 3 万元的猪，搭乘波音 747 专机，远渡重洋，来到中国。中国相关企业的董事长，当地政府有关领导，都亲自赶到机场，拉起横幅欢迎这头猪的到来。

这是一头什么猪？外国种猪。

中国是全球最大的猪肉生产和消费国，但种猪却长期依赖进口。高峰时期，一年进口达 2 万头。2020 年上半年，种猪进口量再次激增，以 10591 头的数量，创下了历史同期最高纪录。丹麦长白猪、英国大约克夏猪、美国杜洛克猪，这号称“世界前三”的猪种垄断了中国 98% 的市场，本土猪市场被挤得只剩 2%。

由此带来的，是中华猪种的濒临消亡。20 世纪 80 年代，本土猪还是中国人餐桌上的主角。如今，100 多个本土猪种，有 31 个濒临灭绝。以最适合做回锅肉的四川成华猪为例，情况最危急的时候，四川当地一度“仅剩五六十头”，比国宝大熊猫还要稀少。

拥有 9000 年养猪史的中华大国，在外来猪种面前溃不成军，已经成为一场“生态灾难”。

既然说到猪，就得说说饲料粮。

《航天科技与农业》曾发文称，我们的主粮安全，已经得到了根本上的保证；中国在当前及未来一段时期内的粮食安全问题，突出地表现为饲料粮的安全。

在主粮上，按 2020 年的数据，我们已经能够确保口粮的安全。我国小麦每年消费量为 1200 亿～1250 亿千克，而近 3 年的平均产量为 1300 亿～1350 亿千克；稻谷每年的消费量，都在 2000 亿千克左右，而近 3 年的平均产量为 2100 亿千克。所以，主要口粮上我们并不担心。

但是，每个人都盼望着在已经吃饱饭的前提下，能够吃得更好、更加健康、更加丰富多彩。毕竟，光有馒头、面条、米饭是远远不够的。

考虑到中国“人多”的现实，要想做到大家都吃得更好，就需要极大量的肉食保障；而肉食也是需要“能源”的，这个“能源”就是大量的饲料粮。遥想笔者当年，农村各家农户每年只能把一头猪养大，原因就是能够喂给猪吃的食物基本都是野菜之类，连剩饭都见不着，因为人都吃不饱、吃不好，没有那么多剩饭。所以，那个时候猪的成长十分缓慢，从年初养到年末。像这样原始、落后的饲养方式，是不可能满足现代社会居民日常生活对肉食的基本需求的。

于是，我们极其需要富含蛋白质等各类高营养物质的新型饲料粮。最为重要的，就是大豆和玉米。

2020 年 11 月《半月谈》发表的《我国粮食中长期供需形势与应对的政策建议》预计，到 2030 年我国玉米需求将超过 3 亿吨，国内产需缺口将达到 2500 万吨以上，必须引起高度关注。

近些年来，很多农业和种子专家所说的“粮食供求结构性矛盾突出”，其实说的主要就是玉米。一方面，我们的玉米种子自育自给率已经达到 90%；另一方面，我们还没办法脱离国际市场对玉米种子的各种控制，我们还是有些“受制于人”。

黑龙江省有不少地方，依然在使用进口玉米种子。尤其是该省北部地区种植的玉米，多是一家公司从德国引进的品种。由于这种德国种子具有早熟、脱水快、抗倒伏等显著优点，因而得到大面积推广。至于美国先锋公司的杂交玉米种子“先玉 335”，已经在中国土地上推广了 10 余年，是东北、华北地区最主要的玉米品种，在有些地区已经成为第一大品种，地位很难动摇。

而我国对大豆的消费量，也在持续增加，总需求接近1.2亿吨，实际进口量始终难以低于1亿吨。

为什么会出现这样的情况？一是我国耕地面积所限，主要土地必须用来种植主要口粮；二是我们的大豆品种在某些关键因素上依然显得品质不足、级别不高，拼不过那些大量运用基因技术培育出来的洋种子。在市场经济的大环境下，是不利于本土大豆品种参与竞争的。其结果就是，我们每年进口大豆的数量始终只增不减。2020年，我国累计进口大豆达到创纪录的10033万吨。《经济日报》对此发表评论认为，从长期看，通过扩大面积增加大豆产量的空间是有限的，主要途径还是应当通过加强种子科技攻关，提高单产水平，减少对外依赖。

还有小麦。虽然自育品种已经能够保障国内种植需求，但在西部有的麦区，依然有进口麦种出现。究其原因，就是过去我们的主食品种主要是馒头、面条等，原料以国产的中筋小麦品种为主。但是现在，群众的生活需求日益丰富，用于制作饼干、面包的强筋和弱筋小麦品种需求量逐步增长，而国内品种在这方面又有点力不从心，结果使国外品种得以乘虚而入。

作为传统的农业大国，我们是用种量世界第一、种业市值第二的国家，种业市值大约相当于全球种业市场的1/4。如此庞大的市场，哪怕在销售总量中只占很少的一个比例，就是一个可观的规模，就足以养活很多企业和很多人，就能够让我们的粮食安全得到更全面的保障。

但是，我们却是一个不折不扣的种子净进口国。2000 ~ 2020 年，我国种子进口量增长了 3.7 倍。其中，仅 2018 年中国农作物种子进口量就达到 7.27 万吨，进口额达 4.75 亿美元。当然，我们的种子也有出口的，但两者反差太大，当年进出口赤字达到 2.56 亿美元。

这就是“卡脖子”。虽然不是农作物种子的全部，但哪怕是局部，也是一种“卡脖子”，因为我们的自育品种体系还不够完备。

我们必须意识到，表面上看被卡的是品种，但真正能卡住我们的，是品种背后的种质资源、研发技术等各种关键因素。

种质资源还需继续加强保护

“历史悠久，地大物博”，是我们上小学起就知道的、对我们伟大祖国的概括叙述。尤其是“地大物博”，必然带来种质资源丰富的显著优势。

没错，这就是我们的优势。就和其他大国一样，我国种质资源极其丰富，在全世界都曾经稳居领先地位。但是，宇宙中没有什么是永恒的。某些事物，如果不加珍惜、失去保护，就会消失。

泱泱中华大地为我们创造、历代祖宗先辈为我们留下的丰富种质资源，也是这样。

在这方面，我们吃过太多太多的哑巴亏。尽管近些年来国家一直在保护种质资源上狠下功夫，很多农业科学家一直在为收集、保存中华大地原生物种而奔波劳累，有的还为此付出了生命，但我们还是吃过太多的亏，留下太多的遗憾。

让我们难以接受但又必须面对的是，许多如今“吊打”中国的洋品种，其实最早都是从中国传出去的。

前面提到，世界“三大猪种”垄断了中国 98% 的市场。其中的英国大约克夏猪，以长得快、省饲料、肥肉少而著称，但它的体内，就流淌着中国华南猪的基因。

1870年，北京本地鸭传入欧洲。但欧洲当地人都嫌鸭子太肥，因而没有成为流行之物。到了20世纪50年代，一位名叫尼克森的农场主在一个名叫樱桃谷的地方，经过多年的遗传实验和改良，终于将肥腻腻的原北京鸭进化成了瘦肉型鸭，结果大受欢迎。

90年代，在北京原产鸭基础上改良进化而成的新鸭种——樱桃谷鸭开始掉头进入中国，很快就把北京原产鸭打得一败涂地。

现如今，中国各地烤鸭店里卖的烤鸭，99%都是英国樱桃谷鸭的鸭种。英国樱桃谷公司，借此成为全球最大的肉鸭公司，靠专利费发了大财。而我们的北京原产鸭，只能到北京近郊农村才会看到几只。

同样的例子，还有所谓的“新西兰奇异果”。

100多年前，一位新西兰的女老师，在湖北省宜昌市夷陵区雾渡河，将中国特有的一种名为猕猴桃的野果，带回了新西兰。新西兰的园艺专家们经过长时间的努力后，培育出了口感更甜、果胶更多、大小一致的新型猕猴桃。由于猕猴桃的外形与新西兰的国鸟——奇异鸟很像，不但颜色相同，还都是毛茸茸、圆滚滚的，于是就给这种新型猕猴桃起名叫奇异果。

后来，奇异果不但统治了全球1/3的市场，还杀回它的原产地中国，大面积抢占了中国的猕猴桃市场，而且价格远远超过中国本地猕猴桃，有时能高出近10倍。

最惨的，是大豆，我们每年进口上亿吨的大豆。无论是从美国还是从巴西买，基本都是美国的转基因大豆，因为这种大豆不但产量比国产大豆亩产高出40%，出油率也高，比中国最好的东北大豆的出油率高出好几个百分点。而且，美国大豆生产都是现代化、规模化种植，成本显然低得多，在输入中国时竞争力也随之更强。好在中国原产大豆的口感始终比较好，这才没有全盘皆输，守住了食用大豆这块阵地。

问题是，美国，北美洲，原来都没有大豆啊。他们的大豆，怎么会发展到推出了像如今这样碾压全世界的优秀大豆品种呢？是，美国科技发达，但事情总得有个源头吧？

这个源头，就是中国。我国才是大豆的发源地，我国才应当是全世界大豆品种的最佳种质资源库。但是，当我国全球领先的大豆种质资源被美国拿走，又被美国以发达的生物基因等先进技术加以改进之后，事情就不是我们能够控制的了。

大豆，就是我们平时所说的黄豆。在我国古代，称之为“菽”。商代的甲骨文上发现过大豆的记载，山西侯马还出土过商代的大豆化石。《诗经·小雅·小宛》中有云：“中原有菽，小民采之。”战国时期的《墨子》也有记载：“耕家树艺，聚菽粟。是以菽粟多，而民足乎食。”这一句“民足乎食”，便已经说明大豆在中国历史上选育种植之早、百姓食用之多。

秦汉以后，“大豆”一词普遍代替了“菽”字。汉代的《氾胜之书》载：“大豆保证有收获，容易种植。”同时代的《春秋·考异邮》中则说：“菽者稼最强。古谓之尗，汉谓之豆，今字作菽。菽者，众豆之总名。然大豆曰菽，豆苗曰霍，小豆则曰荅。”清代成书的《神农书·八谷生长篇》中说得更具体："大豆生于槐。出于沮石云山谷中，九十日华，六十日熟，凡一百五十日成。"自汉代以后，我国大豆的种植面积不断扩大，产量也不断增加。

从纯粹野生，到"民足乎食"，包含了中华民族一代代祖先的辛勤选育。然而到了19世纪，我们的大豆被外国人盯上了，尤其是美国人。在长达半个多世纪的时间里，美国农业部先后多次派人来到中国，拼命采集各地的大豆品种。那时的中国，基本还是兵荒马乱的年代，没有人关心自己的大豆种子去向如何。于是，美国人是野生的要拿，种植的也拿。历经百年积累，美国现在已经拥有了2万余份大豆种质资料，成为全球拥有大豆资源最多的国家之一。

我们还得说一下那个著名的美国种子巨头企业孟山都。2000年，孟山都公司派团到中国考察。临别前，纯朴的中国人选出最为饱满的野生大豆种子，作为礼物送给了孟山都。孟山都如获至宝，回去后立即用最尖端的生物技术，检测出了高产、抗病基因，研发培育出了后来风行全球的转基因大豆新品种，并迅速在全球101个国家和地区抢注了64项专利，就连无私提供了研究基种的中国，也得交专利费才能使用这种种子。

如梦初醒的中国人这才开始知道生气，但已经没有办法了。中国农科院基因研究所的一位专家气愤地发问："你们为什么拿了我们的大豆，却抢注自己的专利呢？"孟山都回答："这是国际惯例。是我发现的啊！谁告诉你，是我拿了你的大豆？你有证据吗？没有吧？只要我申请了专利，全世界都要向我们交专利费，否则就将被起诉！”在孟山都公司申请的“高产大豆”专利说明书中，只是提到这种野生大豆种子来自中国上海附近，在美国的大豆种质编号是PI407305。至于怎么来的，就只字不提了。

直到今天，我们还在吃这个亏。而外国人对中国野生及自育种质资源的觊觎，也依然在继续。主要形式和途径，就是由种业巨头出面，逐步实现在中国种子市场的扩张。

说穿了，就是跨国资本借壳占领中国种子市场。他们的具体做法就是，成立“中国本土化”的农业科技公司，然后打着服务中国农民与农业的旗号，诱使中国农民试种洋种子。而这些洋种子，要么就是根本无法留种，要么就是留了种也用不成，最后农民还得老老实实继续购买新的洋种子。最终，中国种子市场被慢慢蚕食，“卡脖子”局面逐步形成。短短几十年时间，中国本土93%的原生种子都已经消失不见了。

1980年，美国孟山都公司首先在中国种子市场发力，在上海、广州、北京设立了销售业务代表处及分公司。之后，又先后进入河北、安徽等多个地区成立生物技术合资企业、生物技术研究中心、种子有限公司等。从表面上看，孟山都对合资公司能够开放它所拥有的全球种质资源。事实上，却十万火急地加紧在华进行专利布局，先后申请专利达560件，其中涉及育种技术的达243件，绝大多数是转基因技术。也就是说，孟山都已经实现了对其核心技术的无漏洞保护布局，彻底阻断模仿者和追随者。但在这种合资、合作过程中，我们对自有种质资源有没有成龙配套的保护措施？没有看到。即使有，恐怕也不是孟山都的对手。

接下来，还有来自法国，以蔬菜和玉米种子为主业的利马格兰公司；来自美国，凭借“先玉 225”玉米种子长期垄断中国玉米市场的杜邦先锋公司；来自瑞士，同样以蔬菜和玉米种子为主业，后来又被中国化工收购的先正达公司等，全都加速实现了在中国种子市场的战略布局。

《瞭望》周刊曾于 2020 年 9 月 19 日刊文指出，近年来包括全球行业前 10 强在内的 70 多家国际种业巨头，均已大规模进入中国市场。这不但使得一大批洋种子渗透到中国的田间地头，还不可避免地加剧了中国野生及自育种质资源流失的风险。

正是这些跨国公司，借助中国的开放种子市场、加强对外交流等带来的契机，大举攻占中国市场。他们不但“绑架”了中国农民，而且还以合作研究、联合开发等方式，与我国科研单位合作，以期获得包括全球领先的杂交水稻在内的种质资源及技术成果。由于这些跨国公司普遍拥有雄厚的资本和先进的现代生物技术、过硬的研发实力，因而能够通过并购国内种子企业、在华建立独立研发平台和试验基地等形式，成功进入中国种业领域。而我们有些企业，出于实现经济效益的考虑，在这种开放交流、合作研发中，完全采取“不设防、无边界”的姿态，更加导致我国丰富的原生种质资源优势、自有育种技术成果流失甚至丧失的风险不断增大。

面对外部跨国资本的长期觊觎、巧取豪夺，我们不能不引起足够重视和警惕。但是，这只是问题的一面。另一面，就是我们自己内部，在对自有种质资源的保护和开发上，虽然近些年来不断加强，但还是未能做到滴水不漏。

2015 年 1 月 1 日至 2020 年 12 月 31 日进行的第三次全国农作物种质资源普查初步发现，尽管我国种质资源非常丰富，但有不少地方品种正在快速消失。在湖北、广西等 6 个省、自治区的 375 个县，有 71.8% 的粮食作物品牌消失了，其中不乏优质、抗病、耐瘠薄的特性品种。在某水稻大省，由于种质资源缺少保护，当地水稻地方品种已经由 1956 年的 1366 个，减少到目前的 80 个。在江西省东乡区，1978 年发现的迄今世界上分布最北的 9 个普通野生稻居群，目前仅剩 3 个；在广西，1981 年有野生稻分布点 1342 个，目前仅剩 325 个……核心种质创制数量变少了，品种同质化问题必然随之严重。

除了农作物，还有其他特有生物种质资源，也同样在流失或消失。尤其是随着工业化、城镇化、现代化进程不断加快，各类地方品种、野生种的生存空间被挤压的现象越来越严重，保护难度越来越大。中国工程院刘旭院士刊文指出，据统计，中国 1443 种内陆鱼类中，已灭绝 3 种、区域灭绝 1 种、极危 65 种、濒危 101 种、易危 129 种、近危 101 种；农业微生物资源，尚未持续开展全国性的、系统性的资源调查工作，微生物遗传资源量、物种多样性和资源变化状况等基础资料非常匮乏，家底不清、总况不明，实施抢救性保护收集已经迫在眉睫。

同时，对农业种质资源的保护设施也不够完善、容量不足。部分畜禽、水产遗传资源还没有建立起保种场、保护区，缺乏区域性种质库、复份库，现有保存体系存在较大系统性风险；微生物资源更是危险，至今尚未建立起综合性的长期备份库设施。加快建立健全保护设施设备体系，已经是当务之急。

种质资源保护，是需要较高水准的专业技术的。而这种水准在某些层面上的欠缺，又加剧了我国种质资源保护表型鉴定、深度挖掘等工作上的不足，表现为前瞻性、针对性、精准性不强等问题。专业化、智能化和标准化仪器设备、专业人才都较为缺乏，不利于种质资源的鉴定和评价，进而影响到新品种的选育及改良进度；地方品种资源产业化开发利用更是相对滞后，产品种类单一，市场竞争力明显偏弱。比如，农作物种质资源开展精准鉴定和全基因组水平深度鉴定的，仅占 10% 左右。因此，迫切需要建立起全国统筹、分工协作的农业种质资源鉴定评价体系，对种质资源表型与基因型进行全面而精准的鉴定评价。

在有的地方明明对种质资源保护非常重视，但广大种业工作者辛苦收集得来、顺利入库的种质资源，却因为存放管理混乱而导致部分种质资源腐烂、丢失；对种质资源的开发利用，也还停留在表面阶段，没有什么深层次的技术含量；有些机关机构，对种质资源的管理多以独立收集、内部评价、自我使用为主，共享机制不畅，保护成本过高，亟待建立全局意义上的科学统筹规划。

中国工程院万建民院士不无担忧地指出，我国虽然成立了农业农村部作物种质资源保护与利用中心，保存资源总量突破 52 万份，位居世界第二，但目前完成资源精准鉴定的才不到 1.5 万份。

那么，为什么有的国内种子企业宁肯送出自有种质资源，也要保持与跨国资本的密切合作，以求最大经济效益呢？为什么有的省份明知自有种质资源在丧失，却未能采取战略性的抢救保护措施并妥善开发利用呢？为什么有的地方种业专家费尽心血收集了大量的种质资源，最后却得不到应有的精准鉴定、科学评价和开发利用，甚至出现“前脚收集、后脚丧失”的被动局面呢？

原因其实很简单，就是我们的实力还不够强大。虽然有评价体系、组织体系不够完备等因素，但根本原因就是实力上有差距。

核心实力还需继续追赶超越

种业，是个什么概念？

种子企业？种子产业？种子市场？种子经济？都对。却都没有说全，更没有说透。

种业，实际是国家综合实力的集中反映，是种质资源、国家投入、企业实力、基础科研、人才队伍、体制机制、农业生产、文化传统、市场需求等各种相关因素在种子这个领域充分融合的结果。

概括起来，就是种业的核心实力。我们为什么会在某些方面全球领先，而在某些方面又会被国外种业巨头"卡脖子"呢？关键问题就是核心实力。

从欧美各个跨国种业巨头"叱咤风云"的过程中不难看出，支撑其发展壮大的关键，主要就是品种研发能力、标准化制种能力、综合营销能力、系统管理能力等。

其中首要的，或者说起到内在支撑作用的，就是科技研发实力。尤其是世界种业前10强，无一不是以高技术引领潮流、垄断市场。比如美国孟山都，其收入中有60%来自技术专利。

先进的技术，必然带来高度的标准化。之所以会有"我们的种子论斤卖，国外的种子按粒卖”的说法，正是因为洋种子的外观、质量都高度一致、非常标准。

技术过硬了、质量标准了，更优质的服务也就能跟上了。世界各大跨国种业公司巨头，都在卖种子的同时提供周全的配套服务，为买方拿出整体解决方案，因为这些公司都对自己的种子有着十足的自信。在有的发达国家，从事农业生产的人口仅占总人口的 3% 左右，但为农业生产提供服务的人口却高出好几倍。

从业人数少、服务人口多，折射出国外机械化农业的高度发达，而这又回归到育种技术这个核心问题上。

最突出的例子，就是玉米。2015 年之前，我国一些玉米主产区一度出现洋种子大量抢占市场的现象。后来，随着国家给予高度重视、科研院所奋起追赶，国内玉米种子也在很大程度上实现了高产、抗密、抗病等目标，与国外种业巨头的整体差距大大缩小。

但是，我们的玉米种子在有的关键因素上依然处于弱势地位。比如规模化这个随着文明发展、时代演进必然要面对的农业生产方式变革问题。就我国而言，地域很广，但适合耕作之地并不太广；人口很多，但愿意终生务农之人并不太多。现在，从事农业生产的主要是 60 后、70 后，更年轻的一代宁肯去当建筑工人，也不愿意再去“背朝黄土面朝天”了。城镇化改革的迅速推进，更是加剧了这种变化。老龄化，在农业生产上已经表现得非常突出。

所以，我们必须尽快培育出适合机械化大规模种植的新品种，尤其是要对玉米品种的含水量提出更高要求。像过去那种大量收获玉米后只能通过晾晒来减少水分的传统做法，不可能满足现代生产需求，只能进行烘干。水分过大的品种，烘干时需要消耗更多的能源，生产成本随之增加，而这是任何生产者、经营者都不愿意接受的。

我国农业生产的传统是“大国小农”。由于耕地面积、地理气候、人口密度等原因，我们短期内不大可能完全照搬美国那种“大国大农”的模式。但是，朝着机械化、规模化迈进的趋势是不可阻挡的。越是这样，对玉米种子的品质要求就只能是越来越高。

同样的种植条件下，玉米洋品种收获时的含水量远低于国产玉米种子。今后，我国也将会大量采用机械化籽粒机收的收获方式，就是在玉米秆上将玉米棒子直接采收成为玉米颗粒。如果收获时的玉米含水量过大，就难以满足这一要求。

对此，跨国公司更多是在先进生物技术的支撑之下，以专业化精细分工、大规模团队协作的方式，协作研发适合未来需要的新品种。而我们呢？我们目前的育种资源还更多地集中在农科院校，其现状是育种资源有限、项目课题组人力有限、品种组合较少，也没有形成以市场为导向的技术研发体系，许多育种项目还没有来得及推出成果就会因已经落伍而遭淘汰。

不仅是玉米，包括我国已经完全自给的小麦、大豆等育种领域，都面临着类似的技术难题。

如果相关育种工作涉及基因技术，而所需专利技术又已经被国外企业掌握，那我们要想使用就得给国外企业交纳专利费用，“卡脖子”的局面就会始终存在。如果不想交纳这样的专利费，我们就只能继续沿用杂交育种的传统办法，不但耗时更长、效率太低，而且可能会因为存在明显的盲目性而事倍功半。

导致出现上述问题的一个重要原因，就是过去我们对种业科技的投入相对不足。孟山都、先锋等跨国种子企业对新品研发的投入，占到销售额的 10% 以上，这是非常大的力度，也是这些跨国企业始终保持巨头地位的重要保障。

育种工作，尤其是新种培育，是典型的长期工作，来不得半点急功近利。但是，这些年来我们的育种项目大多是短期的，一个项目能持续 3 年的都比较少见，能够放宽到 4 ~ 5 年的国家重点研发技术项目，更是少之又少。项目期限短，造成的麻烦是每年都要展开项目申请工作，既耗费了宝贵的时间，又有损于育种工作的连续性。如果项目资金支持不连贯，就容易导致项目涉及的种子资源流失甚至丢失，而且很难恢复。因此，国家对育种科研的支持，必须由短线改为长线。

从企业的角度讲，由于多数企业成立时间短、整体规模小等原因，我国种子企业对育种研发的投入也不算很多。我国前 50 强种业企业年研发投入约为 15 亿元人民币，听上去似乎很多，但实际上仅仅接近美国孟山都这一家公司的 1/7。有的省份拥有数百家种子企业，但绝大多数都是小企业，很难做到潜心 10 年培育 1 个新品种。而国外种子巨头公司呢？多数能够持续上百年去针对某个类别收集种质资源，针对某个具体品种反复攻关研究。

2017 年，中国化工集团耗资 430 亿美元收购了当时在世界排名第三的瑞士种子农化高科技公司——先正达，使得“中国”二字首次出现在世界种业前 10 强的序列之中。先正达与美国的杜邦、孟山都、道化工和法国的利马格兰等其他公司一起，长期占据世界种业前 10 强的地位，掌握着全球 65% 主要作物的商品种子。曾几何时，中国虽然是世界上人口最多的国家，却长期没有一家土生土长的本国种子公司进入世界 10 强。

同样是 2017 年，中国企业隆平高科首次进入全球 10 强，但占全球市场份额还不足 1%。2018 年，隆平高科的营收是 5.2 亿美元，尚不及美国孟山都公司的 1/20。事实上，当时全中国 5800 多家本土种子企业的全部销售收入加起来，也仅相当于孟山都一家。

尽管如此，毕竟在世界种业前 10 强的序列中，属于中国的种子企业有两个了，即中国化工先正达、中国隆平高科。也正是在这种“群雄辈出、强强联合”的过程中，我们才进一步窥见了我们与世界种业巨头在核心实力上存在的明显差距。

最直接的表现，就是我们强调指出过很多次的种业科技实力，尤其是在以功能基因挖掘、基因编辑技术为核心的基础科学研究上，我们有着明显的差距。科幻小说作家刘慈欣的名作《三体》中，三体人为了封死地球人科技发展之路所采取的办法，就是让地球人的基础科学研究突然间停滞不前。正像中国科学院遗传与发育生物学研究所的水稻专家所强调的那样，基础研究是根本，大力加强基础研究、强化原始创新，才能有效带动下游产业链。反之，则一事无成，或者事倍功半。

要想成功挖掘功能基因，首先得有效识别功能基因，而发达国家在这方面显然起步更早，他们已经识别出了很多作物的许多重要的功能基因，而且都申请了专利。这就是说，只要我们使用了某种或某些别人已经获得专利的基因进行育种和推广，就得给别人付钱。基因编辑技术也是如此，因为采用什么手段去改造基因，常常也是一种专利；如果没有自己独创的、领先于别人的基因编辑核心技术，就相当于自己没有属于自己的基因编辑工具，也会被别人“卡脖子”。

说到这里，又有一个问题显现出来了，那就是我们长期存在的基础研究与育种实践的相互脱节。这种脱节，既表现为为数不多的国家级基础研究团队与遍布全国各地的种子企业的严重分离，又表现为各级种子企业心有余而力不足的严重无奈。而在外国种业巨头的成长历程中，这种脱节要么几乎不存在，要么早都已经彻底解决，因为他们是通过培养自己的顶级科研攻关团队，来为自己的育种实践服务的。换句话说，国外种业巨头的基础研究是与育种实践结为一体的。

但我们不是，我们还没有完全融合到一起。这样一来，就很容易导致国家级育种科研队伍必须得花大力气与育种企业搞好磨合，而这种磨合又不可能天天进行、时时不断。所以，经常是很多企业不知道国家的育种基础研究进展到什么程度了，有时甚至并不完全信任国家级团队的研究成果。而在国家级团队眼中，又经常觉得很多种子企业缺乏战略性的长远目标，在加速育种技术的升级换代上既不想投入过多经费，又没有能力组织起自己的顶级科研队伍。

最后，有些企业就只能是甘愿充当外来种子的“收购商”“代理商”和“销售商”。科研呢？干脆就丢到脑后去了。如果其中有的企业还在搞所谓的“科研”，也常常是相互模仿。有时，一个县里种了 100 多个品种的小麦，但其实归归类都差不多，同质化问题非常严重。

并不是所有的国内种子企业都缺乏责任意识和战略眼光。相反，大家都在尽可能地增加对种子创新研发的投入。2018 年，全国种子新品种保护的企业申请量，已经超过教学和科研单位的总和，标志着种子企业已经成为新品种保护申请的主力军，就是一个显著的证明。

或者说，我国大多数种子企业，都想成为拥有巨大发展潜力、将来可以抗衡国外巨头的“育繁推一体化”现代种子企业。这样的愿望是正确的，也是符合国家倡导和要求的。

2021 年上半年，农业农村部种业管理司下发了《关于组织开展研发型种子企业摸底调查的通知》（下文简称《调查通知》），明确指出，“研发型种子企业，是指从事农作物种子生产经营的企业，达到一定生产经营规模，有稳定的科研育种团队，有固定的科研育种用地和设备，有能满足育种需求的种质资源，有长期稳定的研发投入，具备选育农作物新品种和申请获得专利的能力”。

那么，能够符合这个要求的中国种子企业，有多少呢？若按照全球标准，几乎没有，因为只有中国化工收购的瑞士先正达和中国隆平高科，才算是进入了世界种业强企前10名。但若按照我们自己的标准，可能数量有很多。

问题的根本在于，数量并不等于质量。数量只能证明中国是个种业大国，但依然不是种业强国。要想成为种业强国，必须拥有数量足够多，同时规模足够大、水平足够高、能力足够强的种子强企。或者说，每个种子企业要想进入世界前10强，就必须满足《调查通知》要求的条件。而且，这几乎就是绝大多数种子企业的奋斗目标。

但是，为什么大多数种子企业做不到这一点呢？

人才。很多种子企业缺乏足够的顶尖人才。《调查通知》中明确要求必须要“有稳定的科研育种团队”，就是这个用意。

人才是兴业之本，人才就是中国种业核心实力的关键构成。没有顶尖的创新型科技人才，什么基础研究都只能成为一句空话。但恰恰就在这个至关重要的问题上，我们还未能做到像国外种业巨头那样“人才济济、成果不断”。

原因很多。刚才提到国家级研究团队与全国各地种子企业的严重分离，其中一个表现就是人才的严重不对等。对企业来说，身处育种实践一线，迫切需要有足够多的顶尖人才长期扎根在此、攻关钻研。但事实上，优秀的农业从业人员却在不断减少，因为工资待遇低、工作条件艰苦，而且社会公众对农业从业者的认知还停留在“种地”的浅薄层面上，缺乏应有的尊重与理解；现有的人才激励机制也不够完善，导致很多育种人才对自己的前途缺乏信心。真正拥有高学历、从事高水平研究的人才，基本都奔向国家级科研院所了。求贤若渴的基层种子企业，只能是望而兴叹。

2021 年的全国“两会”期间，有来自山东的全国人大代表提交了一份《关于种业科技创新建议》的提案，呼吁国家要“缓解种子企业科研人员流失现象”，并指出“现在年轻人不愿意到田间地头做科研，更愿意待在城市里。一些种业企业科研人才流失严重”。

这份提案，反映了很多种子企业负责人的共同心声。大家经常感叹：“企业招人难，留人也难。特别是招收大学生、硕士生、博士生做科研育种，就更难！”通俗地说，就是国内的种子企业普遍缺乏“育种摊子”，进而缺乏自主产权品种，只能依靠“科企合作”，也就是从科研院所购买现成种子来维持市场营销，结果就形成了“小的死不了，大的起不来”的被动局面。

原因何在？就在于我们大部分种子企业是在中小城市，多数是在农村，生活寂寞、单调乏味；就在于农作物育种主战场是在田间，越是天热就越是繁忙季节，烈日炎炎下只能是汗流浃背；

就在于在这些地区民营种子企业工作的育种人员缺少评级晋职机会，远不如到中央、地方的专属科研院所干活更“划得来”，因为那样的话三年五载就可以挂衔评职称了。

对企业来说，最糟糕的不是招不来人，而是留不住人。大部分年轻专业人才觉得辛苦与薪酬完全不匹配，结果干不了几年就跑光了，有的去了更高级别的专业科研部门，有的则更愿意通过招考进入地方行政部门去当一名公务员。至于育种专业，那就放弃好了。有些基层种业管理工作处于无机构、无编制、无专人的“三无”状态，形成管理真空。

有的育种专家撰文指出，中国种子的大品种严重缺少，难以跟洋种子中的大品牌抗衡。除了人才短缺之外，还有政策引导的问题。有些企业片面追求快出品种，搞“短平快”式育种，重大创新的选题常常不被放在重要位置。出于评职称等的考虑，很多育种专家的首选目标也是多出品种，至于出大品种便成了次要目标。于是，耗时长、见效慢、风险大的重大研究被忽视或轻视，育种创新特别是原始创新只能是停留在口头上。

结果，不但为数众多的中小企业后继乏人，就连一些高校、科研院所的育种专家的积极性也饱受挫伤，相当于部分人忍痛退出作物育种领域，人才流失更加严重，育种技术特别是基础、核心技术的积累更加被削弱。

这种积累是需要较长时间的，是需要长期支持的。别人为什么能卡我们的脖子？正是我们积累不够。没有足够的量变，哪来辉煌的质变?

比如在理论上，像进化论、经典遗传学、分子遗传学、生物统计学、数量遗传学等育种相关基础理论成果中，主要都是外国人的创造性贡献；在技术上，像创造变异、选择变异、固定变异或稳定变异等技术，也同样不是我们中国人的发明，似乎仅有“两系法”生产杂交种子，是中国人做出的原始创新。因此，我们始终是在“跟跑”，只有个别作物种子才能算作“并跑”。能够居于“领跑”地位的，十分罕见。

对目前风行全球的转基因种子，我们不是没有引起警惕，已经投入巨资开始搞转基因研究。但是，情况并不是那么理想。我国正在申请商业化种植及在研的 8 个转基因水稻品系中，没有任何一种是拥有独立的自主知识产权的。相反，上述转基因品系至少涉及 28 项国外专利，分别属于美国孟山都、德国拜耳和美国杜邦等跨国生物技术公司。这就是说，即使我们大规模推广转基因主粮，也并未拥有生产主权。更何况，除种子专利外，专用的除草剂、化肥也几乎都是被别人控制着的。

所有这些，都是我们在种业核心实力上的欠缺，都是我们需要大力改革、奋起直追的领域。

当前，世界种业正在迎来以基因编辑、人工智能等技术融合发展为标志的新一轮科技革命。种业强国建设，已经进入常规育种 + 生物技术 + 信息技术 + 人工智能的“育种 4.0”时代。

而我们呢？我们有很多依然在育种领域坚持奋斗、努力创新的科研人员，有时还在为着捍卫自己的专利技术，进行着繁杂的法律抗争，浪费着大量的时间精力。

为什么会长期存在这样的情况?

知识产权还需继续重点保护

我国的种业知识产权制度，建立于20世纪的八九十年代，其中最核心的植物新品种保护制度于1997年制定实施。但随着2000年新种子法颁布之后，我国种业自身及面临的外部环境都迅速发生了巨大的变化。尤其是在经营方式上实现了从计划经济向市场经济的全面转型，技术创新方面也取得了突飞猛进的发展。但是，以品种权保护为核心的种业知识产权制度体系未能及时做出相应的根本性调整和变革，使得现行制度相对滞后、不能适应我国农业植物新品种保护事业发展需要的问题变得越来越突出。

一个很典型的表现，就是我国的知识产权保护制度不够健全、过于笼统，无法为飞速发展的现代生物育种创新链提供全程的知识产权保护。正像中国农科院知识产权研究中心专家所介绍的那样，伴随重组DNA技术的诞生，科学家们可以在分子水平上对基因进行细致操作、改动，就是将外源基因通过体外重组，导入受体细胞之内，进而在受体细胞内实现复制、转录、表达，最后筛选出符合要求的新品种。于是，生物育种技术将植物种子变成了一个非常复杂的技术综合体，这种变化的过程又成为一个拥有很多关键技术环节的系统工程。其中每个环节，都可能是一项创新性的劳动成果，都需要专利、品种权、商业秘密等不同类型知识产权进行平行或交叉保护。

而我们的知识产权保护制度体系，却显得过于陈旧、过于笼统，没有办法对如此复杂的技术类别、环节、项目，进行分门别类、细致入微的全程保护。

于是，在利润第一的市场竞争环境下，各种乱象出现了。

全国现有持证种业企业 7200 多家，但真正有原始创新能力的并不多。有的企业把已经推广的良种稍微改变一下性状，就当作新品种加以推广。像这样自己“模仿”自己的，还算是好的。更有甚者，时时盯着有创新能力的企业推出的新品种，结果导致刚推广一个新品种，马上就有仿制的。

这就是所谓的套牌。有些研发能力不足、缺乏职业道德的种子企业，推出一款“新种子”时的整套审定文件等证照类手续都是他自己的；但袋子里面装的，却是真正有实力的其他企业的品种。也有一些种子生产经营者受利益驱动，为了减少损失、扩大利润，就拿自家滞销的种子套牌畅销种子出售，由于某些滞销种子与畅销种子有着相同的亲本来源且特征有相似之处，因而更难辨别。还有的企业，则是用尚未审定的种子套牌已经审定的种子进行销售，而这种“未审先推”的种子质量是没有可靠保证的。

过去，种子市场上常见的假种子几乎都是“假品牌、假包装、假手续”。现在，这种笨拙的手法基本销声匿迹了，更多的正是这种套牌种子。由于套牌种子拥有品种审定证书等合法手续，即使被抓，大多也只能以侵害植物新品种权为由被处以经济赔偿，很少涉及刑事处罚。

在全国整个种子界，这些都已成为司空见惯的“手法”，是行业内公开的“秘密”。对以农户为主体的一般消费者来说，很难从种类繁多的种子中分辨出套牌与正牌的区别。

有时，情况严重到某个公司的某个成熟品种，能追查到的就同时有 143 家其他公司贴上自己的标签在市场上销售。结果便是，良心企业既要辛苦选育新品种，又要耗时耗力去维权，苦不堪言，极不公平。更有甚者，一些不良种子种业、种田大户和小厂家甚至拿极其便宜的劣质种子，套上名牌成熟种子的袋子，或者直接采用无标识的“白皮袋”，大肆销售，贻害四方。有的厂家几百万元的销售额，有将近一半是靠套牌销售得来的。

据农业农村部主要负责人介绍，近年来我国种业侵权事件明显增多，业界对假冒套牌、仿冒仿制等乱象的反映十分强烈。据统计，2016 ~ 2020 年，全国法院审结涉植物新品种纠纷案件从 66 件增加到 252 件，其中侵权纠纷案件占比超过了 80%。

培育植物新品种，是个非常艰辛的过程。周期长、成本高，还未必能够保证一定会成功。好不容易搞出一个成熟的新品种来，却被人换个包装、套个牌子，轻而易举地盗走了。长此以往，将会严重挫伤良心企业潜心育种的积极性、创造性，甚至将会没有人再敢去创新、去选育具有自主知识产权的新品种。

此类套牌侵权行为所损害的，并不止是新品种知识产权真正拥有者的权益，而是大面积地影响到了农民的切身利益，甚至影响到了国家的粮食安全。

谚语云：“好种多打粮，劣种苗儿黄。”“人误地一时，地误人一年。”假冒侵权种子的质量没有保证，等种到地里才发现有问题，就已经晚了，补种、补救基本是不可能的。

这些问题，绝对不能小视、小看。而问题之所以长期存在，一方面，是不法企业纯粹受利益驱使，存在侥幸心理；另一方面，也有体制机制相对滞后、不够健全的原因。我们的保护手段还不够多，也不够硬。再加上种子侵权取证难、执法难的问题长期存在，不良企业违法成本很低，更加助长了套牌者的胆量。

有的种业研究人员气愤地说：“培养一个好品种经常需要 10 年以上，可是常常我们研究的种子还在试验田里，市面上就已经有人在卖套牌种子了，也不知道是怎么窃取的。”中国葵花产业联盟执行会负责人也介绍说，目前国内进行原创型食葵育种的企业和科研院所及个人仅有 10 多家，自主选育的推广上市品种约 50 个，但已经获得食葵品种登记的总数量却高达 1800 多个，说明仿冒或套牌品种已经泛滥。“我国加强培育向日葵等非主要作物新品种，花了 10 多年的时间才打败了洋种子，可是却在很短时间内败给了套牌种子”。

情况不可谓不严重，影响不可谓不恶劣。

2020 年的全国“两会”期间，有的代表明确指出，我国现行的相关法律法规对原始创新保护力度有待加强，对跟随仿制性、模仿修饰性育种的限制还不够严格，部分地区、某些品种的种子市场中近似性品种泛滥成灾。甚至有人直言，我国当前的品种保护制度已不能满足种业高质量发展需求，亟需打破谁搞原始育种、谁就是“冤大头”的现象。因此，应当尽快修订《种子法》和《植物新品种保护条例》，加大对违法侵权的执法力度，营造鼓励创新、公平竞争的规范环境。

事实上，国家对种子知识产权的保护力度一直都很大，全国各地也一直在加大对套牌种子等违法行为的打击力度。但是，这种打击的手段和力度，都还没有完全压住不法分子在实施套牌行为中表现出的“胆大、狡猾、动作快”的嚣张气焰。

违法者“胆大”，是因为其套牌违法行为成本较低，所以屡打不绝。有的种业负责人说，对敢于违法套牌、销售假冒伪劣种子的不法分子来说，10 次造假被抓住，9 次都不要紧，只要有 1 次没被抓住，就能赚取百倍甚至千倍的巨额暴利。而被侵权的种子企业呢？维权成本却居高不下，有时费尽周折打赢了官司，却只获赔 1 万多元。

言其“狡猾”，则是指不法分子非常善于打“游击战”。其侵权种子加工、储存地点多为农村或城市郊区，储存方式一般为散籽，而且在一个地方的存货并不多，即使被查获，也会因为数量太少而只能进行行政处罚，很难入刑。销售时，不法分子一般都是根据订单情况即时包装、即时拉走，直接发货到乡村，整个过程都非常隐蔽。

至于“动作快”，则是不法分子还擅长钻空子。目前，种子企业一个新品种从申请到获得保护授权时间一般需要3年，时间显然有点长。于是，一个新品种刚刚通过审定，市场上便出现了套牌种子。而在原种子企业获得新品种保护授权之前，法院对未获品种权的侵权诉讼不予受理，企业便常常望“套”兴叹、难以维权。

只要有人能够钻空子，那就说明空子是存在的。新品种审定与获得保护授权之间的时间差，以及不法分子的“胆大、狡猾”常常能够成功，其实都是表面因素。真正制约种子知识产权保护的，是我们的执法体系还存在着较深层次的困难和问题。

对此，《瞭望》周刊专门发文进行了剖析。肩负种子执法工作一线职责的地方种子执法部门，既没有DNA指纹图谱技术，更没有基因对比手段，很难及时识别和鉴定套牌种子。而一些有资质的农作物种子质量检验机构，又因为技术、职责、精力等原因，无法及时为行政执法部门提供品种真实性鉴定支持。还有些科研育种单位，很想为打击套牌种子执法行动提供技术依据，却又不具备种子质量检验资质。

难点还不止这些。作物也是植物，有其生长周期。如果对套牌种子进行种植鉴定，其鉴定周期至少需要经过作物的一个生长周期，还得在适宜的季节才能进行，无法做到“随时进行”，这必然又拉长了时间跨度，而且由于人力物力投入太大，基层执法部门难以承担。如果要采用较为先进的分子检测方法，则又因为这种方法有着先天缺陷，即只能对40个点位进行检测，并不能全面覆盖，因而其结果也不能作为最终判定依据。而通常采用、最为简单的室内感官检测依法，却又存在着很高的误判率。

按照现行法律法规，农业植物新品种侵权案件为“请求制”，即品种权人得向执法大队请求处理品种权侵权行为。此时，执法大队是“准法官”身份。而在推进案件处理的过程中，执法大队又得以“执法者”的身份去取证。这就等于执法人员必须在两种“身份”之间来回转换。有些不法分子正是抓住这一点进行申诉，有时就真的反倒让品种权人败诉了，因为“警察”可以取证，但认定证据是否有效的只能是“法官”。如果执法人员既当“警察”又当“法官”，那这个执法程序本身就有问题了。

一桩桩套牌事件，一个个违法案件，似乎都是局部，无关大局。但是，当我们想到中国国土面积如此之广、种子市场如此之大、套牌事件如此之多的时候，就能够立即明白，已经在种子行业内部形成的“育种不如买种，买种不如偷种，偷种不如套牌”的所谓“潜规则”，对中国种业和粮食安全的危害有多么严重。由于当前套牌种子有时并不“伪劣”，在纯度、净度和发芽率等方面也不一定不达标，但由于其成本低、利润高，价格上的竞争优势十分明显，因而对合法种子企业造成的伤害是深层的、全面的。

回顾本章所言，无论是品种体系不够健全，还是种质资源保护不够完备，也无论是核心实力不够强大，还是专利保护不够有力，都是直接影响中国能否破除“卡脖子”被动局面的关键因素。

而这些问题，已经成为蒙在中国种业 70 多年发展壮大辉煌成就之上的一层阴霾，或者说已经成为我们解决“卡脖子”问题的一种阻碍。

好在，解决这些问题，实现跨越发展的方向已经指明，号角已经吹响，重拳已在连续出击，好戏正在连台上演。

第九章 乾坤再定

——党和国家对种业发展的全新战略布局

经济史上，有个著名的“马尔萨斯陷阱”，即人口增长是按几何级数进行的，而生存资料却仅能按照算术级数增长。这迟早会导致全球粮食从整体上供不应求，甚至出现饥荒、瘟疫、战争等。简言之，就是多增加的人口总是会以某种方式被消灭掉。后来，工业革命的到来，使得“马尔萨斯陷阱”被证伪。

没想到，“马尔萨斯陷阱”阴影会再次降临。2020年7月，联合国发布的《世界粮食安全和营养状况》显示，因粮食短缺，2019年全球有近6.9亿人遭受饥饿，比5年前增加近6000万人；因新冠疫情引发的经济衰退，局面将会更加被动。而中国社科院于2020年8月发布的《中国农村发展报告2020》则预计，到“十四五”期末，中国可能会出现1.3亿吨左右的粮食缺口；而有些农业生产国，却正在实施粮食出口限制令。如果再遭遇粮食战争、种子战争，我们的情况似乎将十分危险。

实际上，我们不必过于担心。近些年来，中国种业和粮食安全正在进入有史以来奋斗方向最为明确、获得支持最为强劲、综合保障最为有力的新时代。这是因为，党的十八大以来，以习近平同志为核心的党中央始终对粮食安全和种业发展给予了充分的重视，并从长远发展和宏观全局的层面，持续不断地对打好种业翻身仗进行着战略性的高端决策与全新部署。

因此，我们成竹在胸，曙光在前。

高瞻远瞩

小小的种子，从来都是与伟大的事业紧密联系在一起的。实现中华民族伟大复兴的“中国梦”，更是离不开至关重要的中国种子，离不开发展壮大的中国种业。

党的十八大以来，所有的人特别是从事种业工作的人都欣慰而自豪地看到，以习近平同志为核心的党中央从确保国家安全的战略高度，对种业工作给予了前所未有的高度重视，使中国种业全面进入了最受关注支持、最快密集发展的全新时代。

2018 年 4 月 12 日下午，中共中央总书记、国家主席、中央军委主席习近平冒着 30 多摄氏度的高温，来到海南国家南繁科研育种基地，同袁隆平等农业技术专家一道，沿着田埂走进“超优千号”超级杂交水稻展示田，仔细察看水稻长势，深入了解南繁优质水稻的产量、口感和推广情况。习近平总书记满怀真切地嘱托长年奋战在育种一线的南繁工作者：

“海南热带农业资源十分丰富、十分宝贵。国家南繁科研育种基地是国家宝贵的农业科研平台，一定要建成集科研、生产、销售、科技交流、成果转化为一体的服务全国的‘南繁硅谷’。”

“十几亿人口要吃饭，这是我国最大的国情。良种在促进粮食增产方面具有十分关键的作用。要下决心把我国种业搞上去，抓紧培育具有自主知识产权的优良品种，从源头上保障国家粮食安全。”

习近平的眼光是那么高远，决心是那么坚定，脚步更是那么实实在在。近些年来，习近平已经参加过多次相关会议，走过了很多育种田地，深入过很多个农业、种业科研院所；他对农业生产和种业发展的殷殷嘱托，已经在一批又一批农业和种业工作者的耳边响起。

2013 年、2017 年和 2020 年，习近平先后 3 次出席中央农村工作会议、中央经济工作会议等重要会议并发表重要讲话，每次都对农业和种业等问题提出要求、寄予厚望。

2013 年中央农村工作会议于当年 12 月 23 ~ 24 日在北京举行。会上，习近平语重心长地指出：

“‘洪范八政，食为政首。’我国是个人口众多的大国，解决好吃饭问题始终是治国理政的头等大事。毛泽东同志说：‘吃饭是第一件大事。’手中有粮，心中不慌。我国十三亿多张嘴要吃饭，不吃饭就不能生存，悠悠万事、吃饭为大。只要粮食不出大问题，中国的事就稳得住。”

“保障国家粮食安全的根本在耕地，耕地是粮食生产的命根子。农民可以非农化，但耕地不能非农化。如果耕地都非农化了，我们赖以吃饭的家底就没有了。”

“一个国家只有立足粮食基本自给，才能掌握粮食安全主动权，进而才能掌控经济社会发展这个大局。靠别人解决吃饭问题是靠不住的。如果口粮依赖进口，我们就会被别人牵着鼻子走。”

“我国农业走出去往哪里去、以什么方式进行开发、生产出的农产品如何利用等问题，都要做过细的研究。进口也要注意安全，一是物种安全，二是不要形成垄断，被对方卡脖子。”

“我们的立足点、着眼点是，绝不能买饭吃、讨饭吃，饭碗里必须主要装我们自己生产的粮食。”

“在国内粮食生产确保谷物基本自给、口粮绝对安全的前提下，为了减轻国内农业资源环境压力、弥补部分国内农产品供求缺口，适当增加进口和加快农业走出去步伐是必要的，但要把握好进口规模和节奏，防止冲击国内生产，给农民就业和增收带来大的影响。”

在 2017 年 12 月 28 ~ 29 日召开的中央农村工作会议上，习近平同样发表重要讲话，总结了党的十八大以来我国“三农”事业的历史性成就和变革，深刻阐述了实施乡村振兴战略的重大问题，对贯彻落实提出了明确的要求。

2020 年 12 月 28 ~ 29 日，2020 年中央农村工作会议在北京召开。习近平出席会议并发表重要讲话强调，在向第二个百年奋斗目标迈进的历史关口，巩固和拓展脱贫攻坚成果，全面推进乡村振兴，加快农业农村现代化，是需要全党高度重视的一个关系大局的重大问题。全党务必充分认识新发展阶段做好“三农”工作的重要性和紧迫性，坚持把解决好“三农”问题作为全党工作重中之重，举全党全社会之力推动乡村振兴，促进农业高质高效、乡村宜居宜业、农民富裕富足。

习近平在讲话中指出，要牢牢把住粮食安全主动权，粮食生产年年要抓紧。要严防死守18亿亩耕地红线，采取长牙齿的硬措施，落实最严格的耕地保护制度。要建设高标准农田，真正实现旱涝保收、高产稳产。要把黑土地保护作为一件大事来抓，把黑土地用好养好。要坚持农业科技自立自强，加快推进农业关键核心技术攻关。要调动农民种粮积极性，稳定和加强种粮农民补贴，提升收储调控能力，坚持完善最低收购价政策，扩大完全成本和收入保险范围。地方各级党委和政府要扛起粮食安全的政治责任，实行党政同责，"米袋子"省长要负责，书记也要负责。要深入推进农业供给侧结构性改革，推动品种培优、品质提升、品牌打造和标准化生产。要继续抓好生猪生产恢复，促进产业稳定发展。要支持企业走出去。要坚持不懈制止餐饮浪费。

除了中央农村工作会议这样的重要会议，习近平总书记对农业和种业的高度重视，还体现在许许多多的其他场合，或者田间地头。

2013年11月27日，习近平在山东省农科院召开座谈会时强调指出："要给农业插上科技的翅膀，按照增产增效并重、良种良法配套、农机农艺结合、生产生态协调的原则，促进农业技术集成化、劳动过程机械化、生产经营信息化、安全环保法治化，加快构建适应高产、优质、高效、生态、安全农业发展要求的技术体系。”

2014 年 5 月 9 日，正在河南省考察工作的习近平总书记来到开封市尉氏县张市镇高标准粮田综合开发示范区，亲自察看小麦长势。得知穗数、穗粒数、千粒重等指标都很好，示范区可望增产几百万千克粮食后，习近平很高兴，叮嘱要“继续抓好综合技术措施落实，奋力夺取夏粮丰收”。同时强调：“粮食生产根本在耕地，命脉在水利，出路在科技，动力在政策，这些关键点要一个一个抓落实、抓到位，努力在高基点上实现粮食生产新突破。”

2014 年 9 月 29 日，习近平在主持召开中央全面深化改革领导小组第五次会议时讲话指出：“要根据各地基础和条件发展，确定合理的耕地经营规模加以引导，不能片面追求快和大，更不能忽视了经营自家承包耕地的普通农户仍占大多数的基本农情。”

2015 年 2 月 10 日，习近平在主持召开中央财经领导小组第九次会议时又再次强调：“保障粮食安全，要加快转变农业发展方式，推进农业现代化，既要实现眼前的粮食产量稳定，又要形成新的竞争力，注重可持续性，增强政策精准性。”

2015 年 5 月，习近平对耕地保护工作做出重要指示：“耕地是我国最为宝贵的资源。我国人多地少的基本国情，决定了我们必须把关系十几亿人吃饭大事的耕地保护好，绝不能有闪失。要实行最严格的耕地保护制度，依法依规做好耕地占补平衡，规范有序推进农村土地流转，像保护大熊猫一样保护耕地。”

2015 年 7 月 16 日，习近平来到吉林省延边州和龙市东城镇光东村视察。之所以深入到村，主要是为了重点视察水稻长势。习近平在视察中，专门讲道："粮食安全是国家安全的重要基础。国家要加大对粮食主产区的支持，增强粮食主产区发展经济和增加财政收入能力，实现粮食主产区粮食生产发展和经济实力增强有机统一、粮食增产和农民增收齐头并进。"

2016 年 4 月 25 日，习近平在中国农业生产家庭联产承包责任制改革的先行点即安徽省凤阳县小岗村，主持召开农村改革座谈会时又专门强调："不管怎么改，都不能把农村土地集体所有制改垮了，不能把耕地改少了，不能把粮食生产能力改弱了，不能把农民利益损害了。"

2017 年 10 月 18 日，中国共产党第十九次全国代表大会在北京隆重开幕。习近平总书记在会上所做的报告中，向全世界庄严宣告，要"确保国家粮食安全，把中国人的饭碗牢牢端在自己手中"。

2018 年 9 月，习近平在东北三省考察。在北大荒精准农业农机中心，习近平逐一察看当地出产的米油豆奶等各类农产品后，双手捧起一碗大米，意味深长地说道："中国粮食，中国饭碗！"

2019 年 3 月 8 日，习近平在参加十三届全国人大二次会议河南代表团审议时谈道："要扛稳粮食安全这个重任。确保重要农产品特别是粮食供给，是实施乡村振兴战略的首要任务。""耕地是粮食生产的命根子。要强化地方政府主体责任，完善土地执法监管体制机制，坚决遏制土地违法行为，牢牢守住耕地保护红线。要推进农业供给侧结构性改革。发挥自身优势，抓住粮食这个核心竞争力，延伸粮食产业链、提升价值链、打造供应链，不断提高农业质量效益和竞争力，实现粮食安全和现代高效农业相统一。”

2019 年 9 月 18 日，习近平再次来到河南考察工作。在听取河南省委和省政府工作汇报时，做了重要讲话。他指出：“要扎实实施乡村振兴战略，积极推进农业供给侧结构性改革，牢牢抓住粮食这个核心竞争力，不断调整优化农业结构，深入推进优质粮食工程，突出抓好耕地保护和地力提升，加快推进高标准农田建设，做好粮食市场和流通的文章，积极稳妥推进土地制度改革，加强同脱贫攻坚战略的有效对接，在乡村振兴中实现农业强省目标。”

2020 年 5 月 23 日，习近平在看望参加全国政协十三届三次会议的经济界委员并参加联组会时强调：“对我们这样一个有着 14 亿人口的大国来说，农业基础地位任何时候都不能忽视和削弱，手中有粮、心中不慌在任何时候都是真理。这次新冠肺炎疫情如此严重，但我国社会始终保持稳定，粮食和重要农副产品稳定供给功不可没。”

2021 年 5 月 13 日，习近平在河南南阳考察期间强调：“要牢牢把住粮食安全主动权。”“要坚持农业科技自立自强，加快推进农业关键核心技术攻关。”

2021年7月9日，中央全面深化改革委员会第二十次会议在北京召开，习近平主持会议并做重要讲话。习近平强调："农业现代化，种子是基础，必须把民族种业搞上去，把种源安全提升到关系国家安全的战略高度，集中力量破难题、补短板、强优势、控风险，实现种业科技自立自强、种源自主可控。"

一番番语重心长的殷殷嘱托，一段段路径明晰的指示要求，一句句振奋人心的激励鼓励，无不透射着领袖对农业生产和种业发展的热忱关心，无不展现着中国共产党人对粮食安全和民族安危的极度关注，无不擘画着中国种业全面振兴的宏伟蓝图。

运筹帷幄

紧随着总书记的英明指引，一盘覆盖中华大地、以打赢种业翻身仗为核心的大棋，从中央和国家层面开始雄壮有力、不可阻挡地一步步展开了。

2019 年 12 月 30 日，国务院办公厅印发《关于加强农业种质资源保护与利用的意见》（下文简称《保护利用意见》）。

《保护利用意见》提出，要进一步明确农业种质资源保护的基础性、公益性定位，坚持保护优先、高效利用、政府主导、多元参与的原则，创新体制机制，强化责任落实、科技支撑和法治保障，构建多层次收集保护、多元化开发利用和多渠道政策支持的新格局，为建设现代种业强国、保障国家粮食安全、实施乡村振兴战略奠定坚实基础；力争到 2035 年，建成系统完整、科学高效的农业种质资源保护与利用体系，资源保存总量位居世界前列，珍稀、濒危、特有资源得到有效收集和保护，资源深度鉴定评价和综合开发利用水平显著提升，资源创新利用达到国际先进水平。

为了实现这个目标，《保护利用意见》要求开展系统收集保护，实现应保尽保，实施以作物、畜禽、水产、农业微生物种质资源等为主的农业种质资源的全面普查、系统调查与抢救性收集，加快查清农业种质资源家底，加大珍稀、濒危、特有资源与特色地方品种收集力度，确保资源不丧失。加强农业种质资源国际交流，推动与农业种质资源富集国家和地区的合作，建立农业种质资源便利通关机制，提高通关效率。对引进的农业种质资源定期开展检疫性病虫害分类分级风险评估，加强种质资源安全管理。完善农业种质资源分类分级保护名录，开展农业种质资源中长期安全保存，统筹布局种质资源长期库、复份库、中期库，分类布局保种场、保护区、种质圃，分区布局综合性、专业性基因库，实行农业种质资源活体原位保护与异地集中保存。加强种质资源活力与遗传完整性监测，及时繁殖与更新复壮，强化新技术应用。新建、改扩建一批农业种质资源库（场、区、圃），加快国家作物种质长期库新库、国家海洋渔业生物种质资源库建设，启动国家畜禽基因库建设。

同时，《保护利用意见》强调还要强化鉴定评价，提高利用效率。以优势科研院所、高等院校为依托，搭建专业化、智能化资源鉴定评价与基因发掘平台，建立全国统筹、分工协作的农业种质资源鉴定评价体系。深化重要经济性状形成机制、群体协同进化规律、基因组结构和功能多样性等研究，加快高通量鉴定、等位基因规模化发掘等技术应用。开展种质资源表型与基因型精准鉴定评价，深度发掘优异种质、优异基因，构建分子指纹图谱库，强化育种创新基础。公益性农业种质资源保护单位要按照相关职责定位要求，做好种质资源基本性状鉴定、信息发布及分发等服务工作。

在此基础上，必须着眼战略需求和长远大局，建立健全保护体系，提升保护能力。健全国家农业种质资源保护体系，实施国家和省级两级管理，建立国家统筹、分级负责、有机衔接的保护机制。农业农村部和省级农业农村部门分别确定国家和省级农业种质资源保护单位，并相应组织开展农业种质资源登记，实行统一身份信息管理。鼓励支持企业、科研院所、高等院校、社会组织和个人等登记其保存的农业种质资源。积极探索创新组织管理和实施机制，推行政府购买服务，鼓励企业、社会组织承担农业种质资源保护任务。农业种质资源保护单位要落实主体责任、健全管理制度、强化措施保障。加强农业种质资源保护基础理论、关键核心技术研究，强化科技支撑。充分整合利用现有资源，构建全国统一的农业种质资源大数据平台，推进数字化动态监测、信息化监督管理。

对推进开发利用、提升种业竞争力，《保护利用意见》也做出了充分的部署。组织实施优异种质资源创制与应用行动，完善创新技术体系，规模化创制突破性新种质，推进良种重大科研联合攻关。深入推进种业科研人才与科研成果权益改革，鼓励农业种质资源保护单位开展资源创新和技术服务，建立国家农业种质资源共享利用交易平台，支持创新种质上市公开交易、作价到企业投资入股。鼓励"育繁推一体化"企业开展种质资源收集、鉴定和创制，逐步成为种质创新利用的主体。鼓励支持地方品种申请地理标志产品保护和重要农业文化遗产，发展一批以特色地方品种开发为主的种业企业，推动资源优势转化为产业优势。此外，对政策扶持、经费管理、人才支撑、组织领导、法规建设等保障工作，《保护利用意见》也都给予了应有的关注。

近年来，我国农业种质资源保护与利用工作取得积极成效，但仍存在丧失风险加大、保护责任主体不清、开发利用不足等问题。大量农业种质资源分散在企业、科研院所、高等院校、社会组织和个人手中，由于缺乏全国统一的种质资源登记和身份信息管理系统，引发了不少问题。总体资源家底不清，谁有什么资源、总量有多少不清楚；种质资源保护与利用效率不高，一些资源重复保存、交流不畅，浪费人力物力财力，一些优异种质“深藏闺中”，得不到有效保护和充分共享利用；新创制优异种质信息不明，无法有效保护创制人合法权益，不利于激发种质资源创新的原动力等。国务院的《保护利用意见》，正是为了从根本上解决这些问题而颁布的。

为了确保《保护利用意见》得到全面、深入的贯彻落实，农业农村部已经有了周密的安排部署，并已经开始进入实施阶段。主要包括 4 个方面的内容。

一是制订登记实施方案。在深入调研、广泛征求意见的基础上，统筹制订全国统一的农业种质资源登记实施方案，明确登记主体、登记范围、登记内容、登记流程、主要举措及监督管理等。

国家和省级农业农村主管部门根据实施方案要求，分类分层次科学确定农业种质资源保护单位。农业种质资源登记工作优先从确定的保护单位展开，再逐步向科研院所、高等院校、企业、社会组织和个人等延伸。

二是编制登记标准规范。组织编制农业种质资源登记标准总则，并根据作物、畜禽、水产、农业微生物种质资源等不同类型资源的特点，分物种编制登记技术规范，统分结合，保障登记工作的科学性、规范性。

三是构建登记信息系统。研发农业种质资源登记信息系统，构建全国统一的农业种质资源大数据平台，实现登记用户注册、资源身份信息登记填报、资源身份信息查询和统计分析、登记资源发布共享等功能的数字化、信息化。

四是鼓励创新与共享利用。支持企业、科研院所及其他社会组织等登记其保存的农业种质资源，并开展有条件共享和服务，鼓励农业种质资源保护单位开展资源创新和技术服务，国家将建立农业种质资源共享利用交易平台，通过健全创新种质权益保护机制与身份信息追溯机制、加强权益保护和侵权监管等举措，支持创新种质上市公开交易、作价到企业投资入股，激发种质资源保护与创新活力。

2020 年 12 月 16 ~ 18 日，中央经济工作会议在北京举行。中共中央总书记、国家主席、中央军委主席习近平发表重要讲话，总结 2020 年经济工作，分析当前经济形势，部署 2021 年经济工作。

这次会议，确定了2021年要抓好的八项重点任务。其中最让广大农业和种业工作者关注的是第五项，即“解决好种子和耕地问题”。其具体内容是：

“保障粮食安全，关键在于落实藏粮于地、藏粮于技战略。要加强种质资源保护和利用，加强种子库建设。要尊重科学、严格监管，有序推进生物育种产业化应用。要开展种源‘卡脖子’技术攻关，立志打一场种业翻身仗。要牢牢守住18亿亩耕地红线，坚决遏制耕地‘非农化’、防止‘非粮化’，规范耕地占补平衡。要建设国家粮食安全产业带，加强高标准农田建设，加强农田水利建设，实施国家黑土地保护工程。要提高粮食和重要农副产品供给保障能力。要加强农业面源污染治理。”

一年一度的中央经济工作会议，是判断当前经济形势和定调第二年宏观经济政策最权威的风向标，同时也是每年级别最高的经济工作会议。在这样的会议上，将种子问题作为次年重点任务之一明确出来，足见中央的良苦用心和深谋远虑。更何况，2021年是“十四五”规划开局之年，又是全面建设社会主义现代化国家新征程起步之年。百年变局仍在加速演变，多项任务，多个挑战。打好种业翻身仗，无疑是党中央面对日趋复杂的国内外形势，全面把握“两个大局”做出的重大决策部署。

中央和国家层面关于“立志打一场种业翻身仗”的坚强决心和决策部署，并不限于经济工作会议。

2021年2月21日，新华社受权播发了2021年中央一号文件——《中共中央 国务院关于全面推进乡村振兴加快农业农村现代化的意见》。次日，国务院新闻办公室举行新闻发布会，介绍全面推进乡村振兴、加快农业农村现代化的有关情况。发布会上，农业农村部有关负责人重点介绍了这份中央一号文件中关于种业翻身仗的相关情况和主要内容。

这位负责人指出，保障粮食安全还是要大力实施“藏粮于地、藏粮于技”。在藏粮于技上，种业包括种子的科研是最重要的方面。农业现代化，种业是基础，处在整个农业产业链的源头；保障粮食安全，种子是要害。中央经济工作会议明确提出要“立志打一场种业翻身仗”，刚刚发布的中央一号文件又对种业工作做了全面部署。

总的来讲，我们国家农业用种安全是有保障的，风险也是可控的。特别是党的十八大以来，我国种业科技和产业发展取得了明显成效。当前，我们国家农作物，特别是粮食种子能够靠我们自己来解决，我国自主选育的品种种植面积占到95%以上，做到了“中国粮主要用中国种”。猪、牛、羊等畜禽和部分特色水产种源立足国内有保障，现在畜禽、水产的核心种源自给率分别达到了75%和85%，这些都为粮食和重要农副产品的稳产保供提供了关键的保障和支撑。

那么，为何又提出要“立志打一场种业翻身仗”呢？原因就在于，用前瞻的眼光看、用世界的标尺量，我们的种业形势、农业生产、粮食安全，尚未完全做到高枕无忧。

首先，从品种水平看，差距比较明显。我们的大豆、玉米现在的单产水平还不高，只有美国的60%不到，蔬菜国外品种种植面积占比达到13%。当然，不同的品种比例不同。其中，耐储的番茄、甜椒等少数专用品种进口比例还比较大，超过了50%；生猪繁殖的效率、饲料转化率和奶牛年产奶量都只有国际先进水平的80%左右，特别是白羽肉鸡，它的祖代种鸡主要还是依靠进口。这些品种方面的发展水平，直接关系到我国农业相关产业发展的质量、速度和效益。

第二，从种业自身来看，问题还比较突出。主要表现在种质资源保护利用不够，包括有些地方土种，还有一些珍稀濒危的种质资源消失风险还在加剧。自主创新能力还不强，特别是在育种的理论和关键核心技术方面，我们和先进水平相比还有比较大的差距，种业创新的主体企业竞争力不强，存在小、散、低、重这样一些问题。

第三，从时代要求看，形势比较紧迫。立足国内保障粮食和重要农产品用种安全的要求更加迫切，人民美好生活对农产品多样化需求日益增长，特别是一些高品质的、有特殊功能的品种和产品，我们还比较缺乏，需要培育更多的高产高效、绿色优质、节水节饲、宜机（即适宜机械化）的专业优良品种。目前，世界种业正迎来以基因编辑、合成生物学、人工智能等技术融合发展为标志的现代生物育种科技革命，需要我们抓住机遇、加快创新，打好种业翻身仗，从而实现种业的跨越式发展。

对这场种业翻身仗怎么打，中央一号文件已经做了顶层设计和系统部署，涉及种质资源保护、育种科研攻关、种业市场管理，就是整个种业全链条各个环节。总之，就是必须坚持底线思维和问题导向，围绕国家粮食安全和重要农副产品的保数量、保多样、保质量的“三保”要求，遵循种业创新发展规律，破卡点、补短板、强优势。具体来讲，主要是5个方面的工作。

一是种质资源要保起来。这也是我们种业科技创新的源头。要抓紧开展农作物和畜禽、水产资源的调查收集，把这些基础性工作要做好。实施种质资源的精准鉴定评价，建好国家种质资源库，建立健全种质资源保护利用体系。

二是自主创新要活起来。这是我们种业发展的关键。要加强种业核心关键技术攻关，特别是当前要加快实施现代农业生物育种重大科技项目，深入实施农作物和畜禽育种联合攻关，有序推进生物育种产业化应用，同时要加强基础性前沿性研究，特别是要推进南繁硅谷等创新基地的建设。

三是种业企业要强起来。这是种业科技，包括整个种业产业发展的一个关键主体。要遴选一批优势企业予以重点扶持，深化种业“放管服”改革，促进产学研结合、育繁推一体，建立健全商业化育种体系。

四是要把基地水平提起来。这是种源保障的基础。要发展现代化农作物制种基地，建好国家畜禽核心育种场和水产原良种场，健全良种供应应急保障体系。

五是市场环境要优起来。这是种业创新的保障。净化种业市场，核心是要加强知识产权保护，保护知识产权就是保护创新，严格品种管理和市场监管。

概括起来，就是要加快构建种业创新体系，包括种质资源保护利用、产业体系和治理体系三大体系，全面提升自主创新、企业竞争、供种保障和依法治理 4 种能力。

2021 年 3 月 11 日，第十三届全国人民代表大会第四次会议表决通过了关于《中华人民共和国国民经济和社会发展第十四个五年规划和 2035 年远景目标纲要》的决议。“十四五”规划在第七篇“坚持农业农村优先发展 全面推进乡村振兴”中专门强调：“加强种质资源保护利用和种子库建设，确保种源安全。加强农业良种技术攻关，有序推进生物育种产业化应用，培育具有国际竞争力的种业龙头企业。”

作为落实“十四五”规划要求的具体步骤，国家发展改革委、农业农村部于 2021 年 8 月联合印发了《“十四五”现代种业提升工程建设规划》（下文简称《种业提升规划》），从农作物种业、畜禽种业、水产种业能力提升 3 个方面，对“十四五”期间我国种业基础设施建设布局的总体思路、框架体系、重点项目、保障措施等做出了全面部署安排，为加快推进种业振兴，实现种业科技自立自强、种源自主可控提供了支撑。

《种业提升规划》指出，种业处于农业整个产业链的源头，是建设现代农业的标志性、先导性工程，是国家战略性、基础性核心产业。“十四五”期间，要坚持统筹兼顾、合理布局，问题导向、重点突破，政府引导、多元投入，优化提升、构建体系的原则，紧紧围绕种业振兴重点任务，聚焦资源保护、育种创新、测试评价和良种繁育四大环节，布局建设一批国际一流的标志性工程。

在种质资源保护方面，以国家种质资源长期库、畜禽水产资源保护场（区）为重点，打造具有国际先进水平的种质资源保护利用体系。

在育种创新方面，以大型表型鉴定平台、分子育种平台等为重点，打造具有国际先进水平的基础性、前沿性研究和商业化育种体系，支持创新型企业发展。

在测试评价方面，以国家品种测试中心、畜禽品种性能测定站为重点，全面提升设施装备条件和品种测试（测定）能力。

在良种繁育方面，以国家南繁基地、国家级种子基地和畜禽水产良种繁育基地为重点，打造国家农作物、畜禽和水产良种生产基地，有效保障良种供应，全面提升良种化水平。

《种业提升规划》提出，要对标农业农村现代化总目标，按照种业振兴行动方案部署，加快改善提升现代种业基础设施条件，加紧推进种业关键共性技术和种源核心技术攻关。到 2025 年，农业种质资源保护体系进一步完善，收集保存、鉴定评价、分发共享能力大幅度提高；打造一批育种创新平台，选育推广一批种养业新品种，育种创新能力达到先进水平；初步建立适合现代种业发展要求的测试评价体系；建成一批现代化种养业良种生产基地，形成保、育、测、繁分工合作、紧密衔接的现代种业发展格局，实现基础强、体系强、科技强、企业强，全面提升种业现代化水平，为我国粮食安全和重要农产品有效供给提供有力保障。

2021 年 4 月 29 日，十三届全国人大常委员会第二十八次会议审议通过了《中华人民共和国乡村振兴促进法》。其中第十五条明确规定：“国家加强农业种质资源保护利用和种质资源库建设，支持育种基础性、前沿性和应用技术研究，实施农作物和畜禽等良种培育、育种关键技术攻关，鼓励种业科技成果转化和优良品种推广，建立并实施种业国家安全审查机制，促进种业高质量发展。”

对种业发展更高规格、更大力度的引领和推动，来自 2021 年 7 月 9 日，由中共中央总书记、国家主席、中央军委主席习近平主持召开的中央全面深化改革委员会第二十次会议。

会议指出，近些年，我国种业发展有了很大进步，为粮食和重要农产品稳产保供做出了重要贡献，但种业发展基础仍不牢固，保障种源自主可控比过去任何时候都更加紧迫，粮食安全这根弦比过去任何时候都要绷得更紧。

会议强调，要打牢种质资源基础，做好资源普查收集、鉴定评价工作，切实保护好、利用好。要加强基础性前沿性研究，加快实施农业生物育种重大科技项目，开展种源关键核心技术攻关，扎实推进南繁硅谷等创新基地建设。要强化企业创新主体地位，加强知识产权保护，优化营商环境，引导资源、技术、人才、资本等要素向重点优势企业集聚。要综合运用法律、经济、技术、行政等多种手段，推行全链条、全流程监管，对假冒伪劣、套牌侵权等突出问题要重拳出击，让侵权者付出沉重代价。要加强组织领导，明确各级党委和政府责任，做好长远规划，给予长期稳定支持，加大统筹协调，避免重复建设。

为确保实现这些目标，会议审议通过了《种业振兴行动方案》。这是继 1962 年出台《关于加强种子工作的决定》后，中央再次对种业发展做出的全局性重要部署，是我国种业发展史上具有里程碑意义的一件大事。

随后，农业农村部主要负责人发表署名文章，对这部即将颁布的《种业振兴行动方案》的相关内容做了专门介绍。文章指出，《种业振兴行动方案》明确了实现种业科技自立自强、种源自主可控的总目标，提出了种业振兴的指导思想、基本原则、重点任务和保障措施等一揽子安排，为打好种业翻身仗、推动我国由种业大国向种业强国迈进提供了“路线图”和“任务书”。

文章强调，《种业振兴行动方案》明确了分物种、分阶段的具体目标任务，提出了实施种质资源保护利用、创新攻关、企业扶优、基地提升、市场净化五大行动，各地农业农村部门要抓紧部署实施。

一要全面加强种质资源保护利用。目前种质资源普查进展总体符合预期，但受疫情灾情等因素影响，一些地区普查进度偏慢。要对标目标任务，进一步加大资源普查力度，2021 年年内农作物要完成最后 707 个县普查征集任务，畜禽要完成所有行政村的面上普查，水产要以县为单位查清基本情况，及时将新发现的资源保护起来，统筹布局种质资源库圃（场区）建设，打牢种业振兴的种质资源基础。

二要大力推进种业创新攻关。国家将启动种源关键核心技术攻关，实施生物育种重大项目，有序推进产业化应用。农业农村部强化部省协同，推进育种联合攻关，重要大宗品种以国家为主、省级配合，地方特色品种以省为主、国家统筹，实施好新一轮畜禽遗传改良计划。各地要组建一批育种攻关联合体，推进科企合作，推动要素聚合、技术集成、机制创新，促进种质资源、数据信息、人才技术交流共享，加快突破一批重大新品种。

三要扶持优势种业企业发展。全面研究梳理种业企业阵型，分类型拉出重点龙头企业名单，强化具体指导、重点支持，促进种业龙头企业与科研院所、金融机构、种业基地紧密对接。要以企业为主体，一体化配置资金、项目、人才、技术等创新要素，搭建规模化技术集成应用平台，建立健全商业化育种体系。要让更多优势企业牵头承担种业科研攻关任务，鼓励金融机构创设品种权、土地经营权、养殖设施、机械设备等抵押质押贷款，提高企业融资可及性、便利性。要着力培育一批具有较强研发能力、产业带动力和国际竞争力的种业重点龙头企业，发展一批具有差异化竞争优势、专业化服务能力强的“专精特新”企业。

四要提升种业基地建设水平。持续推进海南南繁、甘肃玉米、四川水稻等育制种基地建设，启动建设黑龙江大豆种子基地，抓好100个区域性作物良种繁育基地，支持结合高标准农田建设，完善配套设施和专业服务。要以生猪、奶牛、肉牛、肉羊、蛋鸡、肉鸡、水禽为重点，遴选建设一批国家核心育种场、种公畜站和扩繁基地，支持国家级水产供种繁育基地建设。各地要优先保障国家级种业基地设施用地、融资等需求，改善生物安全防护设施条件，推进重点动物疫病净化，建设一批省级育制种、供种育苗基地，满足地方特色产业发展需要。

五要严厉打击套牌侵权等违法行为。要按照农业农村部和最高人民法院的安排部署，扎实推进种业知识产权保护专项整治，强化全链条、全流程监管，加大案件查处力度，健全区域联动响应和案件联查联办机制，推动农业行政执法与刑事司法有机衔接，对套牌侵权、制假售假等违法行为重拳出击，加强转基因非法种植监管，让侵权违法者付出沉重代价。

此外，《种业振兴行动方案》还明确指出，打好种业翻身仗，加快推进种业振兴，是一项长期任务、系统工程，必须坚持上下联动、部门协同，加快建立健全覆盖范围更广、支持力度更大的种业政策支持体系，努力形成齐抓共管、合力推进的工作局面。

2021年10月21日上午，十三届全国人大常委会第三十一次会议在北京人民大会堂举行了第二次全体会议，听取了全国人大常委会专题调研组关于加强种质资源保护和育种创新情况的调研报告。报告介绍了我国种质资源保护和育种创新的基本情况，分析了存在的主要问题，提出了有关建议，即进一步加强资源保护利用体系建设，增强种业科技自主创新能力，加大种源供应安全保障力度，建立健全商业化育种体系，完善育种创新支持保障政策，提升依法治种依法兴种水平，在推进乡村全面振兴和农业农村现代化进程中，夯实筑牢我国的种业基础。

铸盾亮剑

任何事业，要想做大做强，没有法律规章制度的强力保障，没有对定向侵权行为的严厉惩治，是难以想象的。中国种业的发展，也同样如此。

多年来，正是因为有了《中华人民共和国种子法》这样的“种业根本大法”和其他相关配套制度规定，中国种业才能够在极其薄弱的基础上不断前进、发展壮大。但我们必须清醒地看到，事业的前进常常会超乎人们的想象，要么形势复杂得无法预料，要么速度快捷得追赶不上。而本应为此提供保障的法规政策，肯定会在一段时期后变得相对滞后。

这个问题，中国种业的决策者、管理者、从业者，全都看到了，也全都在积极努力、推动变革。尤其是进入2021年，变革的速度在加快、力度在加大。

2021年5月28日，农业农村部种业管理司、法规司在京组织召开修改《种子法》座谈会。会议在系统分析种业发展新形势的基础上，着眼我国种业发展全局，立足新发展阶段，坚持问题导向和目标导向，围绕《种子法》修改的重要性和紧迫性，建立实质性派生品种制度，以及提高植物新品种保护水平等进行了深入研讨。

会议指出，开展《种子法》植物新品种保护内容修改是落实党中央关于打好种业翻身仗决策部署，加强种业知识产权保护、完善法律制度体系的重要举措，十分必要和迫切。专家们认为，建立实质性派生品种制度是加强种业知识产权保护的核心，是本次《种子法》修改的重点。总体上看，我国实施实质性派生品种制度，时机已成熟，条件已具备，有利于激励育种原始创新、扩大种质遗传基础、加快知识产权有序转化、促进现代种业发展。

2021 年 8 月 20 日闭幕的十三届全国人大常委会第三十次会议上，审议了《〈种子法〉修正草案》（下文简称《草案》）。随即，审议后的《草案》在人大网公布，公开征求社会公众意见。此次《〈种子法〉修正草案》涉及多项修订，其中最引人瞩目的，是“建立实质性派生品种制度”。这一制度也是国际上自 1991 年以来普遍采用的制度，其本质是更大力度保护品种原始创新的知识产权。

《种子法》是 2000 年 12 月 1 日正式颁布实施的。这是我国第一部和种子相关的法律，其目的包括“保护和合理利用种质资源”“保护植物新品种权”“推动种子产业化，发展现代种业”“保障国家粮食安全”等。

2004 年，《种子法》经历了第一次修订，修改了两条与林木种子相关的条文；2013 年，《种子法》第二次修订，细化了种子检验员的考核主体；2015 年，《种子法》迎来第一次大修，增加了新品种保护和扶持措施两个章节。对植物新品种的授权条件、授权原则、品种命名、权利范围及例外、强制许可等做出了规范，将植物新品种知识产权保护从行政法规上升到法律层次。值得一提的是，此次修订后，建立了种子生产经营备案制度，设立了品种审定绿色通道、非主要农作物品种登记制度。刘录祥解释：在修订之前，新品种审定较难，程序复杂、渠道较少，这让许多从事育种的种业企业、科研单位的新品种成果难以获得及时认可和推广应用。所以，修订后的种子法给后续的品种审定拓宽了渠道，采取了简政放权、促进创新的措施。

2021 年，《种子法》迎来了第四次修订。

从总体上看，我国种业知识产权保护还有短板弱项，国内主要粮食作物品种中修饰性品种比较多，一些品种繁育停留在对主要推广品种和核心亲本的修饰改良上，导致品种遗传基础窄，审定品种多但突破性品种少，同质化问题比较突出，难以适应加强植物新品种知识产权保护、激励育种原始创新、保障粮食安全的新形势。因此，亟需对《种子法》进行修改。

自 2021 年 3 月起，全国人大农业与农村委员会牵头启动修改种子法工作，全国人大常委会法制工作委员会、农业农村部、国家林业和草原局、司法部、国家知识产权局等部门参与。起草组深入调查研究，广泛征求国务院有关部门、种子企业及专家意见，召开评估论证会，反复研究，形成《〈种子法〉修正草案》。

那么，本次种子法的修订重点是什么？

重点就在于扩大植物新品种权的保护范围及保护环节。为加强植物新品种知识产权保护，维护品种权人的合法权益，借鉴国际通行做法，修正草案扩大了植物新品种权的保护范围及保护环节，将保护范围由授权品种的繁殖材料延伸到收获材料，将保护环节由生产、繁殖、销售，扩展到生产、繁殖、加工、许诺销售、销售、进口、出口、储存等。《草案》体现权利一次用尽原则，植物新品种权所有人对繁殖材料已有合理机会行使其权利，不再对收获材料行使权利。

此外，还要建立实质性派生品种制度。为激励育种原始创新，从源头上解决种子同质化严重问题，《草案》建立实质性派生品种制度，明确实质性派生品种可以申请植物新品种权，并可以获得授权，但对其以商业为目的利用时，应当征得原始品种的植物新品种权所有人的同意。在国际植物新品种保护联盟77个成员中，有68个已经实行这一制度。

为提高对侵害植物新品种权行为的威慑力，《草案》加大了惩罚性赔偿数额，对权利人的损失或侵权人获得的利益或品种权许可使用费可以确定数额的，将赔偿数额的上限由3倍提高到5倍；难以确定数额的，将赔偿限额由300万元提高到500万元。为保护种子市场正常交易，增加侵权人合法来源抗辩条款。《草案》规定，不知道是未经植物新品种权所有人许可的授权品种的繁殖材料或者收获材料，能证明该繁殖材料或者收获材料具有合法来源的，不承担赔偿责任。

为强化对种子生产特别是果树种苗生产检验、检疫的管理，防止携带疫病果树种苗流入市场，《草案》明确，不具有繁殖种子的隔离和培育条件、不具有无检疫性有害生物的种子生产地点或者县级以上人民政府林业草原主管部门确定的采种林从事种子生产，且未执行种子检验、检疫规程生产种子的，将追究法律责任。

整体来看，本次修订有三大变化：鼓励创新，推进种业体制改革；简政放权，充分发挥市场的决定作用；保护农民利益，强化主体责任。从“初出茅庐”到将新品种权保护上升到法律层次，再到拟建立实质性派生品种制度，20 年来《种子法》历经多次修改调整，正不断完善。在引导、扶持和促进我国种业健康发展，做大、做强、做优上，《种子法》发挥着不可替代的作用。

2021 年 5 月 26 日，农业农村部与最高人民法院在北京举行了工作座谈，签署了种业知识产权保护合作备忘录。

会议强调，加强种业知识产权保护，是促进种业创新、推进种业振兴的一项重要而紧迫的任务。近年来，最高人民法院通过加强案件审理指导、出台司法解释等措施，有力促进了种业知识产权保护。农业农村部将以签署合作备忘录为契机，深入贯彻习近平总书记重要指示精神，落实党中央、国务院决策部署，进一步与最高人民法院密切联系、深化合作，加强行政和司法协同，从行政执法、司法保护、行业自律等环节完善保护体系，构建全链条保护格局，严厉打击侵害种业知识产权行为，鼓励支持原始创新，为打好种业翻身仗提供有力保障。

会议指出，人民法院要站在落实国家战略和维护国家安全的高度，加大种业知识产权司法保护力度，抓紧出台相关司法解释，明确司法裁判规则，依法惩治各类种业侵权行为，推动解决举证难、侵权赔偿额低等问题，把习近平总书记重要指示精神和党中央、国务院关于保障国家粮食安全、促进种业自主创新的决策部署落到实处。

最高人民法院对种业知识产权保护的力度非常之大，行动也非常之快。2021 年 7 月 5 日，《最高人民法院关于审理侵害植物新品种权纠纷案件具体应用法律问题的若干规定（二）》正式发布，自 7 月 7 日起实施。这个被简称为“新的品种权司法解释”的规定是因何而生，意义又是怎样的呢？

原因就在于，植物新品种权保护事关国家粮食安全，事关乡村振兴和农业农村优先发展。加强种业知识产权保护，势在必行、迫在眉睫。

近年来，种业市场品种同质化、仿冒、套牌等问题较为严重，侵权行为易发多发，取证难、鉴定难、认定难较为突出。司法实践中，植物新品种权纠纷增幅较大，新情况、新问题不断涌现，亟需统一和规范；人民法院在案件审判中积累了丰富经验。因此有必要进行归纳总结，出台新的较为系统的司法解释，回应司法需求。

“新的品种权司法解释”起草过程中，最高人民法院广泛征求农业林业界和法律界的意见，努力达成最大程度的共识。主要思路和原则是：一是严格依法解释。始终坚持符合立法目的、法律原则和立法原意，对法律规定的具体应用问题做出解释。二是突出保护种业自主创新。积极通过司法保护推动育种创新，以切实保护品种权人利益、严厉打击侵权行为、促进种业自主创新为宗旨。三是坚持问题导向。聚焦植物新品种权纠纷案件审判实践中的重点难点问题，坚持问题导向，体现实践特点，切实增强司法保护的实际效果。四是加强司法保护与行政执法衔接。与农业农村部联合进行调研，加强沟通协调，推动司法保护和行政保护有效衔接，推进高质效合作。五是广泛征求意见。多次与全国人大常委会法工委、全国人大农业农村委和司法部、农业农村部、国家林业和草原局等中央有关部门进行工作沟通；先后走访听取袁隆平等多位院士和专家的意见建议，确保司法解释兼收并蓄各方面意见，反映各方利益关切，做到稳妥可行。

早在 2001 和 2007 年，最高人民法院曾分别制定《关于审理植物新品种纠纷案件若干问题的解释》和《关于审理侵犯植物新品种权纠纷案件具体应用法律问题的若干规定》，前者主要规定案由和管辖等程序性问题，后者主要规定品种权侵权判定问题。“新的品种权司法解释”是在 2007 年司法解释的基础上，结合近年来审判实践中的新情况新问题，对侵害品种权纠纷的法律适用问题进行了补充性、完善性的规定，保持了与 2007 年司法解释名称及内容的体系性和延续性。新的品种权司法解释施行后，原两个司法解释仍然有效。

本次“新的品种权司法解释”，有诸多亮点：

（一）扩展保护范围。一是明确品种权保护对象不受繁育方式限制，二是形成对侵权行为的全链条打击。由此，构筑起对侵权行为的事前、事中和事后的全链条打击，有效丰富和拓展了植物新品种权的法律保护范围，将我国植物新品种权司法保护水平推到了一个新高度。

（二）提升保护力度。一是提升司法保护的及时性和有效性，二是形成对恶性侵权行为的强力威慑，三是明确对品种权人的全面利益补偿。

（三）降低维权难度。一是适时转移举证责任，便利品种权人维权；二是充分运用文书提供命令和举证妨碍制度，让不诚信的被诉侵权人承担不利法律后果。

（四）完善法律制度。一是明确科研例外，鼓励育种创新；二是规定权利用尽原则和合法来源抗辩，稳定市场交易秩序；三是既依法保护农民自繁自用的权利，又防止滥用“农民特权”实施侵权行为。

（五）规范鉴定程序。明确了鉴定人、鉴定方法的选择及重新鉴定的条件等。

这次的“新的品种权司法解释”内容十分丰富，它对保护种业知识产权、打击假冒侵权行为、规范种业市场发展有极其重大的意义。

2021年7月26日，最高人民法院召开新闻发布会，发布的《最高人民法院关于为全面推进乡村振兴　加快农业农村现代化提供司法服务和保障的意见》中明确提出，要持续推进惩治制售假种子、假化肥、假农药等伪劣农资犯罪行为，保障粮食和重要农产品供应安全，保护农业生产经营秩序，助推质量兴农；要加大涉农知识产权司法保护力度，推动农业科技进步和创新；要加强涉农知识产权案件审判工作，加大对种源“卡脖子”农业关键核心技术等知识产权司法保护力度，激发创新活力，推动农业科技自立自强。依法审理侵害植物新品种权纠纷案件，秉持有利于权利保护的司法理念，扩大育种创新成果法律保护范围，通过司法手段推动育种创新。加强种业知识产权保护，强化与相关部门的沟通协作，推动司法保护和行政保护有效衔接，推进高质效合作。加大对“南繁硅谷”种业知识产权司法保护力度，推动制种基地和良种繁育体系建设，助推品种培优、品质提升、品牌打造和标准化生产，增强种业自主创新的内在动力。

同样是在 2021 年 7 月，农业农村部下发了《农业综合执法服务种子和耕地两个要害的意见》，提出要围绕服务种子和耕地两个要害，着力加强农业执法工作，为保障国家粮食安全提供有力的法治保障。在这份文件中，针对种业知识产权保护工作提出了明确要求，即各地农业农村部门要及时受理农作物新品种权所有人或者利害关系人有关侵权案件或违法线索的投诉举报，立即开展调查取证并依法查处。发现确有侵犯品种权行为的，要及时告知品种权人，支持其依法提起侵权诉讼，并向人民法院积极提供行政执法取得的相关证据。侵权案件当事人双方自愿申请调解的，要依法积极受理、快速调解。对于涉及公共利益的品种权侵权案件，以及假冒授权品种案件，各地农业农村部门要依法及时立案查处，从严从重处罚。

类似的《办法》《规定》《意见》《备忘》等配套法规政策制度，还有很多，目的就是努力形成一个完整体系。而健全完善种业发展法规政策保障体系的内在需求，主要就是保护种业创新的知识产权。突破法律规定、实施不法行为的，根本目的只能是侵占种业创新的知识产权。

与健全完善法规政策保障体系相一致，对违法侵权行为的惩治行动，也一直在紧锣密鼓地进行着。

2021 年 3 月 1 日，农业农村部印发通知，在全国范围内部署开展为期 2 个月的春季农作物种子市场大检查，严厉打击侵权套牌、制售假劣种子等违法行为，强化种业知识产权保护，确保春季生产用种安全。

这次检查，重点针对玉米、水稻、大豆、蔬菜、向日葵等农作物种子及马铃薯种薯，集中检查种子交易市场和经营门店，严查种子套牌侵权、未审先推、种子质量低劣、真实性不符合、档案不健全、备案不完整等问题。其中，南方早稻主产区重点严把种子质量关，东北玉米主产区重点检查非法转基因玉米种子，北京、上海、广东、山东等地重点检查进口种子，西北和东北向日葵主产区严查向日葵种子标签和真实性问题。要求每省随机检查种子门店不少于 20 家，扦取种子样品检测种子质量及转基因、真实性等指标。

为确保检查工作严格规范、扎实推进，农业农村部组织了6个工作组，分赴内蒙古、黑龙江、江苏、湖北、广西、甘肃等重点地区进行明察暗访及抽查检查，督导工作落实，开展现场执法。对现场检查发现的问题，全部责令立行立改。

这次检查，只是为了保障全国春季用种安全。更大规模的种业执法行动，也在同步部署、同步展开。

2021年4月28日，农业农村部印发《2021年全国种业监管执法年活动方案》，决定自2021年起，开展为期3年的全国种业监管执法年活动。这是加强市场监管、规范市场秩序、营造公平竞争市场环境、加快现代种业发展的必然要求。主要有3个方面的考虑。

一是作为贯彻落实党中央国务院决策部署的重要举措。针对当前存在的侵权套牌、制售假劣种子等问题，坚持系统谋划，全面部署，强化全流程监管，突出种业知识产权保护，狠抓执法办案。

二是为保障推动种业持续创新提供基础支撑。围绕种业创新链部署市场监管链，坚持把好两个端口。一方面把好"品种端"，加大品种权保护力度，提高主要农作物品种审定标准，开展非主要农作物登记品种清理，有效解决"品种多"和"同质化"问题，支持原始创新。另一方面把好"市场端"，强化事中事后监管，加强种业行政执法与刑事司法的衔接，狠抓大案要案查处，严厉打击假冒侵权等违法行为，保护品种权人合法权益。

三是适应优化种业发展环境的内在需求。此次活动突出法规建设，建立完善依法治种法律体系的“四梁八柱”；突出机制构建，建立部门协同、上下联动、分工协作的工作机制，形成工作合力；突出案件查办，严厉查处种业领域各类违法违规行为，强化信息公开，切实为打好种业翻身仗营造良好发展环境。

单就2021年来看，种业执法监管年活动将覆盖品种管理、市场监管、案件查处等全链条，重点聚焦4个方面。

一是聚焦强化种业知识产权保护。着力抓好法律法规建设，加快修订植物新品种保护相关法律法规及配套规章，确保有法可依；强化品种权授权保护，加快植物新品种审查授权，强化侵权纠纷案件处理，推进严保护、大保护、快保护。

二是聚焦严格品种管理。提高品种审定标准，严管品种试验，减少同质化品种。开展登记品种清理，严格处理违规登记行为，有效解决“仿种子”问题。

三是聚焦加强种子和种畜禽监管。突出关键时间、关键环节、关键品种，唱好种子监管“四季歌”。严把基地关，严厉打击抢购套购、非法生产转基因种子等行为；严把企业关，规范企业生产经营行为，重点检查抽查投诉举报多的问题企业；严把市场关，在用种关键时期，严查种子市场，确保生产用种安全，统筹抓好种畜禽监管。

四是聚焦加大种业执法力度。健全执法协作机制，提高执法实效；严查违法案件，发现一起、查处一起。

2021年度这项活动的总体目标是，通过落实各项措施，有力打击侵权套牌、制售假劣种子等违法行为，逐步解决品种同质化问题，提升种业知识产权保护水平，实现部门协同和上下联动，取得明显治理成效。为压实监管责任，还明确了省、市、县三级目标，设立可考核可量化的指标，要求检查企业问题整改合格率、国家级基地检查覆盖率、部级转办案件反馈率均达到100%。部署各级农业农村部门对照目标，抓好落实，确保活动取得实效。

2021年7月，农业农村部又会同有关部门，启动了为期半年的保护种业知识产权专项整治行动，严厉打击套牌侵权、制售假劣等违法行为，综合运用法律、经济、技术、行政等多种手段，推行全链条全流程监管。各地随即迅速行动，扎实推进整治措施落实落地，严惩种业侵权违法行为，掌握了一批涉嫌违法犯罪线索，立案了一批套牌侵权、制假售假案件，抓获了一批犯罪嫌疑人。截至9月底，全国已查办种业违法案件4000多件。在此基础上，还派出多个工作组，分赴各地开展抽查检查，通过明察暗访等形式，推动案件线索查办，确保整治行动各项举措落实落地，加快形成打击假冒伪劣、套牌侵权等违法行为的高压态势，坚决让种业侵权者付出沉重代价。此后，农业农村部将进一步加大种业市场监管力度，督促案件线索查办，强化行政执法与刑事司法紧密衔接，形成打击合力，严惩套牌侵权、“三无”种子等违法行为，全面净化种业市场，为种业振兴营造良好环境。

2021年9月7日，最高人民法院集中发布了第一批人民法院种业知识产权司法保护十大典型案例，包括民事案件 7 件、行政案件 1 件、刑事案件 2 件；案件所涉品种既包括玉米、水稻、小麦等主要农作物，又包括辣椒、梨树等经济作物。此次典型案例的发布，旨在发挥典型案例示范引领作用，配合全国保护种业知识产权专项整治行动的深入开展，推动种业振兴，体现了司法机关严厉打击种子套牌侵权行为的司法导向，传递加强种业知识产权司法保护力度的强烈信号。

可以说，为保护种业知识产权铸盾的法治保障体系正在进一步形成，向假劣侵权行为亮剑的执法整治活动迅速进入高潮。中国种业，正在进入依法发展、规范发展的历史最佳时期。

至此，打一场种业翻身仗的号角已经震天吹响；引领新时代中国种业高质量发展的战略决策布局，也已做出清晰的规划部署。接下来，就看如何落地落实、开花结果了。

第十章 无限风光

——全速起跑的新时代中国种业

中华人民共和国成立以来，曾经多次遭遇威胁到国家和民族安全的重大危机。但是，我们都挺过来了，我们都赢得了胜利。究其原因，就是我们每次都做到了上下一心。尤其是当党中央的决策部署与国家需求、全民意愿相一致的时候，我们都能攻坚克难、披荆斩棘、无往不胜。

如今，我们正在走向强大。党的十八大以来，中国的迅猛发展更是无可辩驳地显示着这种不可阻挡的强劲步伐。

新时代的中国种业，也同样如此。仅是进入2021年以来，我们都欣喜地看到，党中央关于“立志打赢一场种业翻身仗”的强劲号召和战略决策，正在变成全国各地的实际行动。

忽如一夜春风来,千树万树梨花开。今日的中国种业领域，处处激荡着百舸争流、追赶超越的豪迈热情，昂扬着担当使命、无愧时代的空前斗志，铺开着百花齐放、好戏连台的宏伟蓝图。

无限风光就在当下，就在前方。

再出征

○ 让种质资源家底更清

针对我国种质资源保护工作面临的诸多困难、问题和挑战，一系列以进一步摸清全国种质资源家底状况、全面加强种质资源保护为目的的重要举措，自上而下，迅速展开。

2021 年 3 月 23 日，全国农业种质资源普查电视电话会议在北京召开。会议强调，要认真贯彻习近平总书记重要指示精神，落实全国“两会”部署要求，采取坚决有力措施，抓紧抓好农业种质资源普查和保护，夯实种业发展的种质资源基础，确保打好种业翻身仗实现良好开局。

会议指出，农业种质资源是开展优良品种选育的基础，开展新一轮种质资源普查和保护是打好种业翻身仗的第一仗。要抓紧对农业种质资源进行彻底的普查，尽最大努力提高普查覆盖面，严格按照科学标准进行分类鉴定，建立起全国统一的农业种质资源目录，为科学开展保护利用提供可靠依据。要全面加强农业种质资源保护，牢固树立全面保护的理念，切实划定并管好原生境保护区，建好活体保种场和种质资源库，做好对濒危物种的抢救性收集保护，加快构建起各类保护措施互相配合、互为补充的完整保护体系。

为贯彻落实这次重要会议的要求和部署，农业农村部于2021年3月21日下发了《关于开展全国农业种质资源普查的通知》，同时印发了《全国农业种质资源普查总体方案（2021～2023年）》《第三次全国农作物种质资源普查与收集行动实施方案（2021～2023年）》《第三次全国畜禽遗传资源普查实施方案（2021～2023年）》和《第一次全国水产养殖种质资源普查实施方案（2021～2023年）》。

新中国成立以来，分别于1956～1957年、1979～1983年开展了两次农作物种质资源征集，保护了一大批资源；于1979～1983年、2006～2009年开展了两次全国畜禽遗传资源调查，基本掌握了除青藏高原区域以外大部分地区的畜禽遗传资源情况。而水产方面，还没有开展过全国性的普查。

也就是说，受当时条件所限，前两次的农作物种质资源调查征集是存在空白和缺陷的。更何况，农业种质资源分布状况不是一成不变，而是一直处于动态变化之中。随着工业化城镇化进程加快、气候环境变化以及农业种养方式的转变，农业种质资源数量和区域分布发生了很大变化，部分资源消失的风险加剧，一旦灭绝，其蕴含的优异基因、承载的传统农耕文化也将随之消亡，损失难以估量。因此，迫切需要组织开展新一轮普查，摸清我国农业种质资源家底和发展变化趋势，开展抢救性收集保存，这是打好种业翻身仗的首要任务，更是事关农业长远发展的重大战略需求。

几十年来，我国的农作物品种历经7～9次更新换代，每一次都是从资源上先突破，种质资源发挥了重要作用。当前，种业之争本质是科技之争，焦点是资源之争。谁占有了更多种质资源，谁就掌握了选育品种的优势，谁就具备了种业竞争的主动权。没有自主的资源，就没有自主的品种。我国是种质资源大国，但还不是种质资源强国。当务之急，就是开展资源普查，摸清资源家底。

2015年7月9日，农业部为贯彻落实《全国农作物种质资源保护与利用中长期发展规划（2015～2030年）》，颁布了《第三次全国农作物种质资源普查与收集行动实施方案》。而2021年3月21日下发的《关于开展全国农业种质资源普查的通知》和同时下发的4个具体方案，实际上就是对2015年《实施方案》的进一步明确，实施期限也具体规定为2021～2023年。

这次的普查收集，具有鲜明的时代特征和特点。一是全面普查与系统调查同步进行、实物收集与信息采集同步进行、普查收集与鉴定入库同步进行；二是制定统一的普查与收集技术规程，广泛采用地理学、生态学、生物学、信息学等现代技术，科学普查收集资源；三是国家、省、县三级农业农村部门，相关科研单位等明确分工、各负其责、协同推进；四是范围更广，覆盖全国31个省（自治区、直辖市）及新疆生产建设兵团2323个农业县（市、区、旗）。

具体目标是，2021年全面完成普查与征集任务，即完成剩余的 707 个农业县（市、区、旗）农作物种质资源普查与征集，200 个县（市、区、旗）系统调查与抢救性收集，新增资源 2.6 万份；完成 3.8 万份种质资源的鉴定评价，入库（圃）妥善保存；2022 年全面完成系统调查与抢救性收集任务，即完成剩余的 188 个县（市、区、旗）农作物种质资源系统调查与抢救性收集，新增资源 1.8 万份；完成 2.6 万份种质资源的鉴定评价，入库（圃）妥善保存；2023 年全面完成第三次全国农作物种质资源普查与收集行动各项任务，即完成 1.8 万份种质资源的鉴定评价，入库（圃）妥善保存；普查、征集、收集种质资源及相关信息纳入全国农业种质资源大数据平台，实现有序、开放、共享。

这是中华人民共和国成立以来规模最大、覆盖范围最广、技术要求最高、参与人员最多的一次普查。普查期间，第一将分别发布国家农作物、畜禽、水产资源状况报告，包括我国农作物、畜禽、水产种质资源家底，以及近几十年的消长变化，作为今后制定保护利用政策的根本依据；第二将抢救性收集一批珍贵、稀有、濒危资源，发现、鉴定、评估一批特色优质高效的新资源，届时我国资源保存总量将位居世界前列，这是今后实现现代农业高质量发展的宝贵财富；第三将健全国家农业种质资源数据库，构建全国统一的农业种质资源大数据平台，这是今后实现农业种质资源高效管理和利用的重要支撑。

对畜禽、水产种质资源普查，很多人一定会非常好奇。其实，这两类种质资源与农作物种质资源相比，同样非常重要。

咱们先说说畜禽种质资源的调查和普查。

刚才提到，中华人民共和国成立以来先后组织开展了两次大规模的畜禽种质资源调查。第一次，初步摸清了全国大部分地区的畜禽遗传资源家底，收集品种 282 个。第二次，基本摸清了当时我国畜禽资源状况和 30 年来的变化，出版了《中国畜禽遗传资源志》，收录了包括猪、牛、羊、马、驴、骆驼、家禽等在内的畜禽品种共 747 个。在此基础上，农业农村部公布了新版国家级畜禽遗传资源保护名录，确定 159 个地方品种为国家级保护品种。虽然前两次资源调查基本摸清了当时我国畜禽资源状况，但由于早年条件受限，不可避免地存在空白区域，比如西藏、青海、云南、四川、甘肃 5 省、区青藏高原区域及新疆部分地方都没有完全覆盖到。时至今日，我国都没有开展过全面系统的特种畜禽、蜂和蚕资源的调查。这些品种，仍然是家底不清、状况不明，急需调查摸清。

更何况，第二次全国畜禽遗传资源调查距今已有 10 多年。这期间，我国畜牧业加快转型升级，规模化养殖快速发展，农村散养户快速退出，再加上受非洲猪瘟、禁养限养等影响，资源状况发生了很大变化，保护形势日趋严峻，特别是地方品种的灭失风险加剧。原有的畜禽品种是否还存在，群体规模、分布区域、生产性能等有何变化，迫切需要尽快摸清。一些已经濒危、濒临灭绝的资源，亟待加大活体保种和遗传材料采集保存力度，确保资源不灭失。

2020 年 5 月 29 日，农业农村部发布公告，公布了经国务院批准的《国家畜禽遗传资源目录》，列入 33 种畜禽，其中 17 种传统畜禽、16 种特种畜禽。首次明确了家畜家禽种类范围，补上了长期以来畜牧业管理制度的短板，之后又公布了与之配套的《国家畜禽遗传资源品种名录》，明确了各畜禽的具体品种，开启了畜禽品种正面清单管理的新阶段。

但是，我国畜禽种质资源的全面和基本情况究竟如何，依然需要新一轮全面普查而不是单纯调查的数据支撑。

为此，国家专门成立了全国农业种质资源普查工作领导小组，在全国畜牧总站设立了第三次全国畜禽遗传资源普查工作办公室，成立技术专家组并下设猪、牛、羊、马、驴、骆驼、兔、鸡、水禽、特种家畜、蜂、蚕等专业组，为普查行动提供了有力的技术支撑。

正是基于这些充分考量，使得此次普查显现出了以“两个全覆盖”为特征的显著特点。一是对所有畜禽、蜂、蚕品种的全覆盖，二是以县域为单位、对所有行政村的全覆盖。“两个全覆盖”，将有望基本摸清我国畜禽遗传资源的家底，努力做到底数清、情况明、数据准。注意，前两次都是“调查”，这次却是“普查”。一字之差，体现了此次行动在覆盖区域、调查对象、调查内容上的全面性。

我国家禽遗传资源其实非常丰富，比如常见的鸡。2011 年出版的《中国畜禽遗传资源志・家禽志》中，收录了 107 个地方鸡品种，多样性不可谓不丰富。但在一些偏远山区，还存在很多特色家禽群体，亟待开展调查，以促进保护、开发和利用。

此外，在此次行动中首次被列为普查对象的蚕资源的普查收集，显得尤为难能可贵。大家都知道丝绸之路吧，如果没有蚕，何来丝绸之路呢？所以，这次普查对蚕的重视也是前所未有的，包括了家蚕 438 个、柞蚕 154 个。同时，普查行动中还将注重新资源的发掘，包括农家收集的地方品种、合法新引入的蚕品种，以及新的基因突变品系等。

总的来说，此次针对畜禽种质资源的普查对象，覆盖了《国家畜禽遗传资源目录》中囊括的 33 种畜禽 948 个品种，以及依照《畜牧法》管理的蜂和蚕。

这里，又说到蜂了。随着养蜂业、授粉业的迅速发展，蜜蜂种业急需优良资源的支撑。我国是最大的养蜂国，但进口蜂种占到了饲养总量的 70%。同时，我国又是蜜蜂资源大国，世界上 9 大蜂种中的 6 种在我国都有分布，本土资源急需进一步挖掘、保护和利用。

所以，本次普查的力度前所未有，目的就是尽最大努力摸清家底，做到能掌握的必须掌握清楚、能保护的必须保护到位。

第一是要区域全覆盖。凡是有畜禽和蜂、蚕遗传资源分布的区域必须实现全覆盖，将以前未覆盖到的青藏高原区域和边远山区作为重点，共计 2300 余个县（市、区、旗）。其中，青藏高原区域和边远山区最有可能发现新遗传资源，是这次普查的重点区域。

第二是要对象更明确。包括列入《国家畜禽遗传资源目录》的猪、牛、羊、鸡、鸭、鹅等17种传统畜禽和梅花鹿、马鹿、水貂、银狐、貉等16种特种畜禽，也包括了适用《畜牧法》管理的蜂和蚕遗传资源。所有的地方品种、培育品种和引进品种都被纳为普查对象。

第三是要内容更深入。除继续注重畜禽遗传资源分布区域、群体数量、体型外貌、生产性能等传统指标参数外，还有两个亮点。一是在分子水平上收集整理有关遗传信息，推动建立畜禽品种DNA特征库；二是依靠畜禽保种单位和养殖场户全面系统开展生产性能测定，确保数据准确、可靠。

第四是要手段更先进。专门研发了全国畜禽遗传资源普查信息系统和数据库，开发了PC终端软件和移动终端App，普查数据可以即查即报，全部纳入数据库，实现动态监测和监督管理的信息化，将大大提高普查工作的效率。

第五是要保护更及时。与普查工作同步，启动抢救性收集保护行动，加大对濒危、珍贵、稀有资源的保护力度，对新发现的遗传资源，国家畜禽遗传资源委员会将按照有关规定及时进行鉴定评估，最终实现应收尽收、应保尽保。

别忘了，本次对种质资源的普查保护工作，还包括水产呢！本书第六章曾经讲过，我国自20世纪80年代起曾经先后开展了4次较大规模的水产种质资源调查，取得了显著成绩。但像这次顶层部署、全国动员式的普查，还是第一次。

改革开放以来，在“以养为主”的发展方针指引下，我国水产养殖业发展取得巨大成就。2019 年的水产养殖总产量超过 5000 万吨，占我国水产品总产量的比重达 79.8%，是世界上唯一养殖总量超过捕捞总量的主要渔业国家。在此过程中，大量的水生生物资源被发现、被驯化、被培育成了水产养殖种质资源。同时，还引进了一批国外优良的种质，累计自主培育了水产新品种 210 个，有力地保障了我国水产品的有效供给。

“六五”期间，又在长江、珠江和黑龙江进行了草鲢、鳙的原种收集与考种研究，即俗称的“三江考种”。但是，我国始终未能对水产养殖种质资源开展系统性的、全局性的总体普查，导致家底状况不清，大量有价值的资源未被挖掘利用。为此，农业农村部渔业渔政管理局会同全国水产技术推广总站、中国水产科学研究院，深入学习、坚决贯彻党中央国务院的决策部署，明确目标任务，提出工作要求，制定操作手册，计划用 3 年时间全面摸清水产养殖种质资源家底，做到应查尽查、应保尽保。

本次确定的水产种质资源普查，将会完成 3 项重点任务。

第一，基本情况普查。对分布在全国的鱼、虾、蟹、贝、藻、棘皮、两栖爬行等水产养殖种质资源进行普查，摸清资源种类、群体数量、区域分布、保护利用等情况，实现原种、地方品系、新品种和引进种全覆盖。

第二，重点调查与收集保护。依托有关专业机构开展水产养殖种质资源的特征特性测定、遗传多样性评价等重点调查。根据调查结果，采取活体和遗传材料保护相结合的方式，将活体资源纳入原良种场、保种区保护，将相关遗传材料提交国家种质库保存。

第三，建立资源数据库，发布资源名录。建立全国水产养殖种质资源数据库，纳入全国统一的农业种质资源数据库平台；编写水产养殖种质资源系统普查报告、资源状况报告，发布国家水产养殖种质资源名录。

为了给这些普查工作提供长期性、全局性的依据，相关的法规建设也在进行之中。继 2021 年 3 月 5 日《农作物种质资源管理办法》（下文简称《管理办法》）修订征求意见企业家座谈会之后，农业农村部种业管理司又于 4 月 1 日召开科学家座谈会，围绕种质资源收集、保护、共享利用、进出口管理等内容展开研讨，再次就修订完善《管理办法》提出意见建议。

会议强调，《管理办法》自 2003 年实施以来，在加强种质资源保护与管理，规范种质资源国际合作交流等方面发挥了重要作用。但随着国内外种业形势深刻变化，新《种子法》即将推出并颁布实施，《国务院办公厅关于加强农业种质资源保护与利用的意见》印发，特别是围绕落实中央经济工作会议、中央农村工作会议和中央一号文件提出要打好种业翻身仗，对农作物种质资源保护利用工作提出了新要求，《管理办法》原有部分规定已不能适应新时代中国种业自立自强和创新发展的迫切需要。

会议认为，《管理办法（修订稿）》针对种质资源收集保护利用不足、资源丧失风险大、共享交流不畅等问题，在强化种质资源基础性公益性定位、健全种质资源保护体系、强化鉴定评价与种质创新、推进共享利用和安全管控等方面进行了修改完善，系统性、针对性和可操作性都很强。下一步，一是要进一步明确国家和省级保护的关系；二是要强化资源保护激励机制，对于向国家种质资源库（圃）提交资源多的单位和个人，国家种质资源库（圃）优先向其提供种质资源；三是要明确种质资源保护单位应承担的义务和责任。

2021 年 10 月 18 日，第三届国家畜禽遗传资源委员会在北京召开第五次全体会议，审定通过了 18 个畜禽新品种配套系，鉴定通过了新发现的 18 个畜禽遗传资源。其中，既有自主培育的新品种，也有以地方品种为素材培育的优质高产新品种，还有 13 个是今年全国畜禽遗传资源普查中在青藏高原区域发现的，可谓意义特殊。

2021 年 10 月 28 日，农业农村部在山东省青岛市召开了“全国水产种业振兴行动工作推进会”。会议指出，要按照种业振兴行动总体要求，全面客观分析我国水产种业发展机遇和挑战，集中力量破难题、补短板、强优势、控风险、增效益，落实水产种业振兴行动任务。重点要加强种质资源保护，强化育种创新攻关，提升良种生产能力，培育壮大龙头企业，强化种业市场监管，全力推进水产种业振兴行动开好局、起好步。会议期间，与会代表还考察了位于中国水产科学研究院黄海水产研究所、作为我国最大水产种质资源库的国家海洋渔业生物种质资源库。

可以想见，等这新一轮全覆盖、大力度、高标准、多手段、现代化的普查工作全部结束之际，必然是中华大地上的种质资源被全面掌握、了然于胸，进而为中国种业实现高质量发展提供更加雄厚有力的支撑之日。

再提升

○ 让整体实力更加强大

说到种业创新的实力，大家必会首先想到中国农业科学院和其他相关院所等“专业龙头老大”。

单就中国农业科学院而言，仅在北京地区的院属单位就有作物科学研究所、生物技术研究所、蔬菜花卉研究所、农业质量标准与检测技术研究所等15个；而京外院属单位，又有水稻研究所、棉花研究所、油料作物研究所、麻类研究所、果树研究所、茶叶研究所、特产研究所、农业基因组研究所等20余个。除此之外，还有柑橘研究所、甘薯研究所、甜菜研究所等近10个共建单位。

这样的阵容，这样的实力，当然不容小觑，而且也必然肩负着从基础性、方向性、全局性、关键性等重要方面去提升中国种业内在核心实力的根本使命和主要职责。

但仅有这样的“龙头”单位还不够。我们还需要从全国着眼、从基层着手、从整体着力，去“强身健体”，去拓展阵地，去发展壮大。

2021年1月8日，农业农村部发布了《关于落实好党中央、国务院2021年农业农村重点工作部署的实施意见》，即农业农村部2021年一号文件。

在这份重磅文件中，有这样一段话："打好种业翻身仗。实施打好种业翻身仗行动方案。启动重点种源关键核心技术攻关和农业生物育种重大科技项目，实施新一轮畜禽水产遗传改良计划，自主培育突破性优良品种。深入实施现代种业提升工程，提高南繁基地、制种大县和区域性良种繁育基地建设水平，扶持国家畜禽核心育种场（站）发展。尊重科学、严格监管，有序推进生物育种产业化应用工作。推进科企深度融合，支持种业龙头企业健全商业化育种体系，加大制种大县支持力度，积极推动南繁硅谷建设。加快第三次全国农作物种质资源普查与收集，启动全国畜禽水产种质资源调查，开展农业种质资源精准鉴定。建好国家作物种质库和海洋渔业生物种质资源库，启动建设国家畜禽种质资源库。严格品种审定登记，加强种业市场监管整治，严厉查处假冒侵权行为。"

字里行间，透着一条重要信息，即抓紧提升中国种业的整体实力。而整体实力，永远都不会是单项的，只能是综合的。单从有形的角度讲，攻关创新能力，育种基地、现代园区、种子企业等的数量、规模和水平，种子专业技术人才的培养……都在其中。

尤其是育种创新能力，这是整体中的核心、基础中的关键。为此，农业农村部于 2021 年 3 月 15 日印发了《农业生产"三品一标"提升行动实施方案》（下文简称《实施方案》），决定通过实施这一提升行动，推进品种创优、品质提升、品牌打造和标准化生产。

与上面说的“农业农村部2021年一号文件”相比，这个《实施方案》提出的目标非常具体，即：“到2025年，育种创新取得重要进展，农产品品质明显提升，农业品牌建设取得较大突破，农业质量效益和竞争力持续提高。培育一批有自主知识产权的核心种源和节水高抗新品种，建设绿色标准化农产品生产基地800个、畜禽养殖标准化示范场500个，打造国家级农产品区域公用品牌300个、企业品牌500个、农产品品牌1000个，绿色食品、有机农产品、地理标志农产品数量达到6万个以上，食用农产品达标合格证制度试行取得积极成效。”

同时，《实施方案》还提出了明确的相关重点任务。

比如，要“加快推进品种培优”。实施打好种业翻身仗行动方案，加快选育一批新品种。重点是“四个一批”：发掘一批优异种质资源。开展全国农业种质资源调查，抢救性收集一批珍稀、濒危、特有资源和特色地方品种，对现有农作物种质资源、畜禽水产种质资源开展鉴定评价，遴选优异育种材料。加强农业种质资源库（场、区、圃）建设。提纯复壮一批地方特色品种。针对当前地方正在推广应用的大豆、小麦、生猪等农作物与畜禽良种，采取品种选择、比较试验、原种繁殖等技术措施，加快提纯复壮一批品种。选育一批高产优质突破性品种。启动重点种源关键核心技术攻关和农业生物育种重大科技项目，实施新一轮畜禽水产遗传改良计划，自主培育一批突破性品种。加强育种领域知识产权保护。建设一批良种繁育基地。推进西北国家杂交玉米种子生产基地和西南国家杂交水稻种子生产基地建设，在适宜地区建设一批区域性果菜茶等园艺作物良种苗木和畜禽水产良种繁育基地。

再比如，要“加快推进品质提升”。推广优良品种，推广一批强筋弱筋优质小麦、高蛋白高油玉米、优质粳稻籼稻、高油高蛋白大豆等品种，推广一批优质晚熟柑橘、特色茶叶、优质蔬菜、道地药材等品种，推广一批禽类、生猪、奶牛、水产等良种。

那么，谁来落实这些鼓舞人心的任务，又在哪些地方落实呢？其实，我们一直都有自己的“根据地”。现在需要的，是必须更多、更优、更大、更强。

2021 年 6 月 18 日，全国农技中心下发的《关于认定首批国家农作物品种展示评价基地的通知》中称，根据 2019 年全国省级种子站长会议纪要精神和《全国农技中心关于组织开展农作物品种展示评价工作的通知》部署，全国农技中心联合各省级种子管理事业工作机构开展了为期两年的农作物品种展示评价试点工作。“根据作物区域、工作基础、基本条件、组织保障以及试点工作结果，现认定江苏淮安白马湖农场、安徽舒城桃溪现代农业产业园等 60 个基地作为首批国家农作物品种展示评价基地，授予‘国家农作物品种展示评价基地’牌匾。”

农作物品种展示评价工作是种子管理事业工作体系的重要职能，也是加快推进良种更新换代和打好种业翻身仗的重要抓手。国家农作物品种展示评价基地，则是全国农作物品种展示评价网络的核心区，是农作物品种展示评价的“排头兵”。因此，在全国首批认定60个展示评价基地，有着十分重要的全局意义和长远价值。

其实，对事关种业发展的各类基地的建设与推动，过去一直在进行，进入2021年后的力度更大。

2021年年初，农业农村部办公厅、财政部办公厅联合印发2021年农业产业融合发展项目相关文件，明确2021年中央财政支持新创建50个国家现代农业产业园。文件要求，国家现代农业产业园要立足县域，以规模种养为基础，推进“生产＋加工＋科技”一体化发展，集聚现代要素和经营主体，加快产业全环节升级、全链条增值，全面推行绿色生产方式，创新科技集成和联农带农机制，着力打造引领带动乡村产业振兴的平台载体和农业现代化的“引擎”。

而国家现代农业产业园的一项重点任务，就是“加快推动品种培优、品质提升、品牌培育和标准化生产”，即“三品一标”。自2017年以来，农业农村部和财政部已经批准创建了151个全产业链发展、现代要素集聚的国家现代农业产业园，其中已认定87个，带动各地创建了3189个省、市、县产业园，基本形成了以园区化推动现代农业发展的建设格局。151个国家产业园平均产值达75亿元，其中15个超百亿元。

这次由中央财政支持、明确新的创建任务，无疑又将成为一次卓有成效的引领推动，又会诞生一批有利于增强育种创新实力的种业发展新阵地。

2021年6月25～26日，农业农村部种业管理司、计划财务司联合在甘肃张掖召开制种大县奖励政策实施工作推进会，总结“十三五”制种基地建设经验，研究部署2021年及“十四五”制种大县奖励政策实施工作。会上，财政部、农业农村部相关司局同志解读了制种大县奖励政策，甘肃省农业农村厅等6家单位做了经验交流，9个重点制种大县与共建龙头企业进行了现场签约，参会代表观摩了张掖市玉米制种基地。

会议指出，制种大县奖励政策取得明显成效。2015年以来，中央财政累计安排奖励资金54亿元、支持23个省份及新疆生产建设兵团98个制种大县（师），已建成高标准种子田280万亩，制种机械设备6.5万余台，仓储、晒场等1100万平方米，巩固了国家级制种基地发展的基础。制种大县保障了全国70%以上农作物用种需求，其中玉米、杂交稻供种量分别占全国的85%和75%，保证了“中国粮”主要用“中国种”。各制种大县出台税收、人才等扶持政策300多项，整合项目资金、地方配套资金35亿元，带动社会投资30多亿元。52个杂交玉米和杂交水稻制种县中40%为脱贫地区，通过政策实施直接带动了1400多个制种村、20万农户、100万农民增收脱贫。

会议强调，制种基地建设是打好种业翻身仗的重要内容，2021年中央财政加大制种大县支持力度，奖励资金由10亿元增加到20亿元。各地要提高认识，聚焦种子生产、加工短板弱项，强化新技术、新工艺、新装备应用，创新种子基地建设和发展模式，推进优势基地与龙头企业结合共建，推动基地做优、企业做强，提升基地产业链现代化水平，确保粮食和重要农产品种源供给。制种大县奖励政策将实施“有进有出、动态管理”，对每年考核评估不合格的大县不再予以支持。

会上提到的“奖励资金由 10 亿元增加到 20 亿元”，出自农业农村部办公厅、财政部办公厅联合下发的《关于优化调整实施制种大县奖励政策的通知》，即农办种〔2021〕2 号文件。

这份文件有很多创新之处，主要是政策的“优化调整”。在政策目标上，加大基地支持的同时突出强调支持龙头企业；在支持方式上，将积极推进基地企业合作共建；在支持内容上，进一步延伸扩展，加大企业的种育研发环节、基地的田间基础设施、管理能力提升等支持力度；在支持期限上，3 年调整为 5 年；在资金规模上，除奖励资金翻了一番外，单个基地资金规模也大幅增加，单个基地大县年度奖励资金最高可达到 5000 万元。

制种基地是保障良种供应的基础。打好种业翻身仗，种子基地是关键战场。建设种子基地的根本任务是保证种源供给，保障粮食安全。而保障种源供给安全，又是各相关省份、各制种大县的政治责任，2021 年在保供基础上又增加了新的目标和要求。所以，文件强调要聚焦种子生产、加工短板弱项，强化新技术、新工艺、新装备应用，创新种子基地建设和发展模式，推动优势基地与龙头企业合作共建，推动基础设施高级化、产业链条现代化，实现种业高质量发展。

由此不难看出，突出企业主体是此次政策调整的重点和关键。文件要求，自2021年起要开始实施并逐步推进“1+M+N”模式，推动基地健康发展，即一个作物品种对应选择M家龙头企业与N个基地县对接。制种大县结合基地建设和发展实际，遴选行业排名靠前，有影响力、有科研能力、有发展潜力的龙头企业，实现制种大县与龙头企业共建基地、共育企业、共促产业的目标。

2021年10月22日，农业农村部又印发了《关于促进农业产业化龙头企业做大做强的意见》（下文简称《促进意见》）。《促进意见》强调，农业产业化龙头企业是引领带动乡村全面振兴和农业农村现代化的生力军，是打造农业全产业链、构建现代乡村产业体系的中坚力量，是带动农民就业增收的重要主体，在加快推进乡村全面振兴中具有不可替代的重要作用。出台《促进意见》，目的就是从促进龙头企业高质量发展、提升龙头企业联农带农水平、构建龙头企业发展梯队、优化龙头企业发展环境等方面，进一步明确支持龙头企业发展的总体要求、目标任务，进一步统一思想、形成共识，为促进龙头企业做大做强、创新发展提供指导。

《促进意见》首次对农业产业化重点联合体培育建设提出了明确要求，即要实现到2025年末培育农业产业化国家重点龙头企业超过2000家、国家级农业产业化重点联合体超过500个的总体发展目标。《促进意见》还对龙头企业发展方向、创新联农带农机制、龙头企业发展梯队构建进行了全面部署和系统安排，有不少创新和亮点。突出表现在“高”“新”“精”3个方面。“高”，就是高质量发展促进龙头企业做大做强；“新”，就是创新探索联农带农模式；“精”，就是精准定位打造龙头企业多层次梯队。

可以想见，这些重大举措，必会催生一大批种子企业走向强大。而农业和种业科技推广的“国家队”们，也都在帮助龙头企业加快发展上持续发力，因为做大、做强、做优种业企业，是种业振兴的重要任务。

被誉为农技推广“领头雁”的全国农技中心，就是这样。作为农业农村部的直属事业单位，全国农技中心正在着力建立国家农业技术集成中心，构建以产业为主线、以任务为牵引，国家农技推广机构、科研院校、龙头企业、新型经营主体等广泛参与的农技推广服务新模式，推进重大、关键、共性技术的集成熟化、试验示范和推广应用。下一步，全国农技中心将立足“支撑行政、引领体系、服务行业”的总体定位，聚焦种业振兴行动目标要求，紧抓支撑种业管理和服务种业发展主线，持续推进品种区试、品种登记、种子检验认证、种业监测服务、品种展示评价、良种繁育服务“六大体系”建设。

2021年7月24日，全国农技中心与某大型种业集团在北京召开了发展战略研讨会，双方就深化“事企沟通交流合作、推动种业科技成果加速落地”，展开了深入的交流研讨。会上，双方签订了战略合作协议，决心通过能力合作，建立高效通畅的沟通交流合作机制，助力全国农技中心推进品种区试、品种登记、种子检验认证、种业监测服务、品种展示评价、良种繁育服务“六大体系”建设，更好发挥在种业振兴中的支撑保障作用。同时，反过来助力企业一方加强品种培育、品种试验、种子检验检测等能力建设，加大产品定位、市场开拓、品牌建设力度，加快优良水稻和玉米新品种示范推广，进一步提升其在种业领域的影响力，发挥其资本、管理及整合资源的平台优势和引领性作用，共同致力于推动我国农作物种业持续健康发展，助力种业振兴。

“国家队”与重点种子企业的合作这般隆重和密切，“国家队”与“国家队”的深度合作也在同步进行。

2021 年 3 月 1 日，科技部中国农村技术开发中心与农业农村部科技发展中心，共同组织召开了战略合作备忘录签约暨“十四五”农业科技创新研讨交流会。会上，双方签署了战略合作备忘录，标志着农业领域项目管理专业机构合作新篇章的开启。

两支“国家队”开展的战略合作，将致力于共同管理好、实施好农业农村领域国家科技项目，围绕解决好种子和耕地问题、攻克“卡脖子”技术瓶颈等重点工作，共同推动习近平总书记关于“三农”工作、科技创新的重要指示批示精神和党中央重大决策部署落实落地。

“十四五”期间，双方将在党建联学、机构建设、战略研究、项目管理等方面深度合作。一是共同谋划机构建设，从机制上推动强强联手；二是共同谋划专业管理方式，从方法上推动管理创新；三是共同谋划服务产业举措，从理念上推动服务产业；四是共同开展战略研究，从科学上推动未来谋划；五是共同开展联学共建，从行动上推动党建引领，为保障粮食安全、乡村全面振兴提供更强劲的科技动力。这对于提升国家科技计划实施绩效、强化“卡脖子”关键核心技术攻关、推动农业科技成果转化落地、促进农业农村高质量发展，都具有重要意义。

有了队伍，有了机制，有了阵地，当然就得有任务、有目标。既要有着眼本地实际、主动自发产生的任务，更要有立足于国家战略、统筹于全局层面的重点目标。

2021 年 7 月 26 日，农业农村部计划财务司印发了《关于做好 2022 ~ 2025 年中央预算内投资农业建设项目储备工作的通知》，要求提早做好项目前期工作。其中一个重要的附件，就是《2022 ~ 2025 年现代种业提升工程项目储备指南》。这个指南单就“农作物现代种业提升工程项目”，十分详细地明确了“国家农作物种质资源中期库（资源圃）项目”“农作物育种创新能力提升项目”“农业野生植物原生境保护区（点）项目”“农作物品种测试评价能力提升项目”“农作物良种繁育能力提升项目”共 5 个项目。

我们不妨专门介绍一下“农作物良种创新能力提升项目”。

一是建设要求。发挥种业企业在种业发展中的主体作用，形成更加紧密的科企合作关系，通过改善育种创新条件，加快构建商业化育种创新体系。支持企业开展高效育种，提升种质资源保存利用、育种科研创新、种子生产加工、良种推广服务等能力，培育具有国际竞争力的民族种业航母和达到国际先进水平的特色优势种业企业。推动海南南繁科研育种基地和“南繁硅谷”建设，提升南繁育种水平，加快新品种培育和品种更新换代。

二是建设内容。主要包括农作物育种测试设施设备、表型与基因型鉴定设施设备及田间工程建设，低温种子库、检测实验室、农机具库等土建工程，支持企业在本地或异地建设用于育种创新的核心育种站、品种测试点等田间工程，以及实验分析设备、农机具、仪器设备购置等。

三是储备条件。新建2个分子育种表型与基因型鉴定平台，布局在北京、海南两省（市）；改扩建2个分子育种创新服务平台，布局在北京、湖南两省（市）。规划育种创新项目共52个，包括水稻9个、玉米7个、小麦4个、马铃薯4个，大豆、油料、花生、油茶等油料作物共7个，杂粮杂豆（含青稞）3个、棉糖麻3个、果菜茶（含食用菌、花卉）12个、热带作物3个，其他品种的育种创新项目根据我国经济发展需要确定。

四是投资规模。育种创新能力提升项目中，除国家级分子育种平台外，以大型育繁推一体化龙头企业投资为主，中央投资占项目总投资比例不超过40%且最多不超过3000万元。中央投资，主要用于项目中具有一定公益性质的基础设施建设。

看到这里，大家一定会有一种感觉，中央投资力度也不是很大啊。即使算上支持育种大县的20亿元，放到打好种业翻身仗的巨大需求中，好像还是远远不够啊。

别急。

2021 年 6 月 29 日，中国人民银行、银保监会、证监会、财政部、农业农村部、乡村振兴局联合发布《关于金融支持巩固拓展脱贫攻坚成果 全面推进乡村振兴的意见》，其中专门强调，要“建立健全种业发展融资支持体系”。具体讲，就是建立重点种业企业融资监测制度，强化银企对接，对符合条件的育种基础性研究和重点育种项目给予中长期信贷支持，加大对南繁硅谷、制种基地和良种繁育体系的金融支持力度。鼓励天使投资、风险投资、创业投资基金加大对种子期、初创期种业企业和农业关键核心技术攻关的资金投入，支持符合条件的种业企业通过股权、债券市场进行直接融资。

不要小看这段话。

它的背后，是社会资金、民间资本的汪洋大海。只要有了这样方向明、力度大的政策支持，这些近乎无穷无尽的资金资本，必然会迅速汇入推进中国种业发展的宏伟事业中来。

总之，中国种业全面再振兴、整体再腾飞的全新局面，在进入 2021 年之后，在神州大地上前所未有地迅速兴起、持久不衰。

再起跑

○ 让强劲足音响彻华夏

南繁，南繁。

既然领袖讲话、中央文件、各个《规划》都提到南繁、强调南繁，那我们就先来看看进入 2021 年之后，南繁基地都发生了些什么事情吧。当然，事情很多，我们只能列举几件。

2021 年 3 月 20 日，“2021 中国种子大会暨南繁硅谷论坛”在海南三亚隆重召开。

这是中国种业进入 2021 年后值得纪念的一件大事。中国种子大会作为中国种业界年度性的群英大会、共享大会和引领大会，已经连续成功举办了 2018 和 2019 两届，都在为种业企业搭建合作平台、为现代种业发展创造品牌、为民族种业振兴增强信心等方面，发挥了独特作用，也产生了重要影响。而 2021 年的这一届，再次成为立足中国种业最前沿、汇聚行业顶尖智慧的盛会，能够让人充分感受到小小种子所蕴藏的巨大能量，触摸到中国种子行业正在迸发的全新动能。

本次大会为期 4 天，有 29 位院士、2500 余名嘉宾、数十家国内知名种子企业及研发单位参与。大会以“种业使命，南繁未来”为主题，聚焦产业发展优势与痛点，解读种业政策重点，解析行业发展趋势，群策群力、集思广益，为打赢种业翻身仗寻求新思路。议题涵盖了水稻、玉米、蔬菜、南繁、种业知识产权保护、现代种业产业园和生命科学前沿等领域。大会共设置 1 场主论坛和 13 场分论坛，其中主论坛着重围绕生命科学前沿、生物育种、“南繁硅谷”建设、种源技术攻关等重点领域做主旨报告；在 21 ~ 22 日的 13 场分论坛上，100 多位国内外专家围绕破解种业“卡脖子”难题、共谋南繁硅谷和种业高质量发展等开展对话和交流发言。23 ~ 24 日，在三亚市、陵水县、乐东县分别举办了农作物品种田间展示和三亚崖州湾科技城参观活动。

这是一次中国种业的空前盛会，参会人数最多、办会规格最高、专家阵容最强、内容影响最广。这是深入贯彻习近平总书记关于下决心把我国种业搞上去、建设“南繁硅谷”的重要指示，落实今年中央一号文件精神的动员大会，是解决种源“卡脖子”问题、立志打赢种业翻身仗的誓师大会，也是肩负种业使命、开创南繁未来，中国种业和南繁硅谷扬帆远航的出征大会。

2021 年 5 月 19 日，中国农业科学院在三亚崖州湾科技城举行了“中国农业科学院南繁育种研究中心”揭牌仪式暨加快南繁硅谷建设推动种业创新发展研讨会。

在此之前的 2019 年 10 月 28 日，中国农业科学院就在三亚崖州湾科技城注册成立了“三亚中国农业科学院国家南繁研究院”，简称南繁院。南繁院以保障国家粮食安全战略目标为需求导向，以抢占国际农业科技制高点为目标牵引，努力打造集基础研究、应用基础研究、关键技术创新与产品研发、成果转化应用上中下游协同发展的种业创新平台。

南繁院注册成立以来，在海南省、三亚市及崖州湾科技城管理局等的大力支持下，承担建设的南繁作物表型设施项目施工稳步推进，国家种业创新实验室项目和高等级生物安全实验室项目建议书已上报海南省政府并获得认可；已获批海南省科研项目立项支持 6 项，总经费 986 万元；获批海南省院士团队创新中心 1 个；研究生招生列入第二批海南专项，首批由 20 名硕士、6 名博士组成的研究生团队将于 2021 年 9 月入学；88 位专家申报认定三亚崖州湾科技城柔性引进人才，拟入驻南繁研究院开展相关研究；作为理事单位参与海南省崖州湾种子实验室建设，为南繁院的实体化运作奠定了坚实基础。

这次又揭牌成立“中国农业科学院南繁育种研究中心”，标志着首个中编机构成功落户崖州湾科技城管理局，开创了国家南繁科研力量实体化和本地化建设的先河，对建设南繁硅谷、助力打赢种业翻身仗具有重要意义。中心将与南繁院实行一体化运作，围绕南繁作物种质资源保护利用、分子设计、品种培育及栽培生理开展基础与应用研究工作，努力建设全球重要的种业理论创新中心、技术创新中心、生物种业中心、国际合作交流中心、成果转化中心、种质资源引进交流中心，推动南繁育种实现“由田间试验向田间与实验室转变、由季节性向全天候转变、由单打独斗向协同创新转变、由碎片化向系统化转变”，为保障国家粮食安全、种源安全做出重要贡献。

而南繁所在的海南省，自然也不会错失这样的重大机遇。

2021 年 5 月 12 日，海南省崖州湾种子实验室揭牌仪式在三亚崖州湾科技城举行。

这个实验室可谓阵容强大，其组织架构分为理事会、领导班子和学术委员会，其中最核心的理事会由海南省科技厅、省农业农村厅、三亚市政府、三亚崖州湾科技城管理局 4 个政府单位，中国科学院遗传与发育生物学研究所、中国农业科学院等 10 个科研院所和大专院校，中国种子集团有限公司等 5 个企业单位以及国家玉米种业技术创新中心、国家耐盐碱水稻技术创新中心 2 个平台单位构成，形成了高校、院所、企业、政府产学研政紧密结合的全新构架。

该实验室将按照一流实验室的标准，站在国家的立场进行建设，并将注重接轨国际、用好海南政策，尤其是加强科技成果转化和知识产权保护，做好系统配套，确保高效运营。而海南省，也将通过搭建这一公共科研平台，聚焦国家战略、科技前沿、海南急需开展的重大技术攻关，突出实现体制机制创新，打造科技管理改革创新的试验田，为构建国家战略科技力量贡献海南力量。

2021 年 6 月，为打好种业翻身仗，助推海南省农业供给侧结构性改革，高质量发展热带特色高效农业，海南又发布了全省首个专门聚焦农业种质资源保护与利用的五年规划，即《海南省农业种质资源保护和利用发展规划（2021 ~ 2025 年）》，把作物、畜禽、水产、农业微生物四大类都纳入了种质资源保护和利用的重点任务。指出 2021 ~ 2025 年期间，海南省将通过启动五大工程项目和 6 个重大行动，即农业种质资源保护工程，种业基础科研能力提升工程，种质资源开发利用能力提升工程，种质资源交流合作提升工程，种质资源公共服务能力提升工程；农业种质资源普查收集行动，种质资源基础研究行动，五指山猪、海南猪、黑山羊等品种提纯复壮行动，文昌鸡、嘉积鸭等地方品系培育行动，农业种质资源交流引进行动，重点资源合作研发行动。

决心之大，令人称誉。南繁如此，海南如此，那其他地区呢？同样处处激情豪迈，处处足音强劲。让我们快速巡览一下吧。

东北。

2021 年 8 月 5 日，黑龙江省农业农村厅印发《黑龙江省 2021 年保护种业知识产权专项整治行动实施方案》，决心到 2021 年年底，通过加强审定品种管理、加强登记品种管理、加强种子基地和企业及市场检查、加大重点案件查处力度、健全行政执法和司法保护衔接机制、强化企业自律和信用建设等手段，以强化种业知识产权保护为重点，以集中整治为抓手，坚持统一部署、部门协同和上下联动，加快推进标准制定、品种清理和案件查处等关键举措落实落地，既立足解决当前突出问题，又力求破解阻碍打基础、利长远的体制机制问题，为激励原始创新、净化种业市场、促进种业振兴营造良好环境。

2021 年 6 月 7 日，吉林省农业农村厅在长春举办了吉林省推进现代种业创新发展培训班。6月16日，中共吉林省委召开庆祝中国共产党成立100周年系列主题新闻发布会——加快农业农村现代化、聚焦黑土地保护与利用专场。会议认为，种子是农业的“芯片”，大力推进现代种业创新发展，对于吉林省率先实现农业现代化具有重要意义。为打好种业翻身仗，吉林省重点实施“五大提升行动”，即种质资源保护能力提升行动、自主创新能力提升行动、主体培育能力提升行动、育制种基地能力提升行动、种业治理能力提升行动。

2021年8月9日，辽宁省“保护种业知识产权专项整治行动视频会议”在沈阳召开。会议深入贯彻落实全国保护种业知识产权专项整治行动视频会议精神，安排部署全省专项整治行动重点工作。会议认为，近年来辽宁省不断加大种业创新和知识产权保护力度，持续在全省范围内实施农作物种子监管专项行动，加大种子市场监督检查力度，严厉查处侵权案件，保证了种业知识产权保护环境持续向好，有力推动了育种创新推广。全省共申请农业植物新品种保护1173件，获得授权525件，一大批自主选育、综合性状良好的农作物新品种得到保护和推广应用，为粮食增产发挥了重要作用。下一步，要切实加大种业知识产权保护力度，坚持精准施策，推动专项整治行动取得实效。一要开展全面“体检”，二要加大案件查办力度，三要严格品种管理。会上，还介绍了《辽宁省保护种业知识产权专项整治行动实施方案》，解读了审理侵害植物新品种权纠纷案件的最新司法解释亮点，并介绍了辽宁省植物新品种司法保护状况。

华东。

2021年7月，上海市乡村振兴“十四五”规划正式发布，明确提出了“提升现代种业创新能力、开展种源关键共性技术攻关”“实施粮食安全保障能力提升工程”“到2025年建设150个以上的乡村振兴示范村”等重点任务。

7月29日，上海市农业科学院在华漕院区隆重举办青年科技论坛，目的就是为展示农业青年科技人才的科技创新活力，发挥青年力量助力打好种业翻身仗、助力乡村振兴，同时也为青年科技人员搭建一个学习、交流和展示才华的平台。近年来，上海市为促进青年科技人员早日成长，增强农业科技创新活力，激发广大青年科技人员献身乡村振兴战略的积极性、主动性和创造性，采取了一系列措施，重点就是信任青年科技人员，给青年科技人员“压担子”，让他们走进前台，不仅在专业技能，而且在综合能力培养、团队协调等方面加快成长，成为科研主力军。

2021年5月19日，由长三角地区唯一国家级农高区即南京国家农高区等单位联合举办的“首届长三角种业博览会暨现代种业发展大会”，在江苏南京溧水隆重举行，吸引了270多家种业企业参展。大会邀请了一批知名专家教授进行现场交流演讲，这届“种博会”，将整合行业资源，形成区域优势创新，以“聚焦现代种业，打好种业翻身仗”为主题，紧扣南京农高区“两区一地”战略定位，牢牢把握乡村振兴，以农业科技创新为指导方针，通过线上＋线下双展通道，展出现代农业、种子、农药、化肥四大主要品类的优质企业品牌及新产品、新技术，为长三角地区农业企业提供与全国及全球市场贸易对接的平台，进而加速农业科技成果转化，提升南京国家农高区经济增长能力，发挥农业科技创新国家队的示范引领作用，为实现南京农高区成为“绿色科创城、智慧农高区”的发展愿景助力。同时，还将为长三角地区乃至全球种业经销商贸易对接搭建合作交流平台，以展会为媒，精准对接贸易市场，将辐射带动长三角区域农业综合效益和竞争力提升，助力南京农高区建成长三角现代农业总部基地、国际有影响力的农业高新技术产业示范区，推动创新引领迈上新台阶。

2021 年 9 月 18 日，浙江省召开了“现代种业高质量发展座谈会”。会议强调，要深刻领会习近平总书记关于种业安全的重要论述精神，从“国之大者”的高度全面把握种业高质量发展的重要性，尊重种业发展规律，加大种业扶持力度，集中力量破难题、补短板、强优势、控风险，努力把浙江种业做大做强。要建立种业创新协同推进机制，加强相关部门、科研院所、高校和种业企业集成攻关，形成协作共同体。要加强种质资源保护和利用，加快建设种质资源“核心库”，挖掘获取一批有自主知识产权的功能基因和优质资源。要加快推进品种创新推广，强化育种关键技术攻关，加快选育一批优良品种，完善良种推广体系，让科技成果快速转化为经济效益。要着力培育现代种业企业，提升平台能级，促进产学研结合、育繁推一体，建立健全商业化育种体系；

通过板块整合、资产注入、政策支持，加快组建浙江种业集团，引领浙江种业高质量发展。要强化良种保障体系建设，加强繁育基地建设，确保种子供应充足，提高良种保障能力。要加大政策支持力度，确保财政资金稳定、持续地支持科研团队研发；完善种子法规配套制度建设，强化知识产权保护，吸引优秀人才和团队投身种业发展，为全省种业发展营造良好环境。

2021 年 7 月 22 日，安徽省农业农村厅办公室印发《全省保护种业知识产权专项整治行动方案》，要求为切实强化种业创新发展秩序、严厉打击种业套牌侵权等违法违规行为，自今年 7 月开始在全省范围内集中开展为期半年的保护种业知识产权专项整治行动。基本思路，就是贯彻党中央关于打好种业翻身仗决策部署，按照农业农村部专项工作整治行动要求，以加强种业知识产权保护为重点，以集中专项整治为抓手，夯实责任主体、强化机制建设。坚持省厅统一部署，市、县、区相关责任单位抓落实的原则，加强部门协同和上下联动，形成合力，贯彻落实法规、标准以及品种清理、案件查处等关键举措，推动保护种业知识产权落地见效，为激励原始创新、净化种业市场、促进种业振兴营造良好的种业发展环境，为打造种业强省营造良好环境。

2021 年 6 月下旬，福建省政协把“提升全省种业研发创新水平　服务打好种业翻身仗”列为本年首个专题协商议题，并在前期 3 个多月调研准备的基础上，召开了专题协商会。省政协认为，提升种业研发创新水平，关系种业发展、更关乎国家安全，关系乡村振兴战略实施、更关乎农业农村现代化，关系农民增收、更关乎人民生活品质提升，需要大家广聚各方智慧。会上，主分会场同频、线上线下互动，深思熟虑、有备而来的百余名政协委员、专家学者、企业代表以及相关部门负责人齐聚一堂，为打好种业翻身仗坦诚直言、交锋交融、寻求共识。聚焦“一粒种子”的这场协商会议在凝心聚智的同时，深深地接着地气。会议还呼吁，尽快启动“福建特色种质资源库”建设，收集保护各地特色种质资源，建设有福建特色的种业研发平台，实现种质资源数据全省共建共享，并以法律法规形式确保种质资源得到保护和利用。

2021 年 6 月，江西省农业农村厅组建种子执法专案组，严肃查处涉嫌生产、销售的问题种子。全省各级农业农村部门在狠抓粮食生产的同时，在 2021 年年初及时启动了全省春耕备耕农资打假“春雷”行动，要求从严从快处理一批坑农害农、影响农业生产和农产品质量安全等违法案件，堵源头、端窝点，防止因农资质量问题造成农业生产和农产品质量安全重大事件。针对种子违法案件，省农业农村厅高度重视，第一时间研究部署，组织召开专题会议，成立种子案件专案组，全力查处种子违法行为，集中力量打击涉种违法犯罪行为，保障农民用种安全。

2021 年 9 月 16 日，“长江中下游地区国家水稻新品种展示评价现场观摩活动暨品种试验培训班”在江西省萍乡市隆重召开。为本次观摩活动提供支撑和依托的萍乡国家农作物品种展示评价基地，共设置 6 个展示区，展示了 80 家优秀科研单位和领军种子企业的313个水稻新品种，品种类型多、丰产性及抗性好，尤其在品质性状上表现优异，代表了当前长江中下游稻区品种的最高水平和未来发展方向。会上，还为获得首批国家农作物品种展示评价基地称号的萍乡、高安两个基地授了牌。会议指出，全国目前已建成展示评价基地300余个，年展示示范新品种规模超过5000个。

2021年6月10日，山东省委主要领导主持召开种业高质量发展专题会议，强调要深入学习贯彻习近平总书记关于种业发展的重要论述，深入实施现代种业提升工程，进一步增强山东种业自主创新能力和综合竞争力，努力推动现代种业高质量发展。会议强调，要加大农业种质资源保护力度，做好农业种质资源普查，建强种质资源保护平台，开展种质资源精准鉴定，完善种质资源保护体系；要加快提升种业自主创新能力，着力突破农业“卡脖子”技术，健全完善种业科技创新体系，加强育种基地建设、农业科技人才队伍建设；要培育有核心竞争力的产业主体，支持综合实力较强的企业做大做强，支持特色优势企业做专做精，支持推动产业融合发展；要做大做优山东良种品牌，打造国内外知名产品，大力开展品种展示评价，不断拓展推广渠道，增强农业科技成果转化能力；要加强种业市场监管治理，构建属地为主、部门协同、区域联动、社会参与的监管格局，推动知识产权保护与种业高质量发展需求相适应；要切实加大支撑保障力度，建立持续稳定的投入机制，引导社会资本有序投入，提升资金使用效益。

各级各有关部门要进一步提高政治站位，坚决扛起种业发展政治责任，有力有序推进各项工作。

2021 年 6 月 20 日上午，“2021 年中国生物育种产业发展高峰论坛”在山东省济南市举办。活动中，围绕基因编辑前沿技术研发进展、基因编辑技术在植物中的应用与评价、知识产权及政策支持等方面，进行了多项报告。本次会议充分交流了我国在生物育种关键技术和关键问题上的最新进展，展示了基因编辑技术在植物遗传育种方面的广阔前景。

2021 年 10 月 22 ~ 24 日，第十三届“中国国际种业博览会暨第十八届全国种子信息交流与产品交易会”在山东济南举行。大会由全国农业技术推广服务中心、农业农村部农业贸易促进中心、中国种子协会、山东省农业农村厅、济南市人民政府主办，以“兴种稳粮保安全，固本强基促振兴”为主题，旨在凝聚行业共识，加快要素聚合，深化交流协作，全力以赴推进种业振兴。大会期间，举办了生物育种产业化论坛，本次论坛旨在聚焦生物育种产业化关键环节的技术要求，分享跨国企业生物育种研发和全球产业化应用的国际经验，探讨生物育种品种产业化的应用路径，凝聚种业共识，为下一步全面推进生物育种产业化起好步、开好局。

华北。

2021 年 6 月 22 日，天津市农业农村委举办了优质稻麦双季绿色高效生产模式现场会。天津市农科院、天津农学院、天津市农业中心、相关涉农企业及涉农系统共计 100 余人参会。仰仗于全面机械化，示范中心百亩连作田，5 天内完成“接力”种植。正常状态下，同一块土地在 10 月前后会迎来二次粮食丰收。天津市农科院作物所负责人介绍，从农科院的试验田走出的这款春小麦，长势也让科研人员十分满意。生育期仅 84 天的几个优质品种，组成了最棒的“接力赛”搭档，加上智能化农机技术在生产中的应用，有效实现了亩产粮食最大化的可能。天津市农业农村委有关负责人介绍，稻麦连作是良种、良法、良器的有机结合，也是农机、农艺与信息化融合。目前天津地区晚稻加麦稻连作共 3 万多亩，有效扩大了小站稻种植面积。同时，通过麦稻连作技术也实现了水稻种植的“错峰取水”，成为天津小站稻产业可持续发展的有利条件。

2021 年 7 月 6 日，山西省农业农村厅召开全省保护种业知识产权专项整治行动视频会议，安排部署保护种业知识产权工作。会议强调，省、市、县要联动起来，迅速启动整治工作，从 7 月开始，用半年时间打一场保护种业知识产权的硬仗，通过严把品种审定关，开展全面彻底检查，加大案件查处力度，全力解决老问题，坚决啃下硬骨头，规范净化全省种业市场，促进种业振兴。要加强源头管控，严把品种审定关；要加强全面“体检”，彻底排查问题；要加强打击震慑，从严查处案件；要加强协调配合，完善联动监管；要加强领导督导，确保整治实效。

在此之前的 6 月 3 日，山西省还在太原市举办了植物新品种保护与现代种业提升工程项目监管培训班，围绕农业基本建设项目管理的关键点、知识点，对项目决策、开工准备、项目实施、竣工验收4个阶段，项目建议书、可行性研究报告报批、初步设计的报批、施工准备、建设实施、竣工验收、后评价7个程序的具体操作要求进行了详细讲解。同时，对全省种业监管执法年活动进行了解读，对全省植物新品种保护工作进行了安排部署。会议指出，一要高度重视项目工作，明确项目监管职责；二要切实加强监督检查，提高项目建设成效；三要建立健全规章制度，项目管理逐步规范。

2021年6月中旬，河北省农业农村厅对推进品种培优、品质提升、品牌打造和标准化生产，引领农业绿色发展、提升农业质量效益和竞争力做出安排，要求各级农业农村部门突出省定12个特色优势产业集群和当地特色优势产业，发挥现代农业示范园区和精品生产基地引领作用，加快推进农业生产“三品一标”提升行动。主要任务是，加快推进品种培优、加快推进品质提升、加快推进品牌建设、加快推进标准化生产，按照“有标采标、无标创标、全程贯标”要求，推动全省现代农业全产业链标准体系不断提升，争创国家农产品全产业链标准化试点和现代农业全产业链标准集成应用基地，培育农业企业标准“领跑者”。

2021年7月30日，内蒙古种业协同创新联盟（中心）在内蒙古农业大学成立。联盟联合国内外优势科研院所和相关种业产业企业组成，聚合种业科技创新力量，聚焦种业技术创新的关键问题，承担种业技术创新、人才培养、智库作用和协同创新四大任务，集中力量助力自治区种业创新能力提升。联盟第一届理事会共有100个理事单位成员，分为植物组、动物组、微生物组。蒙草生态当选联盟植物组副理事长单位，期望利用高校、科研院所及企业各自优势，继续推动特色种业创新。蒙草生态多年来坚持研究乡土植物、发展特色种业科技，建设特色乡土植物种质资源库和特色种业数字化体系，承担共建“自治区草业领域种业技术创新中心”“低碳应用数字化研究中心”等专项工作。

华中。

2021年3月，河南省决定启动实施9项种业创新领域重大科技专项，支持财政经费2300万元，加力提升河南种业科技创新能力，为保障国家粮食安全提供科技支撑。这一重大科技专项，涵盖了主要农作物、主要经济作物、畜禽、林果等专题。主要目的，一是围绕种源“卡脖子”核心技术，深入开展小麦、玉米、花生、瓜果、畜禽等种质资源挖掘和创新利用，在主要农作物重要性状的遗传解析、分子设计育种、智能化育种、单倍体育种、基因编辑、表型精准鉴定等关键共性技术研究方面强力攻关，力争实现育种核心技术和新品种选育的重大突破；二是创新全省育种攻关机制，由省内育种优势科研院所牵头，整合省内高校、院所、企业在产学研三方面的优势力量，建立“要素跟着市场走”的“研发团队＋研发平台＋公司”协同创新机制，实施重大品种联合攻关，打造种质资源利用、基因挖掘、品种研发、产品开发、产业化应用的全链条组织体系；三是补齐种业创新短板，针对河南在小麦、花生、芝麻等主要农作物上育种优势突出，但在肉牛、瓜果、蔬菜等领域与国际先进水平相比差距明显的薄弱环节、技术短板，凝练布局了“河南省地方肉牛种质创新”“河南地方优质特色瓜菜品种资源发掘与创新利用”“桃新品种选育及省力化标准化栽培技术研究”“香菇、平菇优良品种选育及栽培关键技术研究”等重大专项，努力培育和应用一批具有自主知识产权的突破性重大新品种，巩固农作物育种优势，提升河南种业创新整体水平。

2021 年 7 月 5 日，“2021 河南省夏季种子信息交流暨产品展览会”和“2021 黄淮海种业 + 肥药机一体化解决方案展览会”在郑州国际会展中心隆重开幕。本次会议为期两天，由河南省种子协会主办。大会以“新时代、新征程、新种业、新模式”为主题，以“打好种业翻身仗，扛稳粮食生产安全重任”为宗旨，内容涵盖种业高峰论坛、县域优秀种子经销商表彰、种粮（地）大户 + 种子、农药、化肥、好粮油产销对接、种子企业成果展示、信息发布、新品种转让及种子产品项目洽谈等。此外，会议还将极力推动种业营销数字化建设，实现“田展 + 云展 + 会展”相结合，开启全渠道、全区域、全时段展示新模式，助推种子行业转型升级，极大地提升了河南种业的影响力。

2021 年 8 月 18 日，河南省农业农村厅发布第 82 号公告。公告指出，为贯彻落实全国保护知识产权专项整治行动会议精神，推进河南省保护种业知识产权专项整治行动深入开展，严厉打击种子套牌侵权等违法行为，河南省农业农村厅联合河南省种子协会在全省范围内开展种子侵权案件有奖举报行动。

2021 年 9 月 1 日，以“展示优良品种，加强产品交流，促进种业合作，推动产业发展”为主题的第七届“黄淮海玉米新品种地展博览会”在郑州荥阳成功举行。会议采用线上线下同时进行的模式，线上全程网络直播，线下专家实地考察和点评，有超过 152 万人次在线参加了活动。共评选出 66 个品种为专家推荐品种。会议指出，河南既是农业大省，也是种业大省，农作物种子供种能力约占全国的 1/10，主要农作物良种覆盖率超过 98%。此前不久闭幕的河南省委工作会议更是明确提出，要围绕建设种业强省、打造“中原农谷”聚力突破、彰显打好种业翻身仗的河南担当，吹响中原种业振兴的冲锋号。预计在河南要建成 1 ~ 2 家国家种业产业园，10 家左右的省级种业产业园。

2021 年 6 月初，湖北省科技厅发文强调，将从 4 个方面推进科技支撑现代种业高质量发展。一是积极筹建生物育种重大平台和设施，二是推进良种重大科研联合攻关，三是开展现代生物育种关键核心技术研究，四是推进农业科技成果转移转化。

2021 年 10 月 16 日，武汉国家现代农业产业科技创新中心传出喜讯，湖北首家数字化水稻育种研发基地已经圆满建成。该基地配置物联网、人工智能、5G、大数据等先进科技手段，搭建数字化基础设施、水稻数据服务和数字化种植管理平台，将实现水稻育种整个过程数字化、自动化和智能化，提高育种生产效率和育种质量。基地总占地面积约 249 亩，主要通过安装气象环境监测站、土壤墒情传感器、病虫害监测预警、频振式杀虫灯、作物生长监测站、多光谱无人机、智能灌溉系统等现代化智能设备，形成一套完整的具有农作物新品种试验示范效果的智能种植决策系统、种植信息溯源系统和智能育种管家系统，为作物新品种审定推广和现代育种提供科学依据。

2021 年 7 月 29 日，湖南省政协召开“做强现代种业体系，为粮食安全做贡献”专题协商会，为助推种业创新发展支招建言。会议认为，湖南具有较强种业研发实力，但依然存在种业科技创新需系统推进、产业经营与融合发展不够充分、良种供应保障能力建设有待提升、监管服务能力与现代种业发展需求尚有差距等短板。会议提出，要构建系统、精准的种业创新发展政策体系，优势突出、特色鲜明的现代种业产业体系，多元合作、梯度合理的种业科研创新体系，科学规范、优质高效的良种繁育推广体系等建议。

2021 年 10 月 9 日，“中国·长沙岳麓种业峰会”在湖南省长沙市召开。会议认为，我国种业的发展水平与农业大国的地位还不相称，多年来农作物种子进口量约 3 倍于出口量；种业的科技水平与先进国家相比差距较大，还存在着技术上的“卡脖子”问题。因此，种业振兴是事关国家安全和生存发展的战略性、全局性问题，任务艰巨、使命光荣。要全面振兴种业，让中国种子装上“中国芯”。

华南。

2021年6月8日，广东省科学技术厅、省农业农村厅下发了《关于组织申报2021年度广东省重点领域研发计划“现代种业”重大专项的通知》。广东实施的这次重大专项，共设置粮油作物前沿育种技术创新与新品种选育，广东荔枝等水果及茶树育种新技术与新品种选育，华南特色蔬菜、花卉育种新技术创新与新品种选育，家畜前沿育种技术创新与新品系培育，家禽前沿育种技术创新与新品系培育，农业种质资源多组学精准鉴评与数字资源库构建六大专题，力求在粮油作物、果树、茶树、蔬菜、花卉、畜禽等优良品种重要性状的遗传解析、基因组选择育种、分子设计育种、智能化育种、倍性育种、基因编辑和表型精准鉴定等关键共性技术研究方面强力攻关，力争实现育种核心技术和新品种选育的重大突破，以育种技术创新促新品种选育，为“米袋子、菜篮子、果盘子”提供科技支撑。专项还将开展农业种质资源保护与大数据精准鉴评研究，以支撑种质资源的收集保存鉴评等工作。这一专项的实施，将加速推动广东省过去一度存在的优异种质资源创新滞后、现代育种关键技术原创与集成有待深入、优质高产多抗绿色品种较为匮乏等突出问题，全面提升广东种业核心竞争力，加快发展现代农业与食品战略性支柱产业集群，促进广东省现代农业与食品产业迈向全球价值链中高端。

2021年6月21日，广东省政府办公厅转发了省农业农村厅、乡村振兴局《2021 ~ 2023年全省现代农业产业园建设工作方案》，这意味着广东省现代农业产业园建设第二轮正式启动。

自 2018 年起，广东省累计投入中央财政资金 7.6 亿元、省财政资金 75 亿元，创建了 16 个国家级、161 个省级、55 个市级产业园，基本实现了主要农业县、主要特色产业全覆盖，构建了国家、省、市三级产业园梯次发展格局，在做大做强乡村产业，促进一、二、三产业融合，实现农业高质量发展，促进农民就业增收等方面发挥了重要作用。

在基本实现"一县一园一平台"的基础上，本次启动的第二轮现代农业产业园建设工作，将以调结构、扩规模、抓龙头、创品牌、全链条、增效益为主攻方向，推动种养循环及规模化、加工集群化、科技集成化、营销品牌化、产业数字化，全面提升现代农业产业质量效益，打造"产业园 2.0 版"，集中建设省级产业园 100 个左右，实现优势产业、农业县（市、区）、主要特色品种省级产业园全覆盖，争创一批国家级产业园，打造一批全产业链、在国内外具有竞争力的优势产业区（带）。

《2021 ~ 2023 年全省现代农业产业园建设工作方案》指出，第二轮产业园建设将围绕粮食、生猪、家禽、岭南水果、蔬菜、南药、茶叶、农产品冷链物流等优势产业带建设一批跨县集群产业园，围绕特色主导产业建设一批特色产业园，围绕服务主导产业建设一批功能性产业园。并支持建设成效好的现有省级产业园扩容提质增效，做大做强区域特色产业。对经省政府批准建设的功能性产业园以及粤东粤西粤北地区的跨县集群产业园和特色产业园均给予省级资金补助。

2021 年 7 月 14 日，广东省现代农业产业园联盟在广州正式成立。产业园联盟将充分发挥聚集要素、搭建桥梁、整合资源、抱团发展等平台作用，全力支撑广东省现代农业产业园建设，进一步推动广东农业高质量发展。目前已有 310 家企业加入，包括国家级现代农业产业园 14 个、省级现代农业产业园 126 个，涵盖水产、南药、水果、畜牧、蔬菜、花卉、丝苗米、茶叶、冷链仓储等产业，除深圳以外，覆盖全省 20 个地级以上市。产业园“撬动”作用显著，成为企业和金融资本投资的热土。粤东、粤西、粤北地区省级产业园已完成投资 302 亿元，其中省级财政资金 62 亿元，市、县财政资金 90 亿元，社会资金 150 亿元。通过成立产业园联盟，开展协同创新行动，可以帮助各个产业园实现产业互通、资源互补、企业互助、信息共享。

2021 年 7 月 27 日，广西壮族自治区种业管理法律法规与种质资源普查业务培训在南宁召开。培训班指出，全国农业种质资源普查是国家统一部署的一项重大国情、国力调查。为扎实推进普查工作，要落实以下 4 个方面：一要加强思想认识，发扬担当精神；二要加强工作规范，确保质量控制；三要加强业务培训，提升普查能力；四要加强协调配合，凝聚工作合力。在培训班上，进行了自治区级专家组的技术培训与交流和市、县畜禽普查员的业务培训、答疑释惑。

2021 年 10 月 29 日，第二届“中国（广西）—东盟现代种业发展大会开幕式”在广西南宁举行。大会以“共享种业成果，共创种业辉煌”为主题，受农业农村部对外经济合作中心、全国农业技术推广服务中心、中国种子协会指导，由广西壮族自治区农业农村厅主办，由广西壮族自治区种子管理站、广西种子协会、广西水产畜牧业协会承办。会上，广西壮族自治区农业农村厅与中国水稻研究所签订合作框架协议，约定双方要以“政府支持、科企合作、资源共享、联合攻关、重点推进”为原则，围绕广西种业“十四五”规划和中国水稻研发方向，在水稻种业和水稻产业发展领域开展战略合作，在广西构建政科企合作平台，推动广西水稻育种创新和产业发展，助推广西乡村振兴。

西南。

2021 年 5 月 28 日，重庆市农业农村委员会办公室、市商务委员会办公室联合下发通知，决定于 2021 ~ 2023 年开展为期 3 年的全市种业监管执法年活动，同时印发了《2021 年全市种业监管执法年活动方案》。强调要按照党中央关于打好种业翻身仗部署要求，以推动种业治理体系和治理能力现代化为目标，以强化种业知识产权保护为重点，以集中整治为抓手，坚持市级监督统筹，区、县主抓落实，强化属地管理原则，覆盖品种管理、市场监管、案件查处全链条，强化部门协同和上下联动，不断提高治理成效，营造创新主体有动力、市场主体有活力、市场运行有秩序的良好发展环境。

2021 年 7 月 19 日，国家杂交水稻工程技术研究中心重庆分中心在重庆市大足区拾万镇揭牌。作为一个杂交水稻研发、作物育种与新品种试验示范的综合研发平台，该中心计划5年选育8个左右优质品种在重庆及周边适宜地区推广。该中心设在大足区拾万镇长虹村，由国家杂交水稻工程技术研究中心、大足区人民政府、湖南袁品农业科技有限公司共同组建，将集聚多学科专家团队，依托大足土地气候资源禀赋优越、发展粮油基础好等优势，致力于航天育种、杂交水稻的组合选育、新品种试验示范和超级杂交稻高产栽培等方面的研究。

2021年6月18日上午，四川农业种质资源普查部署电视电话会议在成都召开。会议指出，四川将利用3年时间，在全省范围内组织开展农业种质资源普查、收集、鉴定、保存，实现普查全覆盖，全面摸清四川农作物、畜禽和水产种质资源家底。作为种业大省，四川近年来积极推进种质资源保护利用，建成西南最大的省级畜禽遗传资源基因库，累计建成国家级和省级畜禽保种场（区）44个、农作物种质资源圃112个、鱼类种质资源保护区39个，保存作物资源6万余份、畜禽资源12万份，新收集种质资源6700份，在资源收集保护方面取得了积极成效。

会议指出，四川全省农业农村部门要全面启动农业种质资源普查与收集工作，实现普查全覆盖，做到普查无遗漏，抓好抢救性收集。其中，青藏高原区域是普查的重点区域，今年要完成玛格绵羊、布拖绵羊、亚丁牦牛、巴塘中蜂、得荣中蜂5个新遗传资源的普查和鉴定。通过本次普查，要建立起科学的鉴定标准和统一的技术规范体系，分辨“同种异名”和“同名异种”，明确哪些是新资源、哪些是重复资源。要提高利用效率，加强农业种质资源品种鉴定评价工作，加快开展资源登记、推进资源精准鉴定、实现资源共享共用，着力推动种业创新发展。

2021年6月29日，四川省政协举行重点提案督办会，就“关于扶持我省种子企业发展壮大重塑种业强省的提案”开展提案办理协商。提案领衔办理单位、四川省农业农村厅表示，在充分吸纳提案建议基础上，将启动《四川省农作物良种联合育种攻关计划》，切实提升企业育种创新能力；进一步强化基地建设与监管，大力推广农机农艺相结合的高产制种技术，鼓励企业与制种农户建立利益共享机制；研究设立乡村振兴投资引导基金，支持种企做强做大做上市；加快制定《四川省领军型种业企业培育行动方案》，支持培育一批领军型种业龙头企业，同时持续加强市场监管，严厉打击无证经营、套牌侵权、制假售假、未审先推等违法行为。

2021年7月24～25日，四川省农业科学院作物研究所在成都举办了“科企合作交流暨玉米新品种展示观摩会”，与有关种业企业签订了水稻、小麦、玉米、油菜等6个新品种的经营权转让协议，转化金额共计500余万元。2021年，是四川省农科院确立的科技成果转化年，为此出台了《四川省农业科学院2021年科技成果转化年行动工作方案》。该方案实施以来，省农科院科技成果转化数量呈井喷式增长并得到大面积推广应用。下一步，将继续深化科企合作，发挥新品种在四川种业发展中的支撑作用，促进四川现代种业高质量发展，助力四川种业再创辉煌。

就在这个新品种观摩会圆满结束之后的第三天，四川省农业农村厅又在达州市大竹县召开了“全省种子质量认证试点示范现场观摩会”，水稻、玉米、油菜 3 个认证试点县和 9 个国家级制种基地县种子站及部分种业企业参加了会议。会议指出，种子质量认证制度是振兴川种、破解四川种业难题的重要抓手，是打造种子品牌、培优种子企业、实现制种基地可持续发展的重要措施。要充分认识当前种业大背景下开展认证试点工作的重要意义，准确把握种子质量认证的特点和关键环节，切实落实试点保障措施。要认真做好下阶段试点工作，及时总结经验、加强宣传，为四川种子质量认证制度的设计和落地积累经验，确保农民用种安全。

2021 年 9 月 8 日，由四川省农业农村厅、成都市人民政府主办的首届“天府国际种业博览会”在位于成都邛崃市的天府现代种业园开幕。大会以“擦亮‘川种’金字招牌，勇担粮食安全使命”为主题，邀请全国种业界的政企代表、专家学者、种植大户相聚邛崃，共谋产业发展，共推种业振兴。

首届天府国际种业博览会的举办，为全国种业界观察天府现代种业园提供了一个契机。作为国家首批布局、西南唯一的国家级种业园区，天府现代种业园不仅是四川“1 + N”种业园区矩阵里的那个“1”，而且还因为起步早、标准高，被视为四川打好种业翻身仗的一步“先手棋”。

2021 年 7 月 14 日，贵州省农业农村厅办公室印发了《贵州省保护种业知识产权专项整治行动工作方案》，决定自即日起至12月30日开展专项整治行动，要求按照党中央关于打好种业翻身仗部署和省委关于推进农业现代化要求，以强化种业知识产权保护为重点，以集中整治为抓手，坚持省负总责，市、县抓落实，从种业企业、种子生产基地、种子交易市场入手，排查种子生产、流通、销售环节，严厉打击套牌侵权、制售假劣种子、非法生产经营转基因种子等违法行为，为激励原始创新、净化种业市场、促进贵州种业振兴营造良好环境。

2021年8月3日，“2021第三届云南果蔬产业大会（云果会）暨中国地标产品产销对接万里行之云南站”在昆明启幕。大会以云果产业持续壮大、后疫情时代水果产业发展变革为背景，聚集果业专家学者、种植商、批发商、零售商、方案解决商、科研种苗培育等专业人士，采用政企对话、专题探讨、品类研究、技术专场、产地考察等形式展开交流分享。活动旨在搭建水果行业交流、学习平台，共同促进云果走出去，推动云南省高原特色农业产业高质量发展，助力云南省打造世界一流“绿色食品”牌。

活动启幕当天，数字新基础设施“云果产业大脑”2.0正式发布。“云果产业大脑”由国家高原云果产业园、云南唯恒基业科技有限公司、阿里云计算有限公司共同打造。它以数据驱动云果产业为核心主线，为果农、供货商、采购商提供平台，帮助果农管好基地、卖好水果；帮助采购商找好货源、便捷采购；帮助区域产业促进、管服一体。“云果产业大脑”正式上线后，将助力云南省高原果品品牌打造成为在全国具有知名度的特色优势品牌。

2021 年 7 月 14 日，由西藏自治区农牧科学院农业研究所承办的全区农作物种业科技创新现场观摩暨研讨会在拉萨顺利召开。会上，这个研究所在自治区党委、政府领导下取得的一系列种业创新成果，引起与会代表的极大关注。在农作物种质资源鉴定筛选方面，2021 年累计种植种质资源繁殖更新材料 2625 份、种质资源品质性状精准鉴定 120 份、区内特色资源繁殖更新与表形性状鉴定 131 份，西藏农作物种质资源信息库信息补录 120 份，考察、搜集区内农作物地方品种资源 400 份；在农作物新品种选育方面，春青稞良种选育、冬青稞良种选育、小麦良种选育、油菜良种选育、豌豆良种选育、荞麦良种选育、水稻良种选育等工作也都取得了显著的成绩，为年底顺利通过国家非主要农作物品种登记做好了准备。

观摩暨研讨会上，有关领导、专家就贯彻落实即将生效的新《西藏自治区实施〈中华人民共和国种子法〉办法》、“推进西藏农作物种业科技创新”和“西藏种业高质量发展”等问题各抒己见、交流研讨。会议认为，西藏的农作物育种工作，从历史来看贡献很大，从现实来看与内地差距很大，从将来来看潜力巨大。下一步，要把握 3 个目标：一是青稞安全是首要；二是突出高产优质多抗，高产是核心；三是满足高原特色农产品加工的需求，符合高原特色农业产业发展的需要。为此，要充分利用科技创新平台与基地、优化资源配置、加大农业产业融合创新发展、加快绿色发展、实现资源共享，助力打赢西藏种业翻身仗，高质量推动全区农作物种业科技创新事业发展，切实保障西藏粮食安全。

西北。

2021年1月19日，杨凌种业创新中心在陕西省杨凌农业高新技术产业示范区挂牌成立。该中心将深化区校融合、科企融合，建立以小麦、玉米、油菜、马铃薯、蔬菜为代表的生物育种技术研究、品种选育、试验生产和产业化、应用创新体系，打造国际一流、国内领先的区域种业创新中心，使之能够真正为我国农业特别是旱区农业的发展，贡献陕西的力量，实现“出品种、出成果、出人才、出产业”的总体目标，保障国家种子安全、粮食安全。

2021年7月16日，陕西省农业农村厅印发《陕西省保护种业知识产权专项整治行动实施方案》的通知，要求从即日起，在全省集中开展为期半年的种业知识产权保护专项整治行动。主要目的，就是按照党中央关于打好种业翻身仗总体部署要求，以强化种业知识产权保护为重点，以集中整治为抓手，坚持省级统筹、分级负责，上下联动，加快推进品种清理、市场检查和案件查处等关键举措落实落地，净化种业市场，为激励原始创新、促进种业振兴营造良好环境；主要任务，就是加大植物新品种权保护力度，严格品种审定监管，加强种子基地和企业和市场检查，加大重点案件查处力度，健全行政执法和司法保护衔接机制，强化企业自律和信用建设。

2021年7月25日，由中国作物学会马铃薯专业委员会、陕西省农业农村厅、榆林市政府共同主办的以“马铃薯产业与绿色发展”为主题的第二十三届中国马铃薯大会在榆林开幕。榆林地处全球北纬38°马铃薯黄金产业带，发展马铃薯产业具有得天独厚的优越条件，是中国马铃薯五大优生区和高产区之一，种植面积位居全国地级市第四、总产量位居全国地级市第二。榆林马铃薯生产规模大、产量高、薯形好、品质优，深受国内外消费者青睐，是国家地理标志保护产品、中欧地理标志互认产品。马铃薯大会开幕当天，“榆林马铃薯”区域公用品牌战略发布，“沙窝窝里的金蛋蛋”迈入高质量发展的新阶段。

2021年7月27日，陕西省科技厅召开全省“种业科技创新成果发布会”，发布了包括小麦、玉米、油菜、大豆等在内的6项种业科技新成果。近年来，陕西省科技厅通过实施主要粮油作物育种专项，成立陕西种业产业科技创新战略联盟等手段，培育了80多个小麦、玉米、油菜优良品种，为陕西乃至全国粮食安全和粮食产业的可持续发展提供了重要基础保证。在推动种业科技成果转化上，积极整合陕西农作物种业相关学科的高等院校、科研机构和优势企业的各类科技资源，先后建立了陕西小麦、玉米、油菜、马铃薯4个工程技术研究中心，建起了8个国家级农业科技园区、21个省级农业科技园区，成立了陕西省种业产业技术创新战略联盟，重点解决陕西种业的共性技术问题，为区域农业科技创新起到了显著的示范引领作用。

2021年10月22 ~ 26日，由科技部、商务部、农业农村部、国家林草局、知识产权局、中国科学院和陕西省政府共同主办的第二十八届中国杨凌农业高新科技成果博览会，以线上线下结合的方式成功举办。本届杨凌农高会深入贯彻落实习近平总书记关于“办好杨凌农高会”的重要指示精神，以“科技创新引领乡村振兴”为主题，围绕保障国家粮食安全、支撑引领农业高质量发展主线，聚焦创新驱动发展战略和乡村振兴战略，全面展示国内外农业科技创新的新技术、新产品，示范推广乡村振兴的新典型、新经验，探讨交流现代农业合作的新机制、新模式，为现代农业科技成果示范推广和国际农业交流合作搭建了桥梁。

本届农高会规模空前、内容丰富。共设置了4个室内展馆、4个室外展区，总展览面积20万平方米，标准展位2100个；农业农村部、中科院、国家知识产权局、中国林业科学院4个部委展团，北京、上海、广东、广西等25个外省、市、区展团，陕西省内地市和有关厅局28个展团，以及1800多家企业参会参展；通过举办上合组织国家农业展、国际种业展、乡村振兴展、农业高新技术展、现代农业产业展等42个专题展览，集中展示了9000多项国内外最新农业科技成果及先进适用技术。大会集中签约906.44亿元，全媒体播放量近7亿人次，实现线上交易额累计2.39亿元。

本届农高会还为推进“一带一路”和上海合作组织国家现代农业发展，拓展了新空间、提供了新平台，有俄罗斯、美国、德国等33个国家代表线上线下参会；16个上合组织成员国、观察员国、对话伙伴国农业部门官员以视频连线的方式，参加现代农业发展圆桌会议；19个国家的94名知名学者以国际农业科技论坛方式，围绕数字乡村与现代农业发展、种业与粮食安全、生态治理与美丽乡村等，分享经验，共谋发展。

“高”和“新”，在本届农高会上展现得尤为鲜明。一大批国内外知名高科技企业参展参会，智慧农业机器人、农用无人机、数字农业、区块链、物联网、人工智能等众多高新技术和产品纷纷亮相，多领域、全方位展现了科技创新助力农业农村现代化的生动图景。在办好线下展会的同时，依托互联网、大数据、云计算、VR等新技术，优化升级云上农高会平台功能，推出云上展厅、云上洽谈、云上直播、云上推介等应用场景，41个政府展团和25个省、市、区，共1650家企业云上展示，可视化呈现、互动化传播，全球观众足不出户线上沉浸式体验，云端浏览量突破150万人次，实现了“5+360天”永不落幕的农高会。

2021年6月2日，甘肃省农业农村厅为解决制约现代种业品种选育方面的技术瓶颈问题，推动现代种业科技创新取得新进展，联合省科学技术厅召开了“全省现代种业攻关项目座谈会”。会议强调，种业联合攻关和揭榜挂帅项目，要坚持开放理念，坚持问题导向，明确育种方向，突出攻关重点，细化攻关内容，充分发挥企业和科研院所的技术优势和专家智慧，建立政府主导、市场主体、产学研推深度融合的育种创新体系，为打好“种业翻身仗”做出甘肃贡献。

“十四五”期间，甘肃省将抢抓国家把甘肃列为全国三大种业基地的机遇，加大具有自主知识产权的优良新品种选育培育，围绕打造国家级种业基地目标，配套高标准农田建设项目，改造提升玉米制种基地30万亩、马铃薯种薯繁育基地20万亩、绿色标准化瓜菜花卉制种基地15万亩，推进种业产业化现代化进程，实现由种业大省向种业强省转变。

2021年7月7日，联合国粮农组织“青海藜麦可持续规模化绿色生产和价值提升”项目启动会暨青海藜麦产业发展论坛在青海省西宁市隆重召开。青海具有发展藜麦产业的得天独厚的条件，特别是柴达木盆地的气候、地理、土壤条件，几乎复制了藜麦原产地南美洲安第斯高地的生长、种植环境，是藜麦在青藏高原上的最佳适宜种植区。

在联合国粮农组织的大力支持下，青海省获得了21万美元的“藜麦可持续规模化绿色生产和价值提升”技术合作项目无偿援助，主要用于青海开发、示范和推广藜麦新型绿色生产技术、深加工技术和秸秆综合利用技术，从而促进藜麦产业可持续绿色发展，最终改善农民生活水平，增加农民收入。2021年，青海将继续贯彻“乡村振兴”战略和省委省政府“一优两高”战略，围绕绿色有机农畜产品输出地打造，建立藜麦良种繁育体系，加强藜麦新品种培育和良种繁育，将青海打造成全国重要的藜麦制种基地和生产基地。加快藜麦产品标准体系研制，建设优质化、标准化藜麦生产加工基地，力争把藜麦的青海地方标准上升为国家行业标准。

2021 年 8 月 13 日，青海省政府又召开了全省种业发展座谈会。会议强调，青海地处世界屋脊，雄踞于青藏高原东北部，是长江、黄河、澜沧江的发源地，被公认为世界“四大超净区”之一，气候冷凉、光照充足，非常有利于种质资源保存、品种选育和示范推广。同时，经过漫长的自然和人工选择，形成了具有耐寒、抗逆性和适应性强的青海特有农业种质资源，是青藏高原农业种质资源最为丰富的地区之一。要充分发挥这些难得优势，坚持科技创新，紧紧围绕牦牛、藏羊、青稞、马铃薯等特色优势产业，大力开展种质资源保护利用、遗传育种科研攻关、品种改良和良种繁育，实施良种工程，加强种子基地建设，推动青海高原种业取得更大成效。

多年来，青海的高原育种不断实现新突破，审（评）定各类农作物优良品种 470 余个，每年落实农作物品种中间试验点 100 余个，参试品种达 90 余个。油菜、马铃薯、青稞育种创新取得新突破，油菜杂交育种水平国内领先，脱毒马铃薯、青稞、蚕豆品种选育国内领先。特别是青杂系列油菜，在国内春油菜区推广面积每年超过 400 万亩，占春油菜区杂交油菜种植面积的 85% 以上。良种推广稳步推进，大力实施农作物种子工程，种子田每年稳定在 50 万亩以上，年生产农作物种子 2.7 亿千克，良种覆盖率达到 98%。2021 年，青海还继续深入开展农业种质资源普查与收集工作，目前已征集保存农作物种质资源500余份，抢救性收集古老地方品种和珍稀濒危野生植物等种质资源400余份，24个畜禽遗传资源被列入国家级品种名录。

2021年1月14日，宁夏回族自治区科技厅组织召开了“种业科技创新座谈会”。会议强调，要坚定不移支持种业科技创新工作，强化种业创新对现代农业发展的支撑引领作用，要聚焦自治区重点产业高质量发展科技需求，突出重大科技任务的系统设计和整体布局，制订实施“宁夏种业科技创新行动方案”；要紧扣育种目标，加强自治区农业种质资源收集、保存以及地方特色种质资源的挖掘与利用；要注重引育结合，树立引进优质高产品种也是重大科技贡献的理念，不断提升品种选育效率；要强化东西部科技合作，积极对接国家一流育种团队，建立开放共享的育种平台，深度融入国家育种体系；要加强育种研发平台建设，支持开展分子生物、基因编辑等先进育种技术应用，改善育种装备条件，提升育种技术水平；要继续实施好育种专项，补充完善一批好的项目，推动我区种业创新取得新的更大成绩。

2021年8月16日，宁夏回族自治区农业农村厅印发《开展保护种业知识产权专项整治行动实施方案》。总体思路，就是以强化种业知识产权保护为重点，以集中整治为抓手，坚持属地管理、部门协同、上下联动，从市场监管、行政执法和技术标准着手，加强品种管理，加大市场执法力度，激励原始创新，保护农业植物新品种权人的合法权益，净化种业市场，为促进种业振兴营造良好环境。在此过程中，自治区种业管理部门对市、县级种业市场指导检查覆盖率达 50% 以上，市、县种业管理部门对本辖区种业市场检查覆盖率达 50% 以上，对持证企业检查率不低于 50%，被检查问题企业整改率达到 100%，案件查处与反馈率达 100%。

2021 年伊始，新疆维吾尔自治区下达了 2911 万元现代畜禽种业提升专项资金，支持农区高效肉羊品种选育、新疆褐牛联合育种群体改良提升、牧区地方品种肉羊选育改良等 5 个畜禽种业提升计划的 2021 年度实施工作，用于科研院校、育种单位在拓展畜禽育种核心群数量、创建规范养殖示范企业、深化数字化育种、推动选种选配等方面，开展联合育种攻关。

除了政府投资，还有银行。2021 年 1 月 16 日，中国农业发展银行新疆昌吉分行与某种业控股集团有限公司签署了合作备忘录。双方将秉持“相互支持、互惠互利、共同发展、合作双赢”的原则，围绕服务乡村振兴战略，在育种基地建设、科技成果转化、种业核心区域建设等领域深入开展全方位合作。新疆分行在未来 5 年内将安排不低于 50 亿元的意向性融资额度，综合运用政策性银行特有优势和金融产品，创新金融服务模式，支持该种业集团在“十四五”期间实现建设育种核心农业基地 50 万亩以上，打造国内一流的“育繁推”一体化平台。

2021 年 6 月 25 日，新疆维吾尔自治区农业农村厅印发了《2021 年自治区种业监管执法年活动方案》，要求以推动种业治理体系和治理能力现代化为目标，以强化种业知识产权保护为重点，以集中整治为抓手，坚持自治区统筹抓总、地（州、市）、县（市、区）抓落实的原则，覆盖品种管理、市场监管、案件查处全链条，强化部门协同和上下联动，不断提高治理成效，营造创新主体有动力、市场主体有活力、市场运行有秩序的良好发展环境。通过加强种业知识产权保护，有力打击侵权套牌等违法行为，明显增强社会各界品种权保护意识；通过严格品种管理，逐步解决品种同质化问题；通过集中整治和监督检查，有效遏制制售假劣种子、非法生产经营转基因种子等行为，使主要农作物种子质量抽查合格率稳定在 98% 以上；通过强化种业领域日常监管与执法办案的协调配合，明显提升种业治理成效。

2021 年 9 月 9 日，“2021 新疆丝路种业大会”在新疆国际会展中心盛大开幕。大会由中国蔬菜流通协会种业分会支持，以“寻梦种业未来，创新丝路合作”为主题，面向西部，开发新疆，辐射中亚，助力丝路沿线的种业发展。大会吸引了来自全疆范围内的种子经销商、兵团 14 个师、174 个团场、10800 家种植大户、8000 余个农业合作社参观采购，还吸引了来自天津、安徽、内蒙古、河北、四川、安徽、山东等地 600 余家企业参展，总展出面积达 2 万平方米。为搭建全疆优势品种宣传推介平台，推动新疆种业朝优质化、品牌化方向发展，本届大会还专门举办了优品推介评选活动，推选出了 200 多个优质品种。

现在，我们该回过头来看看首都北京的最新情况啦！

北京种业很厉害，“全国十粒种，一粒自北京”。所以，就与前面那些省份一样，我们也只能列举几个北京种业今年的动作。要想全部列齐，是不现实的。

按说，北京是典型的“缺水少田”地区，又是典型的“大城市小农村”，不可能像全国其他地区尤其是粮食主产区那样，大面积、大规模地抓农业种植。

那么，北京打造“种业之都”，底气何在？

底气，来自种业根基深厚。2010 年，北京首次提出要打造“种业之都”。10 余年来，“京”字号种子持续领跑全国。每年，北京育成农作物新品种达 400 余个，品种数量和销售额均占全国近 10%。自主繁育的祖代蛋种鸡全国市场占有率 58%、良种奶牛冻精 35%、鲟鱼占 60% 以上……农业面积不过数百万亩的北京，为全国主要农产品供给提供了坚实的种业保障。

底气，来自现代农业创新要素的集聚，种业创新“国家队”的汇聚。目前，北京已经成为全国种业创新中心、全国种业企业聚集中心、全国种业人才聚集中心，拥有涉农科研院所 24 所、种业研发机构 80 多家，拥有全国 80% 以上的国家级种业科研力量、种业领域过半数的两院院士，以及专业育种人员 1000 多人、农业科技人员近 2 万人，全国 1/3 的种业科研“国家队”都在北京。

底气，来自牢牢掌握了种业“中国芯”。北京保有国家级种质资源超 40 万份，位居世界第二，还拥有北京鸭、北京油鸡、北京黑猪、平谷大桃、宫廷金鱼等北京特色品种和种质资源。依托强大的科研育种力量，结合基因编辑、全基因组选择、功能基因挖掘等先进技术，北京科研育种创新成果不断丰富。发展至今，在农作物、畜禽、水产、林果花卉四大种业领域，北京技术领跑全国，并开始向外辐射。

底气，来自种业巨头的汇拢。北京已汇集了一大批种业重点龙头企业，我国粮食作物种业 10 强企业中，北京有 3 家。世界种业前 10 强企业均在北京设立了研发中心或办事处。凭借现代化育种技术体系，这些种业巨头持续为全国提供优质良种。作为中国种业的“窗口”，北京还在通州、平谷等地加快创建种业创新示范区等平台。目前，北京拥有国家级、市级、区级、企业和科研机构四级农作物新品种试验展示基地20余个，面积达5万亩，建成畜禽良种场 78 家，水产良种场 35 家，为种业科研单位和企业新品种转化提供服务，每年有几千个国内外品种在京郊进行试验示范。

2021 年 4 月 2 日，北京又召开了全市农业种质资源普查动员部署大会，全面安排部署农业种质资源普查工作。将利用 3 年时间，摸清全市农作物、畜禽和水产养殖种质资源种类、数量、分布、主要性状等家底，发掘并鉴定一批新资源，保护好珍贵、稀有、濒危、特有资源，实现应收尽收、应保尽保。

2021 年 8 月 26 日，“北京市农作物种质资源库揭牌仪式”在北京市农林科学院农科大厦隆重举行。目前，北京市农业农村局已组织确定了第一批共 21 家农业种质资源保护单位，对 6 万余份农作物、2 个畜禽地方品种、1.5 万份畜禽遗传材料，以及 6 个水产品种、2 万余份农业微生物种质资源实施了重点保护。

北京，还拥有全国最大的种业交易和贸易中心，每年的种业销售额稳定在 100 亿元以上，约占全国的 10%，农作物种子进出口额占全国进出口总额的 37%。其中，“北京种业大会”已经连续举办了 29 届，伴随“种业之都”建设而逐步成熟、独具特色，成为我国种业行业办会历史最久、最具规模和影响力的盛会之一。

2021 年 10 月 18 ~ 22 日，以“一粒种子改变世界、种业振兴北京先行”为主题，旨在发挥北京传统优势、聚集国家资源力量、助力种业振兴、确保国家粮食安全的第二十九届“中国北京种业大会”，在北京园博园隆重举行。本届大会，主要活动包括开幕式、4 场种业峰会，即“第二届北京畜禽种业峰会”“第二届中国玉米种子及产业链峰会”“北京蔬菜种业峰会”“首届北京国际种业论坛现场展示交易和实地品种展示观摩”，更是首次升级为“中国北京种业大会”。

大会期间，共有来自全国各地的 400 余家企业（单位）登记参展，包括 280 家名优蔬菜种子企业、50 家全国知名玉米种子企业和 20 家畜禽种业企业，总计参展展位 400 个，展示品种 680 个。国际种子联盟、亚太种子协会等国际组织，以及瑞士、荷兰、泰国、西班牙等国种子企业代表在线上参会、参展。

本次大会，是国内展览规模最大、展示内容最全、围绕种业产业化应用、聚焦种业科技前沿的种业界盛会，更是新时代中国种业加速腾飞、整体迈进的一个缩影。

很多。非常多。无论哪个省份，无论哪个地区，都在推进种业发展上不遗余力。限于篇幅，我们无法一一罗列；上面所讲，也难免挂一漏万。但我们依然能够看到，上下一心打好种业翻身仗的意志有多么坚不可摧，行动又是多么不可阻挡。

为有牺牲多壮志，敢教日月换新天。

写到这里，我们不能不想起伟大的“世界杂交水稻之父”，中国工程院院士袁隆平先生。虽然袁老已经永远地离开了我们，但是袁老的精神犹在、事业犹在、成果犹在、贡献犹在。作为本书的压轴内容，作为中国种业告慰袁老在天之灵的最新成果，我们把 2021 年与袁老有关的两则消息，万分郑重地记录在此吧。

第一则，是 2021 年 8 月，从重庆市大足区拾万镇长虹村传来消息，袁老的“禾下乘凉梦”，真的实现了！您不会不记得袁老这个梦吧？袁老曾经深情地说：“我梦见水稻长得有高粱那么高，穗子像扫把那么长，颗粒像花生那么大，而我则和助手，坐在稻穗下面乘凉……”现实中，这种远超常人认知能力的水稻叫“巨型稻”，不仅有粗壮挺拔的稻秆，平均高度为 1.8 米、最高可达 2.25 米、比一般水稻高出近 1 倍，而且还耐淹涝、耐盐碱。“巨型稻”所在稻田，可以蓄更深的水，能够为鱼、虾、蟹等类动物遮阴避凉提供最佳栖息场所，有利于开展“稻鱼共生”项目。袁老在世时，曾对这种水稻给予高度关注和深度支持。2021 年 5 月，“巨型稻”在长虹村插下了 15 亩秧苗；9 月 24 日，“巨型稻”

开镰收割，每株含稻穗最少也有 360 粒，比普通水稻多出 110 粒左右，平均亩产 800 千克！

第二则，是 2021 年 10 月 17 日，从湖南省衡阳市衡南县清竹村传来消息，由袁隆平院士专家团队研发的杂交水稻双季亩产继去年突破 1500 千克大关后，再次刷新纪录。当日，湖南杂交水稻研究中心在衡南县开展 2021 年南方稻区双季亩产 1500 千克攻关测产验收，结果显示，晚稻平均亩产为 936.1 千克，加上今年早稻测产平均亩产 667.8 千克，杂交水稻双季亩产为 1603.9 千克！同一生态区连续 2 年双季亩产超过 1500 千克，这意味着袁老生前提出的杂交水稻产量攻关目标也实现了！

46 亿年前，宇宙中出现了地球；38.5 亿年前，地球上出现了生命。后来，又慢慢出现了裸子植物、被子植物。再后来，地球上出现了中华民族这个自身文明一旦启动就永远不会中断的伟大民族，而且无论遭遇什么磨难、经受什么打击，这个文明始终都不曾中断。

这就是强大。我们承认落后，因此我们善于反思检讨；我们知道不足，因此我们善于革新提升。

我们不会服输。我们从来不曾举国投降。

事关国家安危、民族兴亡的种业，更是如此。

后记

使命的召唤

历经两度寒暑，《种业中国》终于如愿付梓，与世人见面了。

这是“‘生态中国’科普三部曲”的收官之作。前两部，分别是《航天育种简史》和《中国雄心——航天科技·绿色中国》。其中，《航天育种简史》历时一年，于2016年11月出版；《中国雄心》历时三年，于2019年11月出版。

算起来，“三部曲”一共用了六年才全部完成。

人的一生，总共也就那么几十年。所以，六年，对人生来说并不是很短暂的。但是，我和“黄金搭档”李军同志的这六年，却是最为充实的六年、并肩耕耘的六年、未留遗憾的六年。

六年间，我们携手并肩、团结一心、拼搏战斗。我们如饥似渴，收集、整理、阅读和理解了400多万字的素材资料；我们仰首远眺，努力追寻138亿年来宇宙创始、地球诞生、生命萌发、人类出现的恢宏场景；我们满怀敬仰，潜心回顾人类祖先、华夏先辈探索自然、改造环境、壮大族群、延续生命的巨大贡献；

我们放眼全球，冷眼相看国外某些势力觊觎中国利益、染指中国经济、威胁中国安全的诸般恶行；我们自豪振奋，充分感受中国共产党带领全国人民抵御外侮、抗击灾害、恢复生态、发展生产、保障安全的光辉业绩；我们昂扬斗志，更加牢固在党中央的“生态中国”建设大业中出一分专业能力、尽一点微薄之力的坚定信念。

诚然，这样的坚持，不能说一点都不辛苦，尤其是我们都只能利用业余时间中的点滴碎片。但是，也正是在这持续六年的学习、研究与写作中，我们才更加了解了，在中华民族生生不息、发展壮大的历史进程中，在新中国载人航天事业、“三北防护林”建设、种业振兴等“国之大事”的推进过程中，已经有千千万万的人，为着自己的理想、为着国家的发展、为着民族的复兴，奉献了几十年，有的是一辈子。甚至，有很多默默无闻的人，已经献出了自己宝贵的生命。

进而，我们也才更加懂得了，他们都是为着使命的召唤、为着责任的担当；他们，才是真正的功臣，才是真正的英雄。

每想至此，我们就清醒地知道，我们只是各项伟大事业进程的旁观者、记录者。面对他们的牺牲奉献，面对他们的无价壮举，我们唯有认真写作，通过“三部曲”，把“生态中国”建设的全景都尽可能完整地展现出来，把其中的大事都尽可能清晰地记录下来，把英雄的形象都尽可能如实地树立起来，把党和国家的战略决策、宏观部署都详尽地传播开来，才能无愧于他们，无愧于时代。

同时，也无愧于我们自己。

与“三部曲”的前两部相比，《种业中国》重点是围绕原始生物起源、植物种子出现、人类农业演进和中国种业的初创与发展、未来种业的振兴与前景等问题而展开的。回顾两年来的写作过程，《种业中国》的问世可能更为幸运，或者说始终有着更为强劲的动力。因为，党的十八大以来，以习近平同志为核心的党中央从保障国家安全和粮食安全的战略高度，对种业的发展和振兴始终给予了前所未有的重视和关注，连续做出了一系列重大指示、决策和部署。

中国种业，获得了空前的战略支持和强劲推动。

我们为此而特别振奋，因为我们也充分感受到了使命的召唤。写作思路，也随之变得特别清晰；写作素材，也更是显得特别丰富。

现在，“‘生态中国’科普三部曲”终于出齐。我们的内心既充满欣慰，又满怀惶恐。欣慰，是因为我们终于又在“生态中国”的科普事业中完成了一项新的成果、做出了一点新的贡献；惶恐，是因为我们知道自己仍然没有脱离才疏学浅的初级层面，对素材的梳理、对观点的把握、对未来的展望，都会存在这样那样的问题与不足。

我们虚心接受各位专家、所有读者的批评指正，以助我们在今后的科普事业中，做得更好。对此，我们将永生都感激不尽。

借此，我也代表我的搭档李军同志，向所有关注“生态中国”建设、支持我们写作的人，致以崇高敬礼！

郭 锐

2021 年 10 月 29 日

参考文献

[01] 中国种子协会秘书处. 历史成就 时代使命 责任担当——新中国成立70周年中国种业发展回顾与展望. 中国种业，2019（7）

[02] 农业部种植业管理司. 推进现代种业发展的报告. 2010，11

[03] 乔金亮. 如何引领现代种业技术变革. 经济日报，2019-04-30

[04] 鲁宏杰，杨银满. 新中国成立70周年如何实现了粮食安全. 解放军报，2019-08-01

[05] 熊辉，谭诗杰. 十一届三中全会以来党领导粮食工作的历史经验. 北京党史，2015（1）

[06] 农业农村部种植业管理司. 新中国成立70年来我国粮食生产情况. 2019-09-17

[07] 高长武. 新中国成立第一年解决粮食问题的实践及经验. 毛泽东邓小平理论研究，2009（10）

[08] 伍振军. 新中国成功解决了"吃饭问题"——新中国成立以来我国粮食生产回顾和展望. 经济日报，2015-10-09

[09] 陈龙江，熊启泉. 中国种业开放十余年：回顾与反思. 华南农业大学学报（社会科学版），2012（3）

[10] 佟屏亚. 中国种业谁主沉浮. 贵阳：贵州科技出版社，2002

[11] 佟屏亚. 简述1949年以来中国种子产业发展历程. 古今农业，2009（1）

[12] 陈上镇. 品种改良对人类社会进步的作用. 种子世界，2000（12）

[13] 李浩鸣，成舸. 中国种业亟待跨越式发展. 中国科学报，2012-04-03

[14] 刘纪原. 中国航天诱变育种. 北京：中国宇航出版社，2007

[15] 刘敏. 植物空间诱变. 北京：中国农业出版社，2008

[16] [瑞士] 雷托·U. 施奈德. 疯狂实验史. 许阳，译. 北京：读书·生活·新知三联书店，2009

[17] [英] 理查德·道金斯. 自私的基因. 卢允中，张岱云，陈复加，罗小舟，译. 北京：中信出版社，2012

[18] [美] 比尔·布莱森. 万物简史. 严维明，陈邕，译. 南宁：接力出版社，2005

[19] [美] 比尔·布莱森. 趣味生活简史. 严维明，译. 南宁：接力出版社，2011

[20] 刘雪梅，宋兴舜，杨传平. 航天育种概论. 哈尔滨：东北林业大学出版社，2009

[21] 陕西省人民防空办公室（民防局）. 防空避险知识漫画手册（中小学生版）. 西安：陕西人民出版社，2015

[22] 郭锐，李军. 航天育种简史. 西安：陕西科学技术出版社，2016

[23] 郭锐，李军. 中国雄心——航天科技·绿色中国. 西安：陕西科学技术出版社，2019